互联网实验室文库

环保轻型纸印刷

绿色悦读 有你相伴

互联网实验室
ChinaLabs
年度蓝皮书系列

互联网金融蓝皮书 2015

主编 /乐天 段永朝 李犁

副主编 /张爱芹 李兴田 马杰

電子工業出版社
Publishing House of Electronics Industry
北京•BEIJING

内容简介

本书是由全球网、互联网实验室组织专家、学者，以及行业从业人员编写的年度性研究丛书之一，旨在对 2014 年度中国互联网金融发展和运行中的各方面主要情况进行概括和分析，对互联网金融行业中各企业发生的一些主要金融事件进行探讨和研究。本书由总报告篇、行业生态篇、政策法规篇和综合篇四大部分构成，分别对 2014 年的互联网金融进行了回顾和梳理，并对 2015 年互联网金融的前景进行了部分总结和展望。

本书内容可供相关研究领域的学者、互联网金融业内人士和政策部门参考，也有助于广大的互联网金融从业者了解中国互联网金融发展的最新动态。

图书在版编目（CIP）数据

互联网金融蓝皮书. 2015 / 乐天，段永朝，李犁主编. —北京：电子工业出版社，2015.9
（年度蓝皮书系列）
ISBN 978-7-121-26983-7

Ⅰ. ①互… Ⅱ. ①乐… ②段… ③李… Ⅲ. ①互联网络－应用－金融－白皮书－中国－2015
Ⅳ. ①F832.2-39

中国版本图书馆 CIP 数据核字(2015)第 196208 号

策划编辑：刘　皎
责任编辑：郑柳洁
印　　刷：北京季蜂印刷有限公司
装　　订：北京季蜂印刷有限公司
出版发行：电子工业出版社
　　　　　北京市海淀区万寿路 173 信箱　邮编：100036
开　　本：720×1000　1/16　印张：18　字数：310 千字
版　　次：2015 年 9 月第 1 版
印　　次：2015 年 9 月第 1 次印刷
印　　数：3000 册　定价：69.00 元

凡所购买电子工业出版社图书有缺损问题，请向购买书店调换。若书店售缺，请与本社发行部联系，联系及邮购电话：（010）88254888。

质量投诉请发邮件至 zlts@phei.com.cn，盗版侵权举报请发邮件至 dbqq@phei.com.cn。

服务热线：（010）88258888。

本书编写委员会

主编：乐天　段永朝　李犁

副主编：张爱芹　李兴田　马杰

参编机构：互联网实验室　全球网　网络智酷　和讯网　博客中国

“年度蓝皮书系列”编写委员会

丛书总策划：刘九如

丛书总编：方兴东

丛书主持：赵婕

执行策划：刘伟　孙雪　杜康乐

丛书编辑合作单位：互联网实验室　浙江传媒学院互联网与社会研究中心　华信研究院

丛书编辑支持单位：数字论坛　博客中国

目 录

第一部分 总报告篇

第二部分 行业生态篇

第三部分　政策法规篇

第四部分 综合篇

第一部分

总报告篇

金融一直以来都被誉为国民经济的血液，互联网金融并不仅仅是简单地将互联网与金融相结合，从一定意义来讲，互联网金融的本质是重新打造和构建一个基于网络空间的全新血液循环系统。互联网金融凭借其杀手锏：即时！通过提供动态、实时服务的特性，将其所具备的互联网基因发挥得淋漓尽致，从而将触角延伸至目前传统金融服务所不能覆盖的真空地带。无论是在解决信息不对称、对民间资本的引导所发挥的作用，还是因推动我国直接融资市场的发展而助力众多中小微企业的实体经济等方面，都有着积极的意义，并已得到市场的验证，显现出一定的成效。

互联网金融的诞生与成长并不意味着颠覆和取代传统金融，传统金融更不会消亡，而是会逐渐趋向于基础化。放眼未来，“互联网金融”与“金融互联网”终将趋于融合。

——乐天

2014年中国互联网金融综述

一．中国互联网金融之起源与历程

刘嘉[1]

互联网金融，是当下最热门的话题。什么是互联网金融?

百度百科有解：互联网金融是传统金融行业与互联网精神相结合的新兴领域。从广义上讲，凡是具备互联网精神的金融业态统称为互联网金融。从狭义的金融角度来讲，则应该定义在货币的信用化流通相关层面，即资金融通依托互联网来实现的方式方法。

理论上，任何涉及广义金融的互联网应用，都应该是互联网金融，包括但不限于第三方支付、在线理财产品的销售、信用评价审核、金融中介、金融电子商务等模式。

也有国内的学者提出，以互联网为代表的现代信息科技，特别是移动支付、云计算、社交网络和搜索引擎等，将对人类金融模式产生根本影响。互联网金融模式在未来20年将成为主流。

---

1 刘嘉，80后互联网金融求索者。曾供职于西门子中国，从事全球化项目管理。2008 年之后自主创业，两年后进入互联网及IT投资领域，2012年再次创业，成为国内首家生活理财平台一路财富的联合创始人。

让我们共同盘点中国互联网金融的起源之路。

2013 年 6 月 17 日，余额宝横空出世，开启小额零散资金理财之路

2013 年 6 月 13 日，阿里巴巴旗下支付宝携手天弘基金推出余额宝，打响了互联网金融的第一枪，开启网络理财商务模式。余额宝背后挂钩天弘增利宝货币基金，投资者通过支付宝可以将资金转到余额宝，相当于购买了货币基金。余额宝七日年化收益在 4.5%左右，远高于银行存款收益，此外，还具有直接交易、付款、购买、转账等功能，获得投资者的普遍欢迎。

余额宝不仅开拓了金融机构和互联网消费平台的合作模式，也让普通投资者开始关注现金理财工具——货币基金，打开了余额理财之路。同时，也有不少效仿者出炉，各种宝宝类产品频出，如东方财富网的“活期宝”、同花顺的“收益宝”和数米基金的“现金宝”，等等，但消费功能普遍不足，与余额宝的强大支付渠道无法媲美。

2013 年 7 月，第三方支付牌照增加新浪、百度作为新成员

阿里巴巴余额宝的推出，让各大互联网公司认识到了支付通道的重要性。掌握了支付渠道就相当于掌握了资金流，因此纷纷效仿阿里巴巴，申请支付业务牌照。2013 年 7 月，央行发放新一批第三方公司的支付牌照，包括新浪、百度在内的 27 家公司上榜。支付对互联网公司的移动互联战略尤为关键，是形成 O2O 闭环的必要条件。

2013 年 8 月—10 月，互联网金融引央行关注

互联网的蓬勃发展也引起了监管层的高度重视。2013 年 8 月—10 月由央行副行长刘士余挂帅的调研组，频频走访上海、杭州、深圳等地，考察平安陆金所、阿里巴巴和腾讯等互联网金融企业，为年底向国务院汇报做准备。央行调研凸显了监管机构和决策层对互联网金融发展的重视与信心。

2013 年 8 月 1 日，民生电商成立

董文标、刘永好、郭广昌、史玉柱、卢志强、张宏伟等六位资本大佬，联合

投资30亿元资本金，在深圳前海成立民生电子商务有限责任公司。公司定位将民生银行产业链金融电商化，是国内第一家与商业银行形成对应关系的银商紧密合作型企业。

2013年8月5日，“微信支付”功能发布

BAT中的腾讯终于坐不住了，快速加入到互联网金融的战场中。2013年8月，新版微信增加了支付功能，用户可以绑定银行卡，实现一键支付。在“个人信息”栏中新增“我的银行卡”，用户可以绑定常用的银行卡或信用卡。2013年年底，借用“微信红包”的模式，广泛宣传微信支付，取得了卓越的战绩。凭借微信支付，腾讯可以开发出微信电商实物销售的O2O模式，形成整合线上线下营销的模式。

2013年9月，互联网金融首个试点在北京石景山区成立

北京市石景山区召开新闻发布会，试点区互联网金融产业基地。石景山区还宣布将建设以大数据为基础的新型互联网金融产业园区，为北京未来金融产业的发展提供新的舞台。

2013年10月9日，天弘获阿里巴巴控股

阿里巴巴在互联网金融领域又打出一记强拳，业界轰动。天弘基金的主要股东内蒙君正发布公告称，支付宝母公司阿里巴巴电子商务有限公司拟出资11.8亿元认购天弘基金的注册资本，交易完成后将以51%的持股成为其第一大股东。该消息刺激了互联网金融板块整体走强，涨幅一度超过7%。

2013年10月底，百度开启互联网金融征程

互联网金融兴起后，百度成立了专门的事业部，要在庞大的互联网金融蓝海中分得一杯羹。经过一段时间的准备，2013年10月，百度首款理财产品“百发”上线，上线第一天便实现破10亿元的销售额。百度在宣传中称，“百发”的目标年化收益率将高达8%，参与的购买用户数也超过12万，成为继余额宝后挑战传统金融的又一利器。

2013 年 11 月 6 日，互联网保险众安在线开业

互联网理财火爆的同时，互联网保险也悄然兴起。国内首家互联网保险公司——众安在线宣布开业，由阿里巴巴董事局主席马云、中国平安保险董事长马明哲、腾讯 CEO 马化腾联手打造。这也是一次借助互联网大数据做产品设计的成功案例，利用大数据及数据挖掘成功减少了公司运营成本及人员成本。随着商业车险费率改革试点愈来愈近，保险企业与“互联网+”的牵手也成为风尚。一个重要的共识在于，只有灵活的创新型车险产品，才能满足互联网时代客户体验的需求。

2013 年 12 月 16 日，互联网征信取首张牌照

2013 年 12 月 16 日，网信征信有限公司获批成立，这是业内第一家获得企业征信牌照的互联网金融企业，同时也意味着网信金融在征信领域的正式启航。网信征信使用大数据及云计算等多种互联网革新技术，从更多纬度上挖掘并分析企业在互联网中留下的痕迹，这弥补了原有征信系统在单一行业或区域掺有主观性评判的缺憾。作为互联网金融发展的基础，征信拥有举足轻重的地位。征信系统一方面是防范金融风险的工具，起到维护金融稳定的作用，另一方面也有助于推进社会信用体系的建立。

2013 年 12 月，互联网行业自律机构成立

央行领导的中国支付清算协会牵头，与 75 家机构共同成立了互联网金融专业委员会，这被认为是目前中国互联网金融领域最高水准的行业自律机构。在 75 家发起成员单位中，包括 10 家 P2P 与众金融机构比肩入列，这被业内解读为 P2P “转正”。

互联网金融补贴式营销成风

百度推出预期收益率为 8% 的“百发”，引发了互联网理财产品收益大比拼。截至 2013 年年底已经有不少产品的预期收益率超过 10%，而这背后均有发行方“补贴收益”的营销因素。

2014 年 1 月 3 日，打车补贴引移动支付跨年大战

继 2013 年 12 月快的打车与支付宝合作之后，嘀嘀打车和微信支付宣布合作，打车软件两巨头抱团 BAT 大战的局面形成。打车软件使用移动支付是移动支付典型 O2O 场景应用，打车“烧钱”大战，是第一场真正的移动支付大战，教育了国内 O2O 市场，在全国范围内掀起了一次移动互联网金融大科普。同时，O2O 模式为互联网钱包增加了消费场景，进一步培养了用户的使用习惯。

2014 年 3 月，一路财富作为第三方独家与基金公司定制基金

2014 年 3 月，一路财富作为有基金三方销售牌照的公司，联合新华基金，共同定制了互联网特点的权益类基金。1 分起购，无购买费用。作为互联网理财平台，从用户需求出发，第一次向传统金融机构定制权益类基金产品，开创了理财机构定制化的先河。

百度钱包加入钱包大战

百度钱包于 2014 年 4 月 15 日正式推出，这是百度 2014 年度最重量级的战略之一。百度钱包上线后，对移动支付场景布局、支付技术革命，特别是在互联网金融创新上给行业造成了巨大的冲击。

其中“百发 100 指数”、“百发有戏”、“沃百富”等，是真正将互联网因子与金融深度结合的产品，引领了互联网金融的升级发展。百度钱包的品牌升级，也使得 BAT 再次聚首在移动支付及互联网金融领域。

首批试点五大民营银行落地

2014 年 7 月至 9 月，深圳前海微众银行、天津金城银行、温州民商银行获批筹建，9 月底，上海华瑞银行、浙江网商银行获批，至此首批试点的五家民营银行全部出炉。其中，阿里巴巴任大股东的浙江网商银行与腾讯任大股东的深圳前海微众银行备受瞩目，两家银行都将以互联网为主要经营平台，面对小微企业和个人用户。

五家民营银行的获批，是自国家允许民间资本设立中小型银行等金融机构以来的重大突破，打破了我国银行业对民营资本有行业准入的限制。可以预见，民

营银行的诞生将对当前金融体制带来巨大挑战；而互联网金融基因的引入将真正倒逼金融体制改革加快推进，个人金融消费也将产生连锁突变。

京东涉足互联网金融

京东作为传统的电商龙头，在互联网金融领域也不示弱。2014 年 9 月 24 日，京东金融高调对外发布消费金融战略。同时，公布了 2014 年 2 月推出的“京东白条”上线半年的相关数据，第二款“白条”产品“校园白条”也正式亮相。

京东首度将消费金融提升至战略高度，而“校园白条”的推出，使其在互联网金融信用支付的拓展上取得了较大的成功，让消费金融贴上了“90 后”的标签，成为互联网金融向传统金融信用引入新模式、改变传统的授信姿态的标志。

小米进军互联网金融

2014 年 9 月 10 日，在北京乐融多源信息技术有限公司（即“积木盒子”）B 轮融资发布会上，小米科技投资 P2P 的消息被证实。此次，积木盒子共完成 3719 万美元的融资，小米科技与顺为资本为领投企业。

小米科技是备受关注的科技公司，投资积木盒子是小米在互联网金融领域的重要布局，在 P2P 出现一片跑路潮之时反而高调进军，小米的投资举动在互联网金融行业具有很大的想象空间。

阿里巴巴成立蚂蚁金服

2014 年 10 月 16 日，蚂蚁金融服务集团正式宣告成立，以一只蓝色蚂蚁作为公司 Logo。蚂蚁金服的成立是 2014 年互联网金融业的大事件，它集成了阿里巴巴在金融领域的强大势力，被看作是金融行业的最大搅局者。蚂蚁金服囊括了支付宝、支付宝钱包、余额宝、招财宝、蚂蚁小贷及筹备中的浙江网商银行等品牌。在蚂蚁金服的业务体系中，主要有支付、理财、融资、保险这四大板块。战略上，蚂蚁金服明确要走平台化道路，并把主要的服务对象定位为小微企业和个人消费者。

随着蚂蚁金服接入机构的增多、商户的拓展，将为互联网金融的拓展带来巨大的推动力，蚂蚁金服也被誉为目前互联网金融最大的平台之一。

2014 年众筹元年

2014 年被誉为众筹的元年，众筹平台如雨后春笋般出现。在经过连续几个月的大幅增长后增势有所放缓。所有平台中，商品众筹达到 65 家，纯股权众筹有 25 家，其余为股权及其他业务类型的混合型平台。

众筹是中国互联网金融的重要组成部分之一，众筹的蓬勃发展也将促进我国互联网金融向更多领域拓展。由于具有低门槛、注重创意的特征，众筹为小企业、艺术家或个人的小本经营增添了无限可能。

P2P 网贷系统全新运营模式诞生，免费的 P2P 云平台

2014 年 11 月 27 日，国内首款 P2P 免费云平台，即帝友 P2P 网贷云系统 V1.0 云旗舰版体验版正式发布上线，免费平台的建设是以产品安全性能为基础，它解决了以往系统开发难度大、开发周期长、人力成本及购买价格高等一系列问题，实现快速部署、快速上线的平台搭建效果。免费的平台建设，将以往动辄数十万元的系统开发费用直接免去。与此同时，帝友组建私有云，客户通过免费使用帝友云服务器，享受免费的 BUG 更新，大幅降低了平台的运营成本，用户只需要支付第三方服务费用即可成功上线，这预示着 P2P 网贷进入了以技术驱动行业规范发展的新里程。次日，中科柏诚也发布同类型的产品——小蜜蜂。众平台均表示虽然“免费”本身并不能给企业带来利润，但是二者都在有意地布局增值服务体系和 P2P 借贷服务生态圈。

P2P 网贷平台爆发式增长

作为互联网金融不可分割的一部分，P2P 行业的 2014 年都处于洗牌季。截至 2014 年 11 月，P2P 网贷行业正在运营平台数达 1540 家，累计成交金额 2451 亿元。一方面，P2P 行业体量逐渐扩大、竞争也越发突出，问题平台事件频繁爆发，甚至曾每天都有 1 家问题平台曝光。另一方面，自 2014 年 3 月以来，整个行业的平均利率基本上每个月都会大幅下降，截至 2014 年 11 月底已经只有 16.3%，更是加剧了行业洗牌。

央行加强互联网金融管控

2014 年，互联网金融不仅入选了政府工作报告，也成为监管部门的重点关注对象。2014 年年初，央行发布了《关于清理规范非融资性担保公司的通知》《中国人民银行关于手机支付业务发展的指导意见》《支付机构网络支付业务管理办法》《中国人民银行支付结算司关于暂停支付宝公司线下条码（二维码）支付等业务意见的函》等指令，后来提出“互联网金融的 5 大监管原则”、“对互联网金融差别化监管”等。央行副行长潘功胜接管互联网金融业务后，称央行正在牵头制定促进互联网金融健康发展的指导意见。

轰动一时的互联网巨头之“钱包”大战

钱包大战轰动一时，培养用户的使用习惯是互联网金融发展的根基，互联网公司不惜以补贴式营销获取客户，只为争得互联网金融入口的一席之地。

互联网巨头之间的“钱包”大战是 2014 年互联网金融与基金行业交叉最多的事件，“钱包”成为互联网公司抢夺用户入口的必争之地。微信钱包、百度钱包、支付宝钱包、京东小金库等产品陆续问世，兴业、平安等传统银行及互联网理财平台也都推出了各自的“钱包”。基金业趁机发力互联网金融，货币基金成为“钱包”们的标准配置。

由此可见，在互联网技术的推动下，互联网业、金融业和电子商务业之间的界线日渐模糊，行业融合日渐深入，已经形成新的“互联网金融”蓝海，潜力巨大。“互联网金融”发展的关键是必须具备互联网思维。一方面，利用互联网技术拓展金融业的边界和市场，实现之前不能实现的用户需求，通过提高用户体验激发和拓展用户需求；另一方面，极大地提高工作效率并节省了用户的时间，为用户带来价值增值服务。基于互联网技术的网络经济具有自身的显著特点，在市场模式方面，网络经济是典型的双边市场，即同时面向厂家和用户，这样就可以通过搭建平台形成自身的生态系统；在平台实际运作方面，网络经济具有边际成本趋向于零的显著特点，这样互联网企业就可以搭建巨型平台来吸引大量的用户和商家。

我们认为，互联网金融的发展有可能是按照以下三个层次递进的。

（1）双方基于自身的比较优势在各自的优势领域开展业务，产品类型和重点客户重合度较低，互联网企业在这一阶段的成本优势发挥明显，具体表现为基于成本优势的虚拟渠道扩张。

（2）双方的业务开始融合，部分核心业务产生交叉，互联网企业开始利用数据资产进行风险定价，传统金融行业逐渐掌握批处理技术，开始通过产品创新由被动防御转向主动防御，对中小型客户的争夺是重点。

（3）从形式到实质的融合，商业模式的优化、创新，新的商业模式开始出现，双方都已经掌握了对方较为核心的技术，平台搭建完毕，开始利用平台的数据资产对现有的商业模式进行改造，平台的用户数量、用户黏度和数据的有效性是获得成功的关键。

二．互联网金融领域投融资及典型模式现状分析

中申网[1]　零壹财经网[2]

2014 年，资本市场仍纷纷看好中国互联网金融产业的发展，据公开数据统计，2014 年全年发生投融资案例共计 169 起，获得融资的企业数为 150 家，融资金额约为 23.31 亿美元。

据中申网的监测数据显示，在这 169 起投融资案例中，105 起没有披露具体融资金额，90 起披露了融资规模。获得融资的 150 家企业中，17 家企业获得多轮融资，15 家获得两轮融资，2 家获得三轮融资。[3]

（一）2014 年中国互联网金融投融资市场融资币种分布

2014 年中国互联网金融投融资市场上美元融资 59 起，融资金额约为 107154 万美元，占总金额的 45.97%；人民币融资 95 起，融资金额约为 781889 万元，占总金额的 54.03%；未披露投资币种及金额的有 15 起，如图 0-1 所示。

1　中申网，中国首家最全面、最权威的互联网金融行业门户网站。

2　零壹财经网，互联网金融研究、数据、消费者服务平台和垂直资讯门户。

3　原始内容及数据来源：中申网。

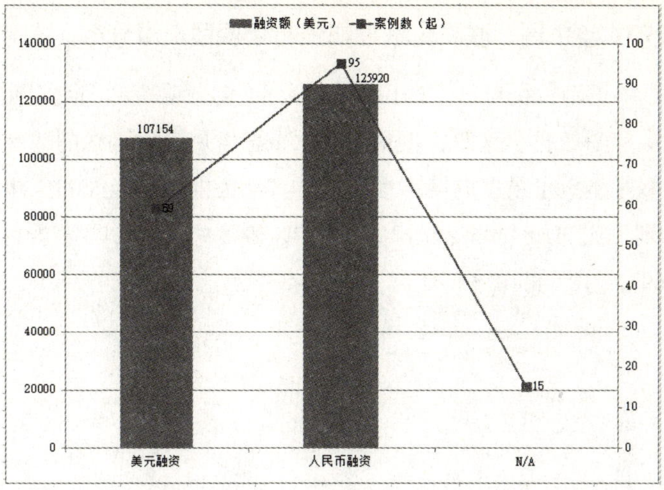

图 0-1 2014 年中国互联网金融投融资市场融资币种分布

（二）2014 年中国互联网金融投融资市场企业类型分布

据数据统计分析可知，2014 年中国互联网金融领域获得投资最多的企业类型分别为金融服务类、网贷类和支付类。其中，金融服务类企业融资金额为 65834.1033 万美元，占互联网金融领域融资金额总数的 28.25%；网贷融资企业类金额为 62837.3425 万美元，占互联网金融领域资金总数的 26.96%；支付类企业融资金额 42965.46 万美元，占互联网金融领域资金总数的 18.43%，如图 0-2 所示。

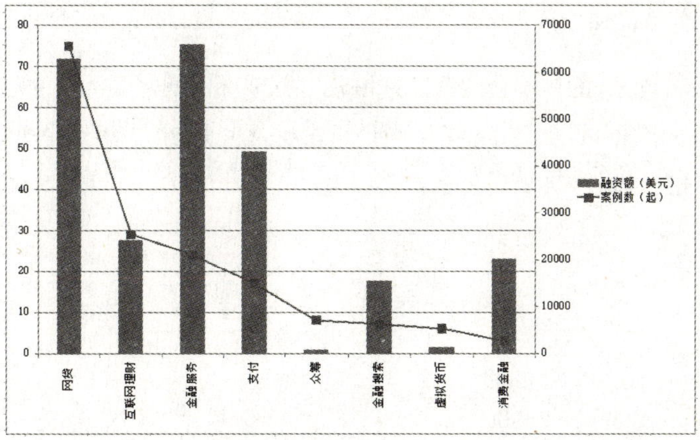

图 0-2 2014 年中国互联网金融投融资市场企业类型分布

（三）2014 年中国互联网金融投融资市场项目地域分布

据中申网的监测数据显示，2014 年互联网金融投融资依旧发生在经济和互联网发达的北上广浙四省，这四省也是互联网金融发展最为迅猛的地区。其中，融资金额和融资案例数量最多的城市为北京，其次为浙江、上海和广州。四者在融资金额上分别占比 31.81%、29.96%、24.77%和 9.91%；在融资案例上分别占比 51.48%、7.69%、18.34%和 14.20%，如图 0-3 所示。

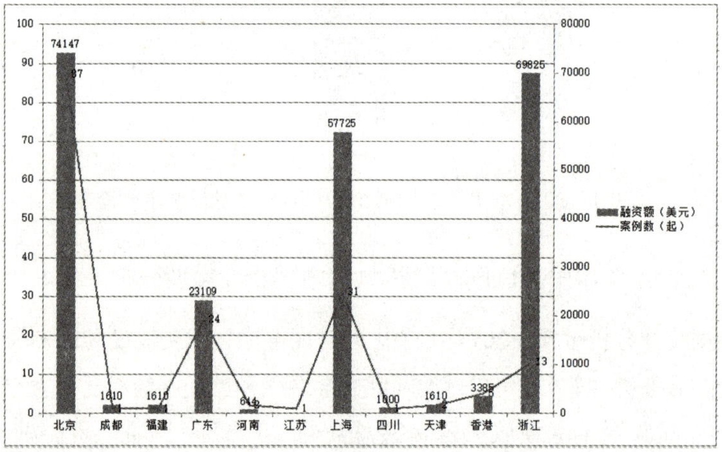

图 0-3　2014 年中国互联网金融投融资市场项目地域分布

P2P、众筹作为互联网金融中最具代表性的模式，2014 年，无论是平台数量还是交易额仍保持高速发展态势。[1]

2014 年，全国 P2P 平台数量高速增长，月度环比增幅保持在 8%左右，全年平台净增长 948 家（截至 2014 年年底仍正常运营），是 2013 年平台净增长量（346 家）的近 3 倍，如图 0-4 所示。

1　原始内容及数据来源：零壹财经。

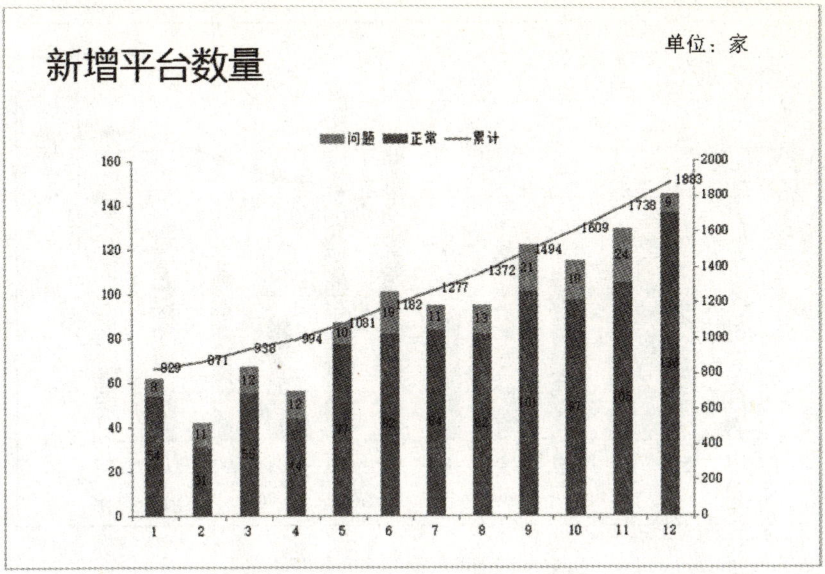

图 0-4　2014 年 P2P 平台新增数量

除青海和西藏外，其余省份都有线上 P2P 借贷平台；广东、浙江、山东所占比例都在 10%以上，其次是北京、江苏和四川，如图 0-5 所示。

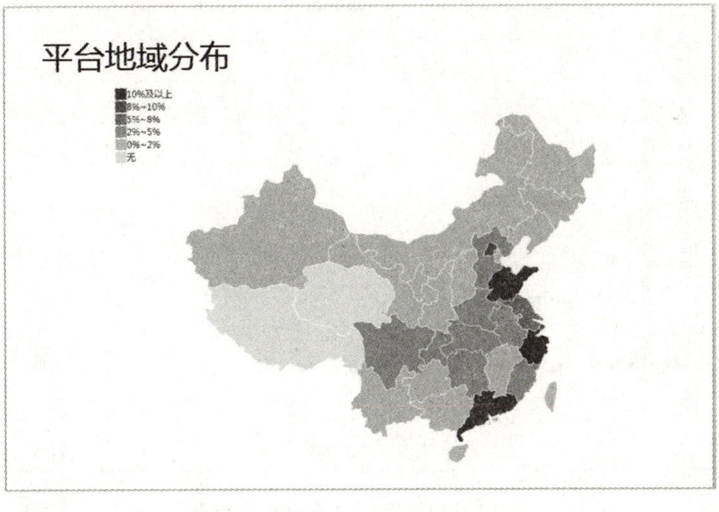

图 0-5　2014 年 P2P 平台地域分布

2014 年成立的众筹平台共 84 家，平均每月 7 家。其中，7～8 月为新平台上线的高峰期，新增平台数量分别为 12 家和 15 家，如图 0-6 所示。

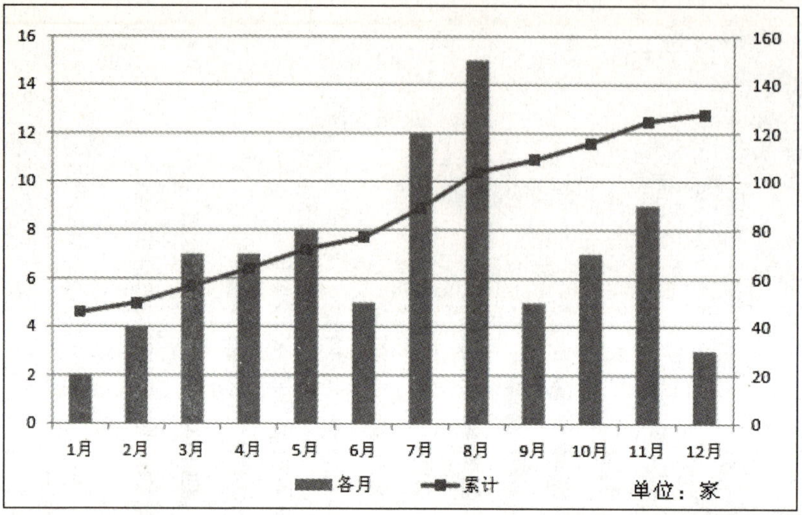

图 0-6　2014 年众筹平台数量走势

线上众筹平台已经遍布国内 17 个省（不含港台澳地区），其中北上广三地合计 84 家，约占总数的三分之二；其次为浙江和江苏两省，分别为 10 家和 9 家。值得注意的是，这五个地区已停运或倒闭的平台相对也较多，如图 0-7 所示。

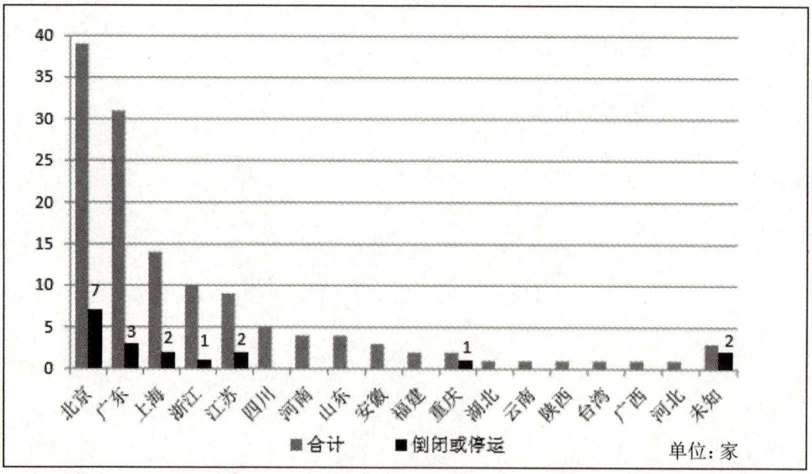

图 0-7　2014 年众筹平台地域分布

2014 年 128 家众筹平台中，商品众筹有 78 家（2014 年，46 家），占众筹平台总数的 60.9%；股权众筹 32 家（2014 年，24 家），占众筹平台总数的 25%。股权和商品属性兼而有之的混合型众筹平台曾是一种趋势，仅在 8 月就上线 5 家，目前已有 14 家，如图 0-8 所示。

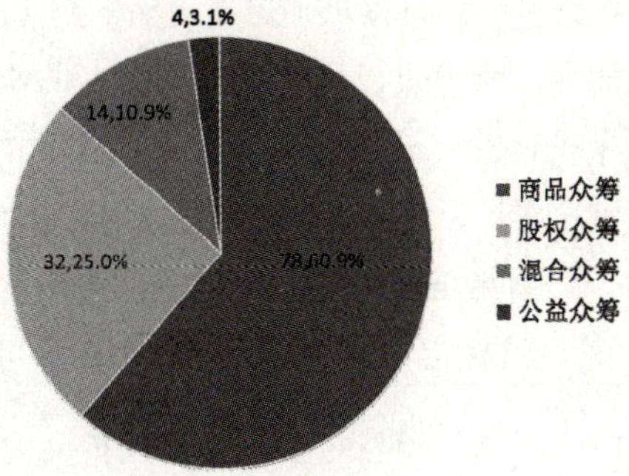

图 0-8　2014 年众筹平台类型分布（数量，占比）

三．互联网金融未来最具潜力的形式

和讯网[1]

在互联网金融的众多形式中，最令人瞩目也是规模最庞大的有两种形式，其一是消费金融，其二是供应链金融。

消费金融和供应链金融的背后是整个国民经济体系，因此无疑有着庞大的市场需求。

根据中国国家统计局发布的数据显示，2013 年全年中国社会消费品零售总额 234380 亿元。2013 年年底，艾瑞咨询发布的数据显示，2013 年中国消费信贷规模达到 13 万亿元，预计到 2017 年消费金融规模超 27 万亿元，其中互联网消费金融未来将突破千亿元，未来三年的增长率高达 90%以上。

面对规模如此庞大的行业机会，我国的传统金融业对其开发远远不足。银行人士认为，由于个人消费贷款金额小、笔数多，管理成本较高，而且银行不良贷款率有所反弹，所以个人消费贷款的风险加大，银行似乎更中意信用卡分期业务。

1　和讯网，中国最大财经门户网站。

另外，银行由于受到自身经营压力增大和信贷风险的掣肘，使得消费金融的进一步发展受到制约。

互联网金融在活跃交易的同时提供了更加灵活的解决手段：在小额消费领域，京东金融推出了白条服务，阿里巴巴也有虚拟信用卡的业务，在解决用户的资金需求的同时，也活跃了平台的交易。有数据显示，使用“京东白条”业务的网友在京东商城的购物额快速增长，京东预计在未来 3 ~ 4 年，互联网金融的收益将占到集团总收益的 30%，之后甚至可能达到 60%；在购房购车领域，P2P 则可以提供相应的服务，“首付贷”这样定位精确的产品推出正好可以解决用户的需求。

在实体经济低迷的情况下，消费金融还能起到扩大内需、推动实体经济发展的作用，由于国内社会信贷消费观念处于明显的转型期，消费性贷款余额逐年增加，可待挖掘的潜力巨大。

另一个互联网金融发展的热点是供应链金融，供应链金融最大的优势是较低的风险。

一方面，资金供应方可以全面了解行业，通过立体获取各类信息，将风险控制大幅降低。另一方面，供应链金融在风险上将从单个企业的风险、不可控的风险变成整体行业的可控风险。

截至 2014 年 12 月，供应链金融中较为出色的尝试主要发生在电商领域，比如阿里巴巴和京东依托自己的生态体系构建的供应链金融产品，阿里巴巴有阿里小贷和淘宝贷款，它们可以为平台上的商家提供贷款服务，京东则于 2013 年 12 月 6 日，上线供应链金融产品“京宝贝”。由于阿里巴巴和京东对平台有强大的掌控能力，拥有借款商家详细的数据，可以将风险压缩至最低。除了阿里巴巴和京东之外，P2P 行业也有相关的尝试。

从数据上来看，目前互联网金融企业在供应链金融尝试上规模并不大，但发展速度可谓极快，依靠大数据等互联网金融的应用，将传统金融最为头疼的风险判断迅速解决，无疑在用户体验和成本上拥有巨大的优势，从而给其带来良好的发展预期。

四. 中国互联网金融发展趋势点评

艾媒咨询[1]

（一）行业整合是大势所趋

当前，互联网金融各细分领域的发展存在差异。预计未来的行业发展态势，P2P 个人借贷行业将进入整合阶段，行业竞争的加剧，大量实力较弱的企业将逐步被淘汰整合，行业集中度将进一步提高。

（二）第三方支付公司将逐步成为金融综合服务提供商

第三方支付公司除了提供支付结算等基本服务外，还为各行业提供定制化的金融增值服务，未来将会向基金、债券、保险等行业拓展。多元化的业务发展，有助于第三方支付公司提高资金流转率，获得协同效应。

（三）服务模式创新成为互联网金融企业发展的驱动力

互联网金融说到底是服务的竞争，在金融业同质化竞争明显的情况下，以用户为中心的服务模式将取代以产品为中心的旧模式。在互联网的平台下，必将催生出更多创新的服务模式。

（四）互联网金融市场细分化

互联网金融市场巨大，互联网金融企业在资源有限的情况下，未来将有一批专注于某一个有发展空间的垂直领域的企业。互联网金融市场未来将会越来越细化，互联网金融企业之间的竞争将更加激烈。

（五）移动互联网将成为融资、投资、支付结算的主要平台

用户消费习惯由 PC 端向移动端迁移，互联网金融用户的需求将呈现碎片化和

1 艾媒咨询，全球领先的移动互联网第三方数据挖掘与整合营销服务机构。

场景化的特点。随着移动互联网各种安全技术和支付技术的完善，以及移动终端功能的丰富，未来，移动互联网将成为互联网金融用户资金融通、支付结算的主要平台。

（六）大数据将极大推动互联网金融发展

通过收集用户在互联网平台上的信用记录、消费行为、投融资情况等基础数据，以大数据分析为平台，有针对性地开发互联网金融产品并进行精准营销。

五．达沃斯精英眼中的中国互联网金融

和讯网

2014 年在天津召开的夏季达沃斯论坛汇聚了众多来自各界的精英人士，他们就中国经济前景，亚洲商业环境及如何防范下一场金融危机展开了热烈的讨论。值得注意的是，近两年，中国兴起的互联网金融热潮也首登大雅之堂，成为论坛关注的焦点议题之一。

在这些精英的眼中，他们如何看待互联网金融带来的冲击呢？他们怎么理解其中的风险和未来的监管呢？

（一）怎么理解互联网金融的发展

银监会前主席刘明康：互联网金融有它的生命力，互联网金融有三个优点，第一个优点是和客户零距离；第二个优点是低成本。因为中间没有中介，所以成本低，大家都可以找到资金的供应方和需求方。第三个优点是民主的参与，使得金融的创新有很大的动力。

银监会副主席阎庆民：互联网金融是一种新业态、新产品和新机制，互联网金融的跨界是双向的，不存在谁跨谁，商业银行要善于利用互联网技术，顺势而为。互联网金融并没有改变金融属性，互联网金融的创新遵循金融发展的逻辑，互联网金融有益于构建普惠金融体系。

招行前行长马蔚华：互联网金融本质还是金融，互联网金融的目标群体就是过去传统银行忽略的弱势群体，过去传统的银行不想做，也做不好，那么今天互联网金融发展起来了，填补了这块空白。互联网企业是有进取精神的，所以对于传统银行来说，我们没有别的出路，只能拥抱互联网的时代，银行也不能坐而待毙，只要它把自己的思维变成互联网思维，古老的银行业也可以焕发青春。

中信资本董事长张懿宸：中国整个金融系统比较落后，借助互联网金融可以超越，在互联网金融上走在美国前面，互联网金融具备这个潜力。

光速安振中国总经理曹大容：互联网金融可以利用大数据的价值实现更大的价值回馈。如果银行进入 P2P，那么将会给整个格局带来变数，但是对于比特币的价值我们现在还看不清。

上海高级金融学院教授朱宁：互联网金融如此火爆，有其背后的逻辑，互联网确实提升了信用，互联网带来了便利，促进利率市场化进程，促进国家对普惠金融、对小微企业的扶持。

（二）互联网金融的风险是什么

刘明康：互联网金融也是有风险的，需要注意三点。第一就是要做的小，单笔风险暴露要小；第二，风险要分散；第三，服务和产品要简单、要透明。

阎庆民：互联网金融并没有改变金融的属性，互联网金融的创新遵循金融发展的逻辑，例如，支付是金融价值的跨空间转移，第三方支付公司的崛起就突破了支付空间限制，加快了支付速度，改变了支付流程；再比如，融资是金融价值的跨时间转移，网络信贷等仍然是对风险进行分散、分配和防控。

张懿宸：互联网金融我们并没有投（资），因为其规则还没完全建立起来。我们是一家比较大，挂着中信名的投资机构，投（资）了如果真有人跑路了，这是不得了的事情，我们和阿里巴巴、腾讯都有相关的探讨，但没有实质性的投资。

曹大容：当前，一些互联网金融企业存在着一定的泡沫，P2P 等公司可能会存在估值偏高的现象，存在着重蹈之前团购网站覆辙的风险，比特币未来怎么走现在看不清楚。

朱宁：互联网带来的便利会给投资者一种控制力被加强的错觉，信任感增强，交易频次会提高。互联网技术既帮助我们管控风险又创造了很多新的风险——除了监管的风险还有公司治理的风险。新的创新总是有风险的，可是在风险的背后要看到互联网金融对中国金融的改革起很大的作用。

（三）如何看待互联网金融监管

刘明康：中国有互联网金融时间不是很长，现在发展得很快，不能因为互联网金融有几个失败的案例就大惊小怪，没有必要。

阎庆民：监管以风险为本，互联网监管的原则是鼓励创新与规范发展并举，主要立足于三点。第一，立足于监管理念的转变；第二，立足于监管制度的完善；第三，立足于监管方法的创新。

张懿宸：事实上，中国监管层对互联网金融的容忍度非常高，阿里巴巴在做的事情、腾讯在做的事情、百度在做的事情拿到美国市场，美国的监管层不会这么包容。

朱宁：监管层在对互联网金融的监管方面需要走在前面，监管层应建立一个相对的“安全垫”，让风险预判、风险识别意识都比较弱的投资者不要摔得太惨，监管层在打破刚性兑付这方面要发挥作用。

六．谁能成为中国的互联网金融中心

和讯网

互联网金融在成为下一个领军产业之后，“哪个地方能成为中国的互联网金融中心”这个话题开始摆到了各地政府的桌上。在互联网企业为竞争市场份额贴身肉搏的时候，各地方政府也在为本地能获得“互联网金融中心”的地位而激烈竞争。

传统意义上，中国有四大金融中心，分别是香港、上海、深圳和北京，这四大城市之所以能成为金融中心，是因为前三者拥有自己的证券交易所，而北京则是因为政策带来的利好。在互联网金融时代，各地都希望凭借互联网金融这一利器打破旧秩序，成为新一代互联网金融中心。值得注意的是，在建设互联网金融中心的征程中，洗牌已经展开，传统的四大金融中心的地位正在慢慢发生变化。

在香港退出互联网金融中心一线争夺战的同时，更多的地方政府摩拳擦掌意图杀入，截至 2014 年 12 月，北京、上海、贵阳、深圳、广州、南京、武汉、青岛、成都、杭州等地均出台或者拟出台相应的政策，规划如何成为互联网金融中心，促进本地的互联网金融发展。但目前看起来，杭州市是最有潜力成为中国互联网金融中心的城市之一。

杭州是中国三大互联网中心之一，拥有阿里巴巴这样的互联网巨头，此外，杭州有活跃的互联网创业氛围和众多互联网企业。

杭州也是互联网金融的发源地，支付宝、余额宝等互联网金融启蒙产品均来自当地。除此之外，还有一些初创型互联网金融企业，像“挖财”、“51 信用卡”、“铜板街”等 APP 均来自这些初创型公司。

在人才上，杭州本地有国内高校三强之一的浙江大学可以为当地培养人才。此外，杭州离上海也较近，可以吸引上海互联网金融人才加盟。

在政策支持方面，杭州政府也不吝给予，2014 年 11 月，杭州市政府出台《关于推进互联网金融创新发展的指导意见》，意见提出“规划和建设一批具有全国影响力的互联网金融集聚区，构建和运作一批具有全国辐射力的互联网金融交易服务平台，培育和发展一批具有全国竞争力的互联网金融企业，开发和推广一批全国市场占有率高的互联网金融创新产品”，计划在 2020 年将杭州打造成全国互联网金融创新中心。

值得注意的是，杭州的政策支持不止停留在口号上，已经深入到细节。2015 年 2 月的《关于杭州建设中国互联网金融总部基地的建议》，提出重点在西溪谷、钱江新城、未来科技城等地建设互联网金融集聚区，支持民间资本建设互联网金融集聚区。

另外，与其他城市相比，虽然从表面上看，南京、贵阳、武汉也在争夺中国互联网金融中心，但实际情况却并非如此。

仔细观察可以发现，与杭州相比，其他城市定位为区域互联网金融中心。比如贵阳的目标是成为西南互联网金融中心，武汉则定位在成为中部互联网金融中心，南京则定位为打造泛长三角区域互联网金融中心。这些城市之所以在定位上与杭州错开，原因和香港一样，这些城市互联网产业基础薄弱，而且他们也很清楚，就连上海都在互联网竞争上输给了杭州，自己又能有多大胜算呢。

在打造互联网金融中心的过程中，除了杭州在进行努力外，浙江省也在暗中使劲，2015 年 2 月初，在《关于杭州建设中国互联网金融总部基地的建议》提出的同时，浙江省也出台了《浙江省促进互联网金融持续健康发展暂行办法》，提出将浙江打造成全国互联网金融创新中心，杭州作为浙江的省会，这份文件的用意不言自明。

第二部分

行业生态篇

如果将 2013 年视为互联网金融元年，那么距今时间跨度还不到三年！但互联网金融模式创新或者说带给我国传统金融服务体系及人们日常工作生活的改变却是无时无刻和无处不在的。同时也恰恰是因为现有金融服务存在覆盖不到和满足不了的真空地带，才有了现在最为火热的互联网金融成长的空间和土壤，P2P、股权众筹、互联网理财等在 2014 年大放光彩。

行业生态篇除了阐述和分析当下热门的几种互联网金融模式以外，还聚焦人才培养、媒体与营销等即将成为 2015 年业界关注的热门话题。我们也提前准备好了饕餮大餐，只是这次并未局限于美食，而是一份精神食粮。

——全球网

第一章
P2P

一．P2P 借贷行业回顾与展望

网贷天眼[1]

（一）2014 年 P2P 借贷行业发展

据不完全统计，随着 2014 年资本的疯狂涌入，截至 2014 年 12 月，至少有 31 家 P2P 借贷公司获得总额超过 30 亿元的融资。风投们的集中入场，在提速行业发展的同时，也加剧了机构间的竞争，让以债权超市型、资金/金融产品通道型、类 ETF 基金型 3 种模式为代表的 P2P 行业模式创新备受青睐，引起了 P2P 借贷行业衍生可规模化的互联网产品概念的爆发。此外，二级市场的形成，有利于产品流动性及刚性兑付问题的解决，这让线上债权转让模式开始普及，大部分“期限长、成交额高”的平台纷纷开设二级市场。

1. 新增平台与分布

2014 年，网贷行业依旧保持高速发展的态势，截至 2014 年年末，行业机构数量近 2000 家，全年成交额突破 3000 亿元。从平台的地域分布来看仍以沿海、发达地区为主，其中广东省平台数量居全国首位，其后依次是浙江、山东、北京、

1 网贷天眼是中国 P2P 网贷、P2P 理财行业第一门户，专注于提供权威实时的网贷资讯、网贷平台数据、网贷工具等服务，同时汇集上百家网贷平台核心信息。

上海，这 5 个省市的平台数量占全国总平台数的 61.4%。

2014 年，全国新增 P2P 平台数量超过 1000 家，在沿海发达地区平台数领跑全国的同时，P2P 行业也在部分内陆省市取得了较好发展。其中以河北为代表，10 个内陆地区平台数量增幅均高于全国平均水平，网贷行业整体发展的脚步逐渐从沿海走向内地，从经济发达地区蔓延至经济欠发达地区。

2. 新增问题平台与分布

2014 年全年新增问题平台达 273 家，相比 2013 年增长近 3 倍，涉及投资者超 5 万人，涉及投资额超 100 亿元。

2014 年新增问题平台的时间分布如图 1-1 所示。

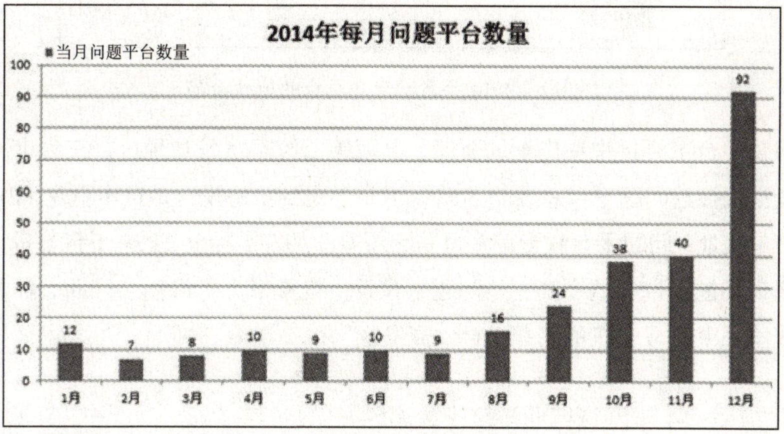

图 1-1　2014 年新增问题平台时间分布

2014 年年底，跑路潮再现，仅 12 月份新增问题平台就达 93 家，这一数字不仅创下新的历史记录，同时也超过 2013 年全年新增问题平台总数。这一问题的产生与平台自身管理和运营能力直接相关，但也在一定程度上受到金融行业规则的影响。2014 年年底，是绝大多数企业资金最紧张的时期，一方面要尽可能地催收账款和债权，另一方面要应付自身的催款，间接造成了年底的兑付危机，这也是大多问题平台的症结所在。

2014 年新增问题平台的地域分布如图 1-2 所示。

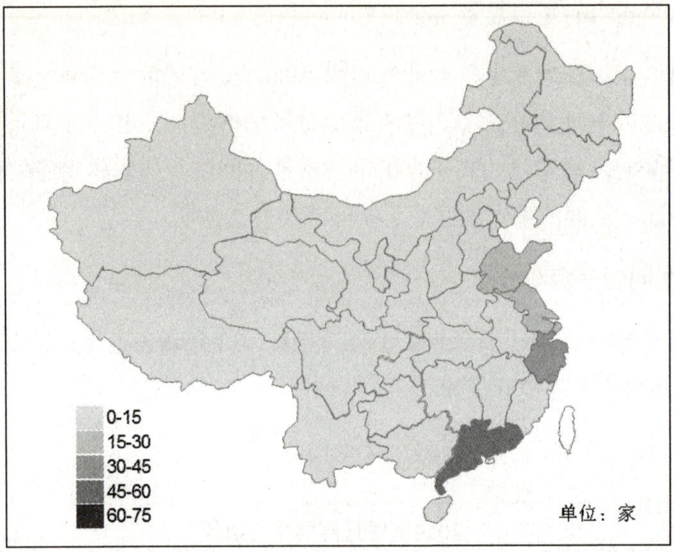

图 1-2　2014 年新增问题平台的地域分布

问题平台主要集中在广东、浙江、上海等沿海经济发达地区，三省市问题平台数量占比接近问题平台总数的 50%，但是考虑到沿海发达地区本就是 P2P 平台大量聚集之地，问题平台数量偏多也是无可厚非的。实际上，P2P 平台数量大并不代表出现问题平台的概率高，按问题平台发生概率来算，海南、广西、江苏等地才是我国 P2P 行业真正的问题平台“高发区”。

（二）2014 年网贷行业年度十大事件

事件 1：人人贷宣布获 1.3 亿美元 A 轮融资，创下互联网金融行业最大规模单笔融资。

新闻：2014 年 1 月 9 日，人人贷宣布获 1.3 亿美元 A 轮融资，此次融资由挚信资本领投 6500 万美元，其他投资人共投资 6500 万美元。投资对象是人人贷的母公司——人人友信集团。人人友信集团于 2011 年由“人人贷”和线下金融服务公司“友信”整合而成。据人人友信集团表示，这笔融资将主要用于企业内部运营建设、优化产品等方面，增强风控能力的同时，也可能在业务的纵向拓展方面做一些收购和战略布局。

点评：人人贷于 2010 年上线，经过 4 年的探索与发展，已成为行业领军平台之一，拥有较高的风控技术与专业的管理团队，而且积累了一大批忠实的用户，形成了一定的规模。因此，此次获得最高融资也不足为奇。得到这笔巨额融资后，除了上面提到的几点用途外，笔者预测拓展线下获客渠道应该也是用途之一。2014年共有31家P2P公司获得风投，融资总额超过30亿元。资本大量涌入P2P市场，也从侧面表明P2P前景大好。

事件2：银行、国资、上市公司等接连入局P2P。

新闻：据统计，2014年年初，国内仅有3家银行背景的P2P平台，至2014年年末，全国银行系P2P平台数量已增至11家。此外，国资系、上市公司北京系平台的数量也在这一年有明显增加。

点评：2014年，除了风投外，银行、国资、上市公司背景的P2P平台数量也有了显著提高，这些高大上背景平台的出现也表明目前P2P市场有较好的发展前景。2014年，P2P行业年全成交额超过3000亿元，丝毫没有放缓的发展势头更是让大家紧紧盯住这块"肥肉"。整体来说，2014年是大佬们抢滩登陆的一年，他们的加入某种程度上对行业的规范化发展起到一定促进作用，加快了行业的自我淘汰过程，行业的竞争也日趋激烈。

事件3：银监会划定四条红线、明确P2P十大监管原则。

新闻：2014年4月21日上午，处置非法集资部际联席会议举行新闻发布会，处置非法集资部际联席会议办公室主任刘张君在发布会上表示，P2P平台"不能直接经手资金，不能提供担保，不得建立资金池，不能进行非法集资。"9月，中国互联网金融创新与发展论坛在深圳召开。中国银监会创新监管部主任王岩岫在会议上提出P2P网贷行业监管有十大原则。

点评：高层两次发声，均涉及担保、资金池、非法集资等问题。2014年，"去担保化"一度盛行，其主要转型模式便是建立风险储备金，这又涉及资金问题，目前所谓的资金托管，真的能做到不碰钱吗？一旦经手资金，便会和资金池建立联系，然而是不是有了资金池就一定导致非法集资呢？答案都是否定的，将近2000家平台，不涉及资金池的能有几家，真正要保证资金安全，还是要尽快建立完善的法律法规。

事件4：李克强总理鼓励互联网金融创新发展。

新闻：2014 年 3 月 5 日上午，国务院总理李克强在十二届全国人大二次会议上作《政府工作报告》时提到要促进互联网金融健康发展，完善金融监管协调机制。

点评：尽管着墨不多，但简短的内容已然表明，互联网金融已经进入了最高决策层的视野，逐渐得到了高层的重视。结合宏观实体经济环境，我国 2014 年下半年的整体经济下行压力较大，此时总理提出鼓励互联网金融创新发展是寄希望于 P2P 行业能带动经济发展。毕竟 P2P 是最为阳光化、低成本的一种融资渠道，为中小微企业融资提供了更多的可能与便利，弥补了传统金融机构无法为中小微企业提供优质贷款服务的不足。

事件 5：爱投资上线融资租赁、保理等产品。

新闻：2014 年 9 月 11 日，爱投资 CEO 王博表示，与担保公司合作的爱担保产品实现融资规模达 25 亿元，而保理产品的规模有 1.8 亿元，融资租赁产品也有 3700 万元的规模。爱投资在后续也会开展一些文化类的、艺术品类的新的业务线。

点评：近年来，P2P 资产模式不断创新，从信用借贷、车辆抵押、房产抵押到融资租赁、基金、典当，再到过桥资金、股票配资、保理、国债、票据、供应链金融、资产证券化，等等，P2P 资产形式已达十余种。除此以外，互联网金融与传统金融的合作也为 P2P 发展提供了新的可能。然而，风险依然是发展面临的主要问题，票据会有瑕疵票、克隆票、延迟支付等问题存在，基金也有操作规范、账户对接、信用背书等方面风险。合理安排资金、规避风险不仅是投资者考虑的事情，更是平台风控该做的事情。

事件 6：乐投宝、火球获千万美元风投。

新闻：2014 年 7 月，火球网获得了由源码资本领投、明势资本跟投的千万美元投资。2014 年 10 月 15 日，网贷天眼（乐投宝）完成千万美元的 A 轮融资，投资方为君联资本。

点评：P2P 市场的巨大发展空间及其所蕴含的高投资风险催生了 P2P 的衍生产品市场。所谓 P2P 衍生品市场，就是对 P2P 产品的购买→打包→出售过程。与 P2P 平台的单一产品不同，衍生品市场中的商品为组合打包的 P2P 产品，风险经过拆分重组后被合理降低，P2P 衍生品市场的形成增加了资金的流动性，为 P2P

行业发展提供了更多的可能。

事件 7：阿里巴巴上线招财宝。

新闻：2014 年 8 月 25 日，阿里招财宝正式上线，其主打的定期理财产品年化收益在 5.4%～7%，期限为 3 个月至 3 年不等。此前，招财宝已经试运营了 4 个多月，交易规模达 110 多亿元。

点评：阿里巴巴招财宝的上线，意味着二级市场的成立。结合证券市场来讲，初级市场要完成证券发行，就必须有股票这个二级市场推动初级市场完成证券的快速分配，若证券无法流转，市场将成为一潭死水。在 P2P 行业中，二级市场的产生能缓解刚性兑付压力，提高资金的流动性与利用率。同时，二级市场也存在风险，不过招财宝出现变现困难的风险很小，其原因在于二级市场有定价的能力，持有者可以低价抛售。其次，余额宝可以做预约渠道。而且，阿里巴巴有能力做好技术和资金数据流监控和调度。

事件 8：百度、新浪纷纷踩雷。

新闻：2014 年 4 月，旺旺贷失联，由于旺旺贷曾在百度加 V 推广，百度紧急成立“网民权益保障计划”保障受害网民利益，短期内下线 P2P 平台超过 800 家。2014 年 12 月，中汇在线被曝提现困难，曾与中汇在线有过合作的新浪微财富也由此陷入投资者讨债风波。

点评：百度与新浪的踩雷引出一个第三方责任问题。大机构与 P2P 平台合作相当于为 P2P 公司变相做信用背书，所以应该在合作之前做好严格的审核工作。一旦 P2P 平台出现问题，合作机构是否一定要负责？百度、新浪，以及第三方支付、广告商等在中间扮演的不单单是信息发布平台的角色，还应承担信息筛选审核责任。实际上，风险是不可避免的，第三方只要做好本职工作，不应一味无偿承担责任。

事件 9：红岭曝亿元坏账，选择兜底。

新闻：2014 年 8 月 28 日，红岭创投董事长周世平在其社区发帖称，“利空来了，慢慢消化吧”。其官方发布的消息称，事件“涉及借款本金总额 1 亿元，因为案情复杂，已经在广州经侦报案，同时也在深圳福田法院立案。因为抵押物处理需要很长时间，所以全部到期借款将由红岭创投提前垫付。”

点评：受到经济大环境影响，大额资产与民间化资本的质量下降。面对亿元坏账，红岭的兜底行为或为其赢得投资者的信任。其暴露的问题也应该得到重视，平台、担保公司是否有完善的风控体系？平台是否应该供担保？面对大额资产的高风险，P2P 是否应该回归小微的本质？很多问题都值得从业者与投资者思考，而毫无疑问的是，无论如何风控都应该是 P2P 平台建设的重中之重。

事件 10：2014 年 12 月 Lending Club 上市，首日股价涨幅超过 50%。

新闻：北京时间 2014 年 12 月 12 日凌晨消息，全球最大 P2P 平台 Lending Club（LC）成功登陆纽交所，IPO 价格为 15 美元，上市首日行情火爆，涨幅高达 56%，收报 23.43 美元，成交量近 4500 万股，市值 85 亿美元。

点评：Lending Club 上市对我国网贷行业来讲无疑为一大利好消息，在 2014 年年底跑路潮再现，投资者人心惶惶之时，它让大家看到了网贷行业的春天，振奋了士气。Lending Club 的商业模式就是撮合借款人和投资者，从中赚取交易费、服务费和管理费。不过结合我国的实际情况，这种模式在我国是无法直接照搬全抄的。美国的征信数据比较健全，相关法律法规也较完善，而我国征信制度并不发达，P2P 公司往往需要花费大量成本去布置线下渠道，并且在相关法律法规未出台的情况下，行业水平参差不齐，竞争日趋激烈，所以要想像 Lending Club 一样上市，除了借鉴其优势外，也要做出适应我国国情的调整。

（三）2015 年行业发展趋势

2014 年是行业高速发展、资本疯狂涌入、模式不断创新的一年，而 2015 年行业依然会保持这种高速发展态势，预计 2015 年网贷行业将以平均每天 3 到 4 家新增平台的速度发展。此外，在宏观经济下行压力增大、监管呼之欲出的格局下，行业将面临哪些新的挑战与机遇呢？

1. 资产布局多元化，利率进一步下降

相比 2014 年，更多资本将进入 P2P 市场，银行、国资、上市公司背景平台数量进一步扩大，行业竞争会愈演愈烈，P2P 网贷行业借款年利率将进一步下调，预计会达到 13.5%的平均水平。问题平台数量会进一步扩大，大平台之间的竞争将进

入白热化阶段，同时会出现马太效应，强者恒强，弱者淘汰。

2. 监管渐行渐近，行业将进一步走向规范

2015 年监管有望出台，行业将进一步走向规范化发展，这也意味着一大批不合规范的 P2P 平台及伪 P2P 平台将面临淘汰。在 P2P 平台数量高速增长的同时，问题平台的数量也将持续大幅提升。优质平台将凸显优势，成为行业宠儿。

3. 行业细分差异明显，与传统机构合作将加强

2015 年，创新依然会是 P2P 行业的热门话题，在产品、流程、渠道，以及组织架构方面将持续创新，尤其是产品创新方面将会有突出表现。同时，平台分类将愈加细化，行业细分差异明显。此外，P2P 公司与传统金融机构的合作力度将进一步加大，融合互补趋势会愈加凸显。

4. “去担保化”盛行，行业整体风控水平将有所提升

目前，大多数 P2P 网贷平台都打着“担保、兜底”的旗号来吸引大批量的投资人。然而，真正能做到的却没有几家。“去担保化”在 2014 年已经成为监管层的一个指导方向，加上第三方担保公司的担保费用很高，间接提高了融资成本等因素。2015 年，“去担保化”将成为 P2P 网贷平台的一大走向。同时，风控将作为重中之重被大多数平台所重视。

5. 获取流量是关键，移动端的博弈将开启

未来，平台竞争力的一个重要评测指标在投资人的获取成本上。平台核心竞争力将逐渐聚焦在获取流量和流量变现的能力上。随着移动终端的多样化发展、智能终端的普及，移动互联网发展将是未来发展的制高点，移动化已成为流行大趋势，2015 年移动端的博弈将开启，并将成为 P2P 行业的第二战场。

6. 个人征信起步，大数据成热点

2015 年，我国个人征信市场的大门已正式开启，征信行业发展的黄金时期即将到来。网贷行业的大数据意识正在觉醒，相信 2015 年 P2P 网贷平台将持续发力征信技术、云计算、大数据处理等方向。未来，P2P 网贷行业将借助征信技术和大数据实力，建立起自己的数据化风控模型，逐渐走向正规化。

7. 资产质量下降

2015 年宏观经济下行压力明显，个体工商户、中小企业的融资需求在下降，P2P 行业在资产端和资金端的压力都会增大，行业整体经营风险将居高不下，资产质量下降，部分平台的可持续发展将面临严峻考验。2015 年 2 月央行宣布降准，一定程度上增强了市场流动性，然而在 P2P 市场影响并不明显，加上股市走强带来的资金外流等因素，P2P 平台 2015 年的流动性压力也将增大，不少成交额较大的平台都会暴露出风险。

二. 银监会委托贷款新规对 P2P 影响几何

网贷之家研究院[1]

（一）委托贷款管理办法意见稿发布

为了规范商业银行委托贷款业务，加强委托贷款业务管理，促进委托贷款业务健康发展，2015 年 1 月 16 日，银监会按照“准确定位、回归本源，限制范围、避免套利，问题导向、严格设限，加强管理、规范发展”的总体思路，发布了《商业银行委托贷款管理办法（征求意见稿）》。

商业银行委托贷款业务是指委托人提供资金，由商业银行根据委托人确定的贷款对象、用途、金额期限、利率等，作为中间人向借款人代为发放、监督使用并协助收回的贷款。银行只收取手续费，不承担信用风险。

由于地方政府和房地产等部门对融资的强烈需求，加之信贷资源趋紧背景下，委托贷款在过去几年增长迅速。2014 年委托贷款总额达 2.51 万亿元，占融资总量的 15%，是构成社会融资的重要组成部分。如图 1-3 所示，2014 年 12 月，由于抢占地方政府项目融资的末班车，委托贷款规模出现较大幅度涨幅。

1 网贷之家研究院是国内最早进行网贷行业研究的机构，依托于自身的大数据和经验积累，研究团队具备强劲的研究实力，发布了大量行业内权威报告，这些报告成为投资人、平台运营人员及监管层的重要参考资料。

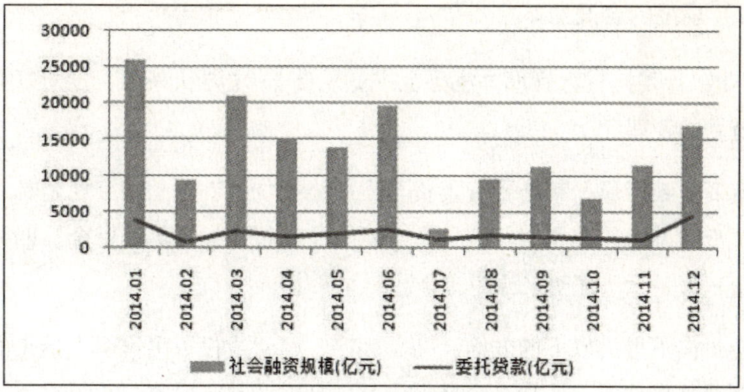

图 1-3　2014 年委托贷款规模统计

资料来源：央行，网贷之家

银行委托贷款细分，主要由企业间借贷、个人住房公积金贷款、券商及基金子公司定向资管计划等组成。如图 1-4 所示，华夏银行、兴业银行委托贷款业务占总贷款比例较高，占比分别为 38%和 29%，受此次委托贷款管理办法影响较大。建行、工行因为个人住房公积金贷款业务占据较大市场份额，因此委托贷款规模总量大，但总贷款中占比并不高。

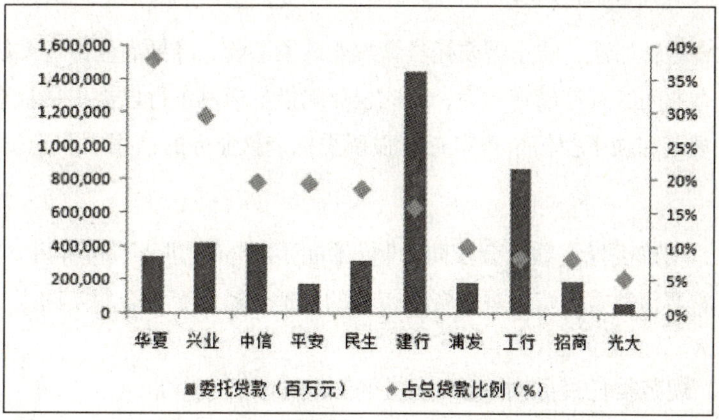

图 1-4　部分银行委托贷款情况

资料来源：公司半年报，网贷之家

（二）规范内容及影响

《商业银行委托贷款管理办法（征求意见稿）》主要从来源、投向等方面明确了委托贷款的管理。

规定商业银行应严禁接受五类资金发放委托贷款：一是国家规定具有特殊用途的各类专项基金；二是银行授信资金；三是发行债券筹集的资金；四是筹集的他人资金；五是无法证明来源的资金。

资金投向不得为以下四方面：一是生产、经营或投资国家明令禁止的产品和项目；二是从事债券、期货、金融衍生品、理财产品、股本权益等投资；三是作为注册资本金、注册验资或增资扩股；四是国家明确规定的其他禁止用途。

同时规定银行原则上不得向有委托贷款余额的委托人新增授信。

此次意见稿明确了商业银行在委托贷款业务的中介角色，强调商业银行在委托贷款业务中不得承担信用风险；限制和规范了资金来源及贷款投向，避免委托贷款脱离实体经济空转。影响主要有以下几点。

首先，直接影响体现在银行委托贷款规模将出现下降，尤其是之前委托贷款占比较重的股份制商业银行，资产负债表外融资规模受到限制。

其次，监管加强，防止借委托贷款规避政策监管，降低商业银行系统性风险。我国禁止企业间的直接借贷行为，因此企业间借贷通过银行以委托贷款形式发放。通过此次规范加强了授信余额审查，强调委托贷款业务的信用中介定位，回归业务本质。

第三，明确委托贷款资金投向限制，防止信贷资金进入股市等资本市场，基本切断了资金借助委托贷款进入资本市场的通道，避免了资金脱实向虚。

（三）规范委托贷款对 P2P 网贷的影响

规范委托贷款对于 P2P 网贷行业的影响有利有弊。

利在于有助于社会融资成本降低，借款端利率可能出现下降，业务规模有望扩大。规范委托贷款，完善了货币政策传导机制，减少资金在金融体系内空转及其产生的通道费用，降低了社会融资成本；避免委托贷款资金流向资本市场，有助于引导资金进入实体经济，加大对实体经济的支持力度，有助于适度宽松货币政策的进一步深化，借款端利率将可能下降。此外，委托贷款业务的规范也给 P2P 网贷借款端体量扩大带来了机遇，将有较大的资金缺口寻求新的融资渠道。

负面影响主要体现在以下两方面。

首先，房地产等行业信贷收紧引起的风险传导。近年来，以地方政府和房地产为最终投向的非标业务得到了大发展，非标业务普遍采用的通道包括信托公司、券商资管和基金子公司。其中，采用券商资管和基金子公司通道的非标资产，资金由通道投向融资企业时，表现为委托贷款。因此，委托贷款里有很大一部分资金进入了房地产等行业，规范委托贷款对于这些行业的资金面将产生较大负面影响，并可能引起整体风险传导。在新的融资渠道未到位的情况下，预计房地产等行业贷款资金捉襟见肘，资金链断裂风险加剧，P2P 网贷平台房企贷款业务违约风险加大。

其次，配资业务法律风险加大。信贷资金，包括此次规范的委托贷款资金，进入股市等资本市场历来是监管机关的红线。委托贷款投向限制，加之近日两融业务检查收紧都是监管机关预防资本市场泡沫的防范机制。因此，P2P 网贷中涉及配资业务的法律风险加大。

（四）总结

《商业银行委托贷款管理办法（征求意见稿）》的发布不仅影响了银行体系表外融资规模，对于 P2P 网贷行业来讲也是把双刃剑。较大资金缺口寻求新融资渠道给 P2P 网贷借款端带来发展机遇的同时，平台也需要加强相关业务的风险防控！

三．正在进行的“淘金热”：第三方服务对 P2P 行业的推动作用

生菜网[1]

（一）用两个故事解释，何为第三方服务

也许最能透彻解释第三方服务概念的案例，就是传说中的《美国西部淘金热的故事》。

我们听到最多的版本就是：当人们听闻西部淘金的巨大诱惑时，疯狂的淘金者开始聚集。只是大多数人仅仅看到了黄金的价值，但是远远没有意识到淘金的困难，所以两手空空的淘金者为了巨大的诱惑不惜代价也要找到、挖到梦想中的黄金。因此有人看准了淘金者市场的巨大商机，开始向淘金者卖挖土用的铲子、服装，甚至有人在那里做起了渡船、饭馆生意……就这样，淘金热慢慢散去，大部分淘金者铩羽而归，最后赚到钱的并不是淘金者，而是为他们提供服务的商人。

这是普通读者对第三方服务商的看法，认为他们是不折不扣的商人，这些精明的投机者就是看准了淘金热带来的巨大商机。同样是赚钱，真正满足淘金者的基本需求比虚无缥缈的金矿更靠谱。

如果从“淘金者”的角度看待问题，对“第三方服务”或许还有另外一种理解。

一个有意思的段子，大意是一个男人在路上捡到了一个萝卜，然后他就此萝卜展开了长远的规划：现在虽然有了萝卜，但是要做饭就要买一口锅，有了锅就要弄个厨房，有了厨房需要安一个家，有了家才能娶到老婆，有了老婆就要跟着她逛街买衣服，给她买各种首饰化妆品。他猛地甩甩头，感觉花费太大了，于是又把萝卜扔到了路上。

1　生菜网（www.shengcai18.com），全国首家互联网金融返利导购平台，致力于为 P2P 投资用户推荐优质项目并获得平台收益率之外的额外返利，让用户“总能多赚点儿”。

笑话归笑话，其中反映的道理却非常明了：捡到一个萝卜，意喻一个新行业诞生；买锅、买厨房，则是行业发展新的需求，是整个产业链的形成阶段；安家、娶老婆，甚至为了取悦老婆而去逛街买衣服，这就是产业链条下其中一个环节高度发展的现象，也是整个行业生态逐渐完善的过程。

第三方服务商既是产业链条环节中各项服务的生产者，也是分享行业发展红利的高级消费者。

（二）互联网金融浪潮下最火爆的淘金业

“今年最火爆的行业也许就是 P2P 网贷行业了。在人群聚集的地方，我总能听到身边的人讨论项目风控、项目收益之类的问题，这应该是我们行业的同事。”一位在 P2P 平台运营的工作人员说道，“现在 P2P 网贷行业不仅从业者数量巨大，而且市场前景非常乐观。有一次外出吃饭的时候，就听见几个大婶在讨论去哪家银行投资收益高的问题。当听她们说银行理财年化收益最高只有 5.5%的时候，我真想立刻把我们的网站推荐给她们。”

也许从这段对话里面就可以想象互联网金融火爆发展的趋势，而 P2P 就是大家争相开采的金矿。当越来越多的人涌入 P2P 行业，“卖铲子”“开饭店”“开船”的人也在迅速增加。其中，软件开发公司提供网站模板之类的技术外包服务，取得第三方支付牌照的公司提供第三方支付服务，信用评级、法律咨询、公关营销等各领域的服务商也在陆续加入。

专家预计，随着互联网金融的发展和市场的逐渐完善，为了满足日渐增长的各种配套需求，第三方服务的市场潜力正引起相关各方的高度关注。目前为 P2P 行业提供服务的机构很多，涉及 P2P 领域的各个方面，甚至之前很多 P2P 平台如今已经主动转型，利用自身的数据、知识与经验，开始为新加入 P2P 行业的竞争者提供培训、咨询等服务。

在 P2P 行业持续火爆的态势下，2015 年，互联网金融的新一波热潮会在互联网金融第三方服务集中爆发。

（三）互联网金融初期的生态体系已粗具规模

如果说 2013 年是“P2P 网贷元年”，几乎所有从业者都不会反对。在余额宝带动下的互联网理财热潮，在 P2P 市场得到了充分显现。而 2013 年的第一波竞争热潮并没有在 P2P 市场中爆发，除了陆金所、拍拍贷、宜信、人人贷等行业先驱抢先登陆媒体争取曝光外，剩下的 P2P 平台在那时都选择了“暂避锋芒，内外兼修”：完善产品类型、优化网站建设、增加有效用户数量是所有平台的共识。

基于互联网金融创业热潮下的企业，当然也嗅到了商机，满足 P2P 平台需求的产品和服务鱼贯而出：第三方支付、贷款征信、大数据分析、贷后管理、P2P 模板开发、网站资质认证、投资担保、法律咨询、平台搭建等一系列第三方服务市场一片繁荣。若按照当时的态势看，如果有人想进行 P2P 创业，只要有钱，除了要有一个核心团队，几乎所有的业务都可以外包。近期报出新闻，几家相似平台陆续被黑客攻击，损失惨重。除了 P2P 平台运维不力外，造成这件事的重要原因就是这几家平台使用的均是同一家企业开发的 P2P 网站模板。因此 P2P 平台的槛门之低，市场之乱，可见一斑。

就在这样的环境和趋势下，P2P 核心业务链上的服务商得到了大力的发展，特别是第三方支付的强势崛起，使其成为互联网金融突破传统金融束缚的一支重要力量；征信、大数据、网站门户等领域均有成长；虚拟货币概念也随着“比特币神话”纳入了互联网金融的讨论范畴；“众筹”这样一个让国人陌生的概念也随着网贷债权众筹的火爆市场，悄悄地开起了新一波的创业热点。

2014 年，由 P2P 主导的互联网金融生态体系已经粗具规模。

（四）第三方服务提供者的商业逻辑

P2P 网贷行业时下已经如火如荼，从“P2P 模板”事件中我们可以看到，如果没有任何经验和能力，第三方想要切入这个行业赚钱并不是一件容易的事情。然而，针对 P2P 市场的需求，很多企业基于自身的经验和优势，发挥自身特长，为 P2P 平台提供专业的服务。基于此，实际上已经衍生出了多个新兴行业，这些新兴行业其中有些还在刚起步阶段，而有些已经在稳步发展，并且受到了广泛关注。

1. P2P 资产管理公司

P2P 不良借款的风险，正在由网贷行业本身，向担保公司传导。有业内人士表示，在 P2P 担保中，担保公司费率约 10%，但担保杠杆率最高可达 50 倍。只要一笔借款发生风险，就有可能导致担保公司血本无回。

与此同时，P2P 行业极高的坏账率亦为各路机构提供了大量商机，包括国有资产管理公司在内的资产管理机构也开始积极介入这一领域，而有的 P2P 平台已经成立了专门的公司，开展网络不良借款处置业务。

据悉，第一家“网贷 AMC（资产管理公司）”有可能近期在深圳挂牌运营，该公司已经在工商局注册成立，其业务类型类似于地方性 AMC。据该公司相关人士介绍，公司以服务网贷平台为主。

2. 网贷系统开发公司

实际上，与自身的金融功能相比，IT 技术一直是 P2P 行业的短板。由此，引入 IT 技术等方面的第三方服务成为 P2P 行业的需求。近年随着担保、小贷公司的入局，P2P 引入的上下游产业也逐渐清晰。如擅长资金与交易数据托管的第三方支付平台，擅长风控与征信的保险、小贷公司，以及 CA 认证机构，电子证据应用机构等。

基于安全考虑，一般背景实力较大的线下贷款公司都会选择正规的网贷系统，不惜花几十万元买一套系统也是有可能的。不过有部分网贷平台，利用自己专业的团队自主研发了网贷系统，既能满足自己个性化的需求，也能保证安全可靠。

不过新入行的从业者，有一套成熟的网贷模板快速上线，后期再开发成为了不少创业者的选择。面对如此巨大的商机，网贷系统开发和定制化研发服务快速成长，成为了现在 P2P 生态系统里面必要的组成。

值得一提的是，作为软件的服务商，为应对整个 P2P 行业的变化，其不仅要应对既定的安全问题，对系统进行优化，寻找解决方案，也应该在将产品销售给 P2P 平台之后，成为平台长期的技术解决顾问团，成为平台技术问题的后盾，弥补 P2P 平台在自身技术能力上的缺陷。也只有这样，P2P 系统服务商才能够更完美地处理 P2P 行业出现大量问题的外部原因。

3. 担保公司

担保公司的介入对 P2P 的发展提供了强有力的保障。在 P2P 行业竞争初期，业界都认识到了网贷平台的高风险性，有第三方担保公司进行担保无疑给投资者吃了一枚“定心丸”，平台以“有担保”“担保本息”作为吸引客户的手段，效果显著。因此，越来越多的平台开始与担保公司合作，担保公司也争先恐后地涌入 P2P 市场。

不过，“去担保化”的呼声日益壮大，越来越多的平台开始意识到担保的成本和弊端。平台也开始着手教育投资者投资风险应该自担，而自从传出有担保公司跑路之后，投资者又开始人心惶惶。新的用户保障模式如何开展，是 P2P 发展面临的一个机遇和挑战。

4. 行业培训

专业的人才是一个行业长远发展的核心动力。一些一流的互联网技术、电子商务精英、金融管理与法律专家组成了团队，开始在网贷行业施展手脚，给这个行业输送新鲜的血液。另外，P2P 的先驱探路者也逐渐加入了行业培训的大军，输出自己在 P2P 行业中积累的经验教训。

互联网金融是一个新兴的行业，从业者来源于各行各业，并且目前没有任何学校、专业提供互联网金融领域人才的培养和教育。企业 HR 招聘也会面临这样的难题，真正专业的人找不到，而其他行业精英的成本又很高，这就是这个行业面临的人才现状。另外，来自于金融行业、互联网行业等行业的人聚集在一起，需要互相补充，互相了解，因此这个新兴行业的培训市场一样诱人。

5. 第三方门户

P2P 市场面临“僧多肉少”的局面，除了完善自身体系外，现在最重要的就是快速扩大规模，形成盈利的局面。然而，去哪些渠道找到最符合自己的用户成了所有平台面临的难点。

目前的第三方门户网站主要为投资者或借贷者提供一个交流的平台，提供合理化建议，引导他们尽快融入网贷行业。但是，也有不少“托儿”潜伏其中，以唯恐天下不乱的心态误导新人。

第三方门户包括了论坛、导航、点评和帮手类服务的企业，为 P2P 平台的客户获取信息提供了巨大的帮助。据不完全调查显示，78%的 P2P 平台与其他网站进行过资源互换合作，只有 11% 的平台对自己的合作满意。通过进一步分析发现，很多平台的合作思路还停留在电商导流的合作模式上，希望寄托合作网站巨大的流量，用高收益的产品吸引用户转化。然而付出高额广告费的同时，并没有带来有效用户。相反，很多小平台没有大型资源，只能聚焦小的论坛，效果却出乎意料。这样的结果，让很多人看到了理财用户的特殊需求属性，也让人看到了这里面的商机。

有人预言，和电商一样，互联网金融的第三方门户网站会像电商、团购网站一样，迎来新一波爆发。

观察人士认为，随着网贷行业的蓬勃发展，上千家的平台需求量太大，使得相关的第三方服务方赚得盆满钵满，P2P 生态的内涵势必要更加丰富。并且，越来越多的“金主”开始把钱投到这些领域。

对于很多想加入 P2P 网贷市场创业的人而言，结合自身的优势，做上下游的第三方服务，或许竞争会少一点，机会多一点，成功概率也大一点。

（五）2015 年，互联网金融新的增长爆发点：第三方互联网金融门户

在互联网金融中，金融是本质，互联网是载体。P2P 企业要发展，一定要明确两个问题：第一，核心优势是其金融的属性带来的盈利能力；第二，竞争优势是互联网载体上的规模效应。

几乎所有的 P2P 公司都面临这两个问题，只是当时的行业发展并没有明显的规律可循，而且市场态势并不明朗，几乎整个行业的声音都在强调风控、安全，强调风控实力带来的安全保障，很少有平台注重规模效应带来的竞争优势。因此，2014 年的 P2P 市场，淘汰了一批风控能力较差（非恶意跑路）的平台。与此同时，在获客成本较低的这段时间，成功解决互联网规模问题的平台已经渐渐成为行业翘楚。错失这波发展机会的 P2P 平台，虽然其自身实力和平台背景都很不错，却只能位居行业发展的第二梯队。

值得关注的是，新加入的 P2P 平台凭借行业开拓者的经验，减少了前期的试

错探索，直接杀向用户端积累用户。因此，其发展速度与一些有一定积累的平台相比毫不逊色。在这样的市场态势下，前有猛将后有追兵，平台想要发展，发挥自身的品牌积累、扩大用户规模已经刻不容缓。

另外，从投资用户的角度，也面临全新的选择。随着行业的逐渐稳定，P2P的收益逐渐平稳下降，尤其是第一梯队平台，在保证整个链条平稳运转的情况下，降低收益已经成为了所有平台的共识。但是，资本都是逐利的，如果有一家平台提供的收益高，并且在安全性不差的情况下，用户会不会选择尝试呢？理财师告诉我们，鸡蛋不能放在一个篮子里。当越来越多的人明白这个道理后，老用户和新用户都会在这个时候进行选择：我要如何在 P2P 平台投资才最为合理呢？

基于 P2P 平台的发展需要和用户的需求，互联网金融将迎来巨大的商机。

互联网金融门户是指利用互联网进行金融产品的销售及为金融产品销售提供第三方服务的平台。它的核心就是“导购”+“用户服务”的模式，将各平台的产品放在第三方平台上，用户通过对比选择合适自己的金融产品。

此外，这种模式不存在太多政策风险，因为其平台既不负责金融产品的实际销售，也不承担任何不良的风险。同时，资金也完全不通过中间平台。目前，在互联网金融门户领域，针对信贷、理财、P2P 等细分行业分布有融 360、91 金融超市、好贷网、银率网、网贷之家、生菜网等。

互联网金融门户最大的价值在于它的渠道价值。互联网金融分流了银行业、信托业、保险业的客户，加剧了上述行业的竞争。

随着利率市场化的逐步到来，随着互联网金融时代的来临，对于资金的需求方来说，只要能够在一定的时间内，在可接受的成本范围内，钱是来自工行也好、建行也罢，还是 P2P 平台或小贷公司，抑或是信托基金、私募债等，已经不那么重要了。

（六）盈利难题与模式创新

虽然与网贷相关的产业已逐步显现，但在当前情况下，要真正发展起来仍面临一定的困境，大多数机构还处在前期烧钱阶段，尚未实现盈利。

以网贷之家为例，该机构将自身定位为第三方资讯交流平台和门户网站，目前还推出了评级服务，每个月定时发布行业数据，但这些都是免费项目。目前，其主要收入来源是网站上的广告。此外，网贷之家还在大力打造一个全新的项目“投之家”，为 P2P 平台做一些导流。

据了解，在更早的时候，网贷之家曾经为一些新入行的平台提供软件模板服务和人员培训等，但是随着行业的逐渐成熟，这些项目已经不太好做了。“以前，大家对网贷行业不了解，所以需要培训。现在，随便到市场上去挖一个人，都可以了解到这些。”网贷之家一位内部人士表示。

另外，也有很多新的竞争者加入这个市场，而他们的信心和优势来自于模式的创新和对用户需求的满足。

以生菜网为例，生菜网是 2014 年 12 月底刚刚上线的平台，是全国首家互联网金融返利导购平台，它打破了 P2P 市场收益逐渐下降的规律，通过对用户返利的模式，将其平台产品的收益率保证在年化 18%左右。这其中，合作的 P2P 平台负责为用户提供本金保障和基础收益，在此基础上，返利网为用户提供额外的返利收益。

据了解，与 P2P 平台给用户的收益来源不同，生菜网的返利来源于平台自身的营销费用，而 P2P 平台基于生菜网优质的客户资源和资金流量，也乐于与生菜网进行战略合作。

“互联网金融的生态圈里面，最小的构成单位并不是各大平台和企业，而是每一个投资用户。”生菜网负责人表示，“如果能将这些用户聚集起来，组织起来，就能让整个生态圈里的链条自然运作。这就是用户的力量。”

四. 传统金融与互联网碰撞后的产品模式

爱投资[1]

在历史的长河中，信贷的出现比铸币还要早2000多年，信贷在经济活动的最初阶段就已经存在，在真正意义上的易货贸易出现之前就已经存在。在公元前3000年的苏美尔古代文献中就记载了人们按照数量借贷粮食，按重量借贷金属而采用的借贷，而且这些借贷也是带有利息的。[2]

随着社会进步和经济的发展，特别是互联网金融近年的快速发展，使得一对一的信贷演变成了普惠大众的一种理财方式。与各种传统金融、贸易、借贷手段，甚至与一些新兴行业相结合既满足了借款人的融资需求，又满足了出借人的理财需求。但是，也由于互联网的包罗万象的特色，互联网金融产品也品类繁多。

下面我们就来说说目前中国互联网金融平台上比较主流的产品都有哪些？优劣势及特点。

（一）信用贷款

首先是信用贷款，信用贷款是指以借款人的信誉发放的贷款，借款人不需要提供担保，而是以借款人的信用程度作为还款保证。银行的信用卡业务就是典型的信用贷款。目前，国内以信用贷为主的平台有拍拍贷、宜人贷、人人贷等。

此种产品的优势是借款额度小，利息相对较高，无抵押物，融资成本相对较低。

缺点是无法核实个人借款用途的真实性，无法衡量个人未来还款来源是否稳定，管理成本极高，坏账率高且不适合中国国情。与美国完善的社会信用体系不

---

1 爱投资（www.itouzi.com）是国内首创P2C互联网金融交易模式的平台，于2013年3月31日上线。致力于为个人和企业搭建一个高效、直接的融资桥梁，构筑更轻松自由的投融资环境，寻找个人与企业之间安全与效率的平衡点，推动解决利率市场化进程中投资渠道窄和实体企业融资难的问题，实现合作共赢。

2 引自：（美国）悉尼•霍默、（美国）理查德•西勒，《利率史（第四版）》，中信出版社。

同，中国想达到无障碍地推行信用贷款还有很长的路要走。

（二）抵押贷款

从中国的大环境来看，抵押贷款更符合中国国情。抵押贷款是指借款人用抵押品作为保证取得的贷款，抵押品通常包括：有价证券、各种股票、机器设备、房地产、汽车等。贷款到期，借款人必须如数归还，否则抵押人有权利处理抵押品作为补偿。网贷时常见的抵押品是房产和车子。

房产抵押贷款的优势：看得见摸得着，如果出现违约，可以通过各种渠道变卖房产减少损失。

房产抵押的劣势：如果借款人只有唯一一套住房，司法解释不能进行拍卖变卖。[1]如果不是唯一住房，可能牵涉原住户的迁移等一系列问题，等变卖成钱还到手上时，黄花菜早就凉了。另外，法院强制执行，其过程慢长，有的甚至拖延几年，而且抵押房产一般金额都比较大，因此对平台机构用于垫付逾期款的备付资金要求非常高。

车辆抵押贷款的优势：如出现违约其容易变卖，所以一般情况下是可以止损的。

车辆抵押贷款的劣势：车辆折旧不好定价，可能出现重复抵押，到不同的地方去筹资，如出现抵押逾期按照法律规定，无法明确重复抵押后的受偿权的话就很麻烦。目前，很多网贷平台都有这种产品模式，且据笔者了解，用车辆抵押贷款有 20%左右的借款人最后都会不要抵押车辆，需要平台自行处理。目前，大多数平台都有此类产品，当然也有一些只做车辆抵押贷款的平台，比如微贷网。

（三）质押贷款

质押贷款是指贷款人按《担保法》规定的质押方式以借款人或第三人的动产或权利为质押物发放的贷款。目前，国内平台所采用的质押物主要有股权、艺术品、林权、库存商品等。

---

1 引自：《最高人民法院关于人民法院民事执行中查封、扣押、冻结财产的规定》中第六条。

质押贷款的优势：当债务人不履行债务时，债权人有权依法以该动产或者权利折价、拍卖，变卖的价款相比抵押可优先受偿。抵押权的实现主要通过向法院申请拍卖，而质押则多直接变卖。

质押贷款的劣势：抵押要登记才生效，质押则只须占有就可以。但对于质押品的质量、保管、处置等各个环节的风险把握对于各平台要求较高。

1. 股权质押

分为上市公司股权质押和非上市公司股权质押，就是把只有股票的人（也就是股权）用作质押申请借款。从实践中看，股权质押贷款确实给一些无硬资产的民营企业增加了融资渠道，但是对于一些非上市公司，特别是近几年一些民间融资链条断裂地区的公司股权质押已经趋于没有市场。目前，国内以公司股权质押贷款模式为主的有“道口贷”。

2. 艺术品质押

虽然艺术品的真伪及估值缺少权威机构鉴定，且目前价格波动较大，但是国内也不乏一些平台做得不错，比如爱投资的“爱收藏”产品，产品中质押的藏品全部为顶级拍卖行拍出的珍品，且有顶级拍卖行拍卖会上拍卖成交凭证且质押率（借款额/质押物现值）不超过 50%。同时，在质押期间，拍卖行在专业保管机构开立保险箱储存保管，并与爱投资共同掌管保险箱。所以在真伪及估值方面风险都是可控的，而且若发生逾期现象还会有第三方拍卖行先行本息代偿，保障投资者的本息安全。

3. 林权质押

国家不断加大“三农”信贷投入、支持涉农金融产品创新等十条措施，加强了农村金融服务。这种农村产权抵押贷款激活了农村生产要素，但毕竟是个新鲜事物，目前依然存在一些问题和困难，需要一个完善的过程。目前也仅有一些平台将其作为反担保的一种手段而已。

4. 库存商品质押

库存商品质押贷款：存货融资是指企业以其拥有的原材料、产成品等存货作质押给平台。理论上讲，只要在放贷之前，能够对抵押物的资产减值做充分准备，同时，抵押物能够具有比较好的流通性、交易性，那么大多数情况下的风险都是可控的。但是，具体到企业所生产的产品上，不同企业的产品也不一样，所以流通性也不同。例如，目前安心财富网正与电商合作，并接受箱包、服装、鞋子等货物的库存质押，为企业提供贷款。

（四）供应链金融

供应链金融是指平台基于核心企业的信用，根据贸易的真实背景和供应链核心企业的信用水平，评估对其核心供应商、制造商、分销商、零售商，以及对用户提供的融资服务，主要以应收账款融资模式为主。多数平台目前与保理公司合作，用户投资本息由保理公司到期回购。

供应链金融的优势是其核心企业多为一些大型知名公司或上市公司，所以违约成本较高，其违约风险较低。

其风险在于如纯以大企业信用及合同作为保障，逾期率较高。

（五）票据贷款

票据融资的主要抵押物是承兑汇票，包括银行承兑汇票与商业承兑汇票。汇票中银行承兑汇票占比较高，银行承兑汇票是指银行负有第一性付款义务的承兑汇票，以银行信用作为付款保障。目前，市场上开设有票据业务的平台有阿里金融的“招财宝”、新浪微财富的“金银猫票据”、民生电商推出的“民生易贷-E 票通”、招商银行“小企业 E 家投融资业务”、开鑫贷推出的银鑫汇、商票贷、银客网等几十家。但利润率太低，几乎不创造利润。

其风险主要在于，在流通中存在着假票、克隆票、作废票据，其仿制技术高明得足以骗过专业辨识人员，而且如果转让次数过多，流通过程中出现的任何失误或差错，诸如背书不连续、名称与印鉴不符、不盖骑缝章等都将给票据兑付带来很大的风险。目前，国内平台中陆金所有此类型的产品。[1]

1 引自：《深度剖析 P2P 对接票据业务的模式与风险》，链接为 http://china.findlaw.cn/gongsifalv/piaojufa/pjzs/pjgn/1187508.html。

（六）融资租赁

融资租赁指出租人根据承租人对租赁物件的特定要求和对供货人的选择，出资向供货人购买租赁物件，并租给承租人使用，承租人则分期向出租人支付租金，在租赁期内租赁物件的所有权归出租人所有，承租人拥有租赁物件的使用权。融资租赁本身也分为直租租赁和回租。

直接租赁是指出租人自行筹措资金，向设备制造商购买设备，直接出租给承租人使用的一种租赁形式，是融资租赁的主要形式。回租租赁实际上类似于一种抵押融资行为，是物件所有权人用于盘活资产的重要手段。相比较而言，直租类似定向贷款，回租更像是一种形式上的抵押贷款。国内平台中爱投资是率先推出融资租赁业务的平台。旗下的“爱融租”系列产品是以融资租赁业务为交易模式的投资产品。

产品优势：本金回收迅速，坏账、逾期率极低。

产品劣势：期限长，利率低，等额本息的回款方式让普通投资者理解困难。一般项目额度大不易募集。多数 P2P 平台的融资成本也让租赁公司难以承受。

（七）股票配资贷款

股票配资简单来说就是给你借钱让你炒股。配资指借款人在原有资金的基础上，通过一定的杠杆，在平台上发布借款标融资的过程，主要包括股票配资、期货配资、权证配资等。资金出借方大多是影子银行，包括信托、小贷公司等，借款方为股市投资者。

股票配资贷款的优势在于：对于借钱炒股的投资者来说门槛低、手续简单，可选择的标的多。

股票配资贷款的劣势在于：P2P 配资是高杠杆、高风险的投资模式，抛去股票的自身风险不说，股票配资自身的风险也非常大，由于平台可以控制账户资金，所以存在资金被平台挪用的风险。股票配资业务尚游离在监管灰色地带，存在诸多不确定的风险。目前，公开自己参加配资的平台有去哪网、投哪网、PPmoney、六合资本、贷未来、好惜好贷、658 金融网、钱程无忧、不差钱、配资贷等。

（八）典当融资贷款

典当是以实物为抵押，以实物所有权转移的形式取得临时性贷款的一种融资方式。典当行对客户没有信用要求，只注重典当物品是否货真价实，可动产与不动产均可作为质押。典当行更注重对个人客户和中小企业的服务，典当行对客户贷款的用途没有要求，客户资金使用自由。典当融资贷款的优势：当品是一般属性流通品，用户方便估算大概价格，当票质押融资易理解。典当融资贷款的风险：《典当管理办法》明确规定，非绝当品不得销售，而绝当品若同时出现将面临流动性风险，国内目前的典当公司一般规模小，抗风险能力差。目前国内参与典当业务的平台有响当当及典金所等。

（九）影视投资融资

随着文化传媒业晋升为国民经济支柱产业，中国的影视业也快速崛起，据统计数据显示，预计中国电影票房收入将从 2013 年的 31.3 亿美元增至 2018 年的 59 亿美元，涨幅高达 88%，[1]这表明中国电影产业有着美好的发展前景。2015 年 2 月中国电影票房单月收入首次超过美国，创下世界最大规模。这个行业也成就了一个个创富的神话，由于看好影视未来的发展趋势，互联网金融又开始向影视行业进军，让投资者能以低成本参与到原本遥不可及的电影、电视制作当中，能够乘坐着这个正在腾飞的猪，享受这个行业带来的投资盛宴。目前国内首批尝鲜的平台有爱投资、当天贷、爱钱帮。其中，爱投资省心计划中的爱影视产品是与专业且资深的影视投资公司及影视公司合作，经过多层筛选及自己的八道风控程序和合作投资公司的五道审核后筛选出一批优质影视剧作品，投资者的借款主要用于项目中影片的后期制作、宣传发行等在获取发行收入前的投入支出，风险较电影开拍前的投资来说已经较小；而宣传发行阶段的投入是要优先于所有其他的投资方成本的，票房一分过来就要还宣发的部分。另外，还有知识产权应收账款的质押等。

影视投资融资的优势在于：影视行业进入高速发展趋势，其潜力及发展前景巨大。互联网金融与影视制作的结合实现“私人定制”，符合未来娱乐、消费趋势。

1　引自：《2014—2018 年全球娱乐及媒体行业展望》。

影视投资融资的劣势：对所拍电影及电视剧票房及收视的预判是否准确也叫选择风险；拍摄过程中是否能控制成本；上映与否、是否伴随政策风险即发行风险；最后制片方是否有足够屏幕保证上映量。

随着互联网金融的快速发展及规范，未来可以嫁接到 P2P 平台上的资产品类会更加丰富，投资者也会有更多的选择。平台在项目描述、信息透明等方面也需要很大的提高。未来也需要投资者更加专业，所以建议投资者选择自己熟悉、能够看得懂的项目，在投资之前一定要搞清楚自己所投资的具体项目的产品模式及风险点。

五．论互联网金融平台运营的“三流合一”

朴易[1]

早期的互联网是以门户为主的信息服务平台，由于信息的即时到达，改变了人们的沟通方式；电商和 O2O 的发展实现了商品和服务的快速获取和到达，进而改变了人们的生产生活方式；P2P 网络借贷平台的出现对应的是区别于沟通、购物的第三类需求，即投资理财，它诞生以来直接利用了前两方面发展的优势：第一，通过信息流完成了借贷双方的快速对接，解决沟通不及时和信息不对称的问题；第二，通过支付流的打通，保证了资金交易的完成。

然而与传统金融理财模式不同，P2P 是直接完成点对点的借贷对接，这与民间借贷实质过程完全相符，借款人直接从出借人手中拿到资金，约定利率，并签署相关协议，按期还款付息。同时由此形成的债权可能在出借人需要资金流动性的时候进行二次转让，进而形成了一个 P2P 借贷的二级转让市场。

由于互联网金融服务的本质仍然是金融，所以国内大多数投资人的担心首先都指向投资安全，在收益和风险共存的权衡下，理性投资人都会更加偏重于风险低的产品，即便收益也会略低，这也是为什么目前绝大多数 P2P 平台都提供了全

1 朴易（朴红军），中科柏诚科技（北京）有限公司联合创始人，专注于互联网金融服务及技术创新研究，为 P2P、银行等机构提供互联网金融业务咨询及 IT 解决方案规划。

额本息或本金保障的交易结构，只有这样才能够吸引更多的投资人进入平台。

同时，由于政策的监管及市场的竞争，预测在未来的 1 ~ 3 年内，国内网络信贷平台业将面临重组。网络信贷平台将同时存在扩张、上市、购并、退出等情况。

P2P 借贷转让市场如图 1-5 所示。

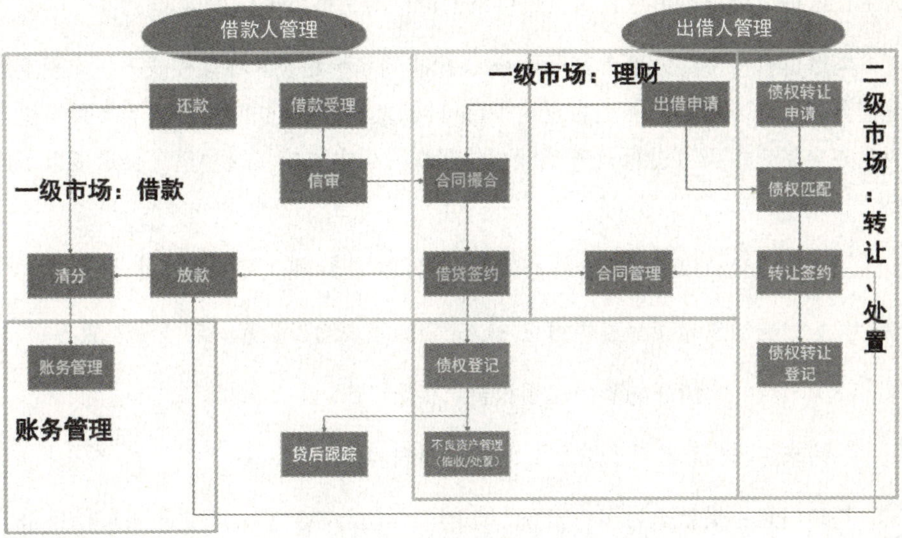

图 1-5　P2P 借贷转让市场

在野蛮扩张时期，行业一片欣欣向荣，平台表现自然也天天向上，很多人对潜在风险不做过分的担忧，但平台异常情况一旦发生，即将发生的赔付、回购、资产处置，以及诉讼等对投资人的影响都将真真切切地发生，这个时候如何及时获得可靠的凭证及相应的信息就变得尤为重要了，而这也将成为平台获取投资人信任的基础。

综上，由于投资人的风险厌恶和市场上的刚性兑付竞争压力，如何解决平台借贷双方的互信问题，以及保证交易凭证有效性呢？本文将重点阐述凭证流在互联网金融服务中的关键作用和实现方式，进而导出 P2P 借贷平台实现在线“三流（信息流、资金流、凭证流）合一”的新型模式，并对贷前、贷中和贷后相应的风险控制手段给出一些建议。

（一）“三流合一”简析

1. 信息流

目前，多数网络信贷平台尚处于系统建设的初级阶段，即只是单纯地建设一个面向互联网用户的渠道系统，为了节约成本，平台的核心业务处理主要以手工为主，这种情况很难形成针对流程链条上信息的完整数据化积累。

当然也有一小部分平台实现了 O2O 模式的系统建设。在该模式下，实现了渠道整合和集中风控。业务上表现为平台可同时支持从互联网、门店等多种渠道来的业务交易。由渠道进行业务受理，总部进行集中风控。这种情况会形成以下优势。

（1）业务交易数据保存在核心应用系统，方便管理人员进行经营分析和决策。

（2）标的信息和交易过程信息可以完整地呈现给投资人，使投资人放心。

（3）出现异常情况的事后追溯和查证有据可依。

总体来讲，信息流应包含以下两类主要内容。

基础信息：借款人姓名、身份、年龄、学历等基础信息；借款人征信报告、经营企业情况、资产情况、亲属及联络人等信用类信息；借款金额、期限及用途、抵质押物、担保方、还款方式等项目信息。

交易信息：通常指发标、投标到放款、还款整个过程所产生的交易操作记录。需要注意的一点是如果平台有优选理财（定期理财）及债权转让业务，那么还需要所有基于既有债权对应关系、资金匹配规则、价值核算规则（减值、逾期、坏账）、本息处置方式（自动续投）等算法生成的流转结果数据。

当然，还有一些逾期赔付、处置、催收等信息。同样，根据逾期处置规则不同信息流转结果也会有所不同。

2. 资金流

主要指交易过程中的资金流动与相应处理，资金支付是支持借贷交易完成的必要条件，通常充值、清分、支付、转账等最终资金操作由第三方支付机构完成，而结算规则和账务处理规则由运营方设计并固化在 P2P 交易平台中，所有的交易都遵循这些规则并在适当的条件触发下完成资金转移。资金流的第一个关键点是顺利完成资金流转，并能够进行容错处理，第二个关键点是资金的清分结算、日终扎账、月度对账等账目清晰可查。

另外，在资金流的部分不得不强调一个资金池模式的问题。

2014 年虽然没有明确的互联网金融监管细则出台，但从监管透露出了一些原则和思路。首先都强调 P2P 不得搞资金池，然而事实上目前大部分从一开始发展起来的主流平台都存在不同类型、不同程度的资金池，反而是后期上线的一些规模不大的新平台在监管思路指引下，先行采用了第三方托管模式。辨别资金池的关键是中转资金和风险准备金沉淀在借贷双方自己的资金账户中还是平台的资金账户中，如果沉淀在平台账户中则有平台卷钱跑路或挪作他用的风险，如果没有第三方有效监管和防范，在 P2P 公司遇到沉淀资金规模巨大或者经营不善时，很可能动用投资人的资金。中科柏诚从 2013 年的第一代 P2P 平台产品就已经推出了第三方托管方案，到现在的免费版本“小蜜蜂”也同样从一推出就是托管版本，规避了资金池风险。

目前，很多主流的第三方支付公司都针对 P2P 专门提供了第三方资金托管解决方案，与中科柏诚有过深入合作的包括汇付天下、易宝支付、环迅支付、汇付宝等十多家公司。随着行业的发展，部分银行也借助自身优势开始涉足 P2P 资金托管业务，2015 年 1 月民生银行推出资金托管方案后，受到部分 P2P 公司的追捧，其中包括积木盒子和人人贷这样的行业标杆企业。这主要源于在公众眼里银行的公信力要远大于第三方支付公司。实质上，目前的解决方案实现的是资金“托管”而非“监管”，支付机构（含银行）均难以对每一笔交易进行严格有效的审查和验证。因此，在实际操作过程中，公信力越强的支付服务机构就越受市场的欢迎，纵观 P2P 行业的发展亦是如此，银行系和大型企业背景的平台更容易获得大众资金的青睐。

3. 凭证流

回到利息本质的探讨上，在 P2P 借贷交易中，双方是直接做的“钱”的生意，利息本质上是资金基于时间周期形成的收益，投资人在资金给付后相当长的一段时间后才会收到本息，这与电商不同。在电商的流程中，实物买卖在交易完成后即交割，并有物流作为凭证，验货付款，所见即所得。而在 P2P 借贷中，出借人支付了资金后，唯一的证据就是当时与借款人签署的借贷合同，那么凭证的有效性和安全性就显得非常重要。

前面已经讲了交易凭证的重要性，那么何为凭证流呢？个人理解是将交易协议作为 P2P 借贷业务的关键要素，要能够做到在线形成，在线签署，随时可追查，事后可举证，并且在所有在线交易确权过程中无虚假错漏。

将 P2P 的业务流程分解开来，大致包含开户流程（借款人、出借人、担保人）、借款申请流程（借款人、平台）、借款审批流程（平台）、投资流程（投资人、平台），以及贷后管理流程（平台）、债权转让流程（出让人、受让人、平台）等。在标准的 P2P 模式下，整个过程是以电子记录为主要凭据的，但在法律效力、可信度、诉讼举证上效果偏弱，主要依赖于《民事诉讼法》第六十三条对电子证据的认可。

在当前大多数司法实践中，如果没有有效的电子凭证作为保障，通常会大幅增加取证难度，如上海国际经济贸易仲裁委员会曾提出："之前未处理过 P2P 网贷电子合同方面的纠纷，如果不能提供纸质形式的合同，则必须提供能证明借款合同已实际履行的证据，形成完整的证据链。"在相关履行信息不全的情况下，则可能出现无法判定交易有效的问题。因此，有效电子凭证应用在 P2P 网络借贷中具有非常大的作用和优势。

有效电子凭证实现的法律依据除《民事诉讼法》外还包括《合同法》第十一条中对书面形式数据电文的认可，以及《电子签名法》第十四条"可靠的电子签名与手写签名或者盖章具有同等的法律效力"的说明。

凭证流也不仅仅指的是使用数字证书线上完成的电子协议签署，还包括线下协议，根据 P2P 公司的实际运营情况和流程不同，部分环节相关协议可能已经在线下形成或于线下签署。因此，一套完整的凭证流可能包括线上签署的电子协议和补录到信息系统上来的线下协议签署信息和影像件。

图 1-6 所示为一个 P2P 平台完成有效电子凭证签署的大致过程。

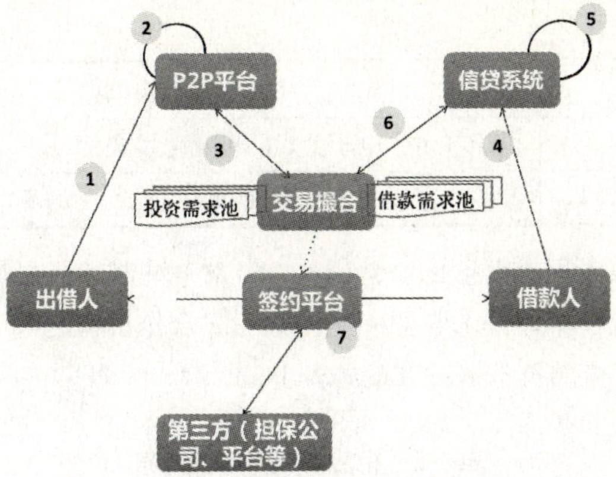

图 1-6 有效电子凭证签署过程

过程说明如下。

- 出借人提交相关资料给 P2P 公司。
- P2P 公司对出借人账户、相关资料进行审核。
- 投资人信息登记。
- 借款人提出借款请求，并提交相关资料。
- 通过信贷系统对借款人资料、信用等进行审核。
- 借款需求登记。
- 通过撮合（此处交易撮合是泛指，包含点对点的投标和多对多的匹配，多对多遵循一定的匹配规则）系统完成出借人与借款人的交易撮合匹配。
- 出借人与借款人签署相关借款还款协议（通过签约平台）。

有效的凭证流应能够解决表 1-1 所示的几个关键难点。

表 1-1 有效凭证流能解决的关键难点

问 题	说 明
身份真实性	出借人/借款人身份的真实性，鉴证流程是否完善、合法合规
电子协议真实性	电子协议签署前后内容的真实性，不可篡改性
电子协议机密性	电子协议在传输过程中的机密性，保障出借人/借款人敏感信息
电子签约合法合规性	电子协议的合法合规性

续表

问　　题	说　　明
可视化需求	电子签名、电子签章的可视化需求
电子签约行为抗抵赖性	签约双方，即出借人/借款人签约行为的不可抵赖性

基于中科柏诚多年的信息化经验积累，针对这些难点已可提供完整的技术解决方案，其中集成了柏诚技术联盟中主流第三方合作机构的对应服务，并贯穿整个交易流程中，对应的技术解决方案如表 1-2 所示。

表 1-2　相应的技术解决方案

问　　题	技术解决方案	第三方服务机构代表
身份真实性	身份认证和查询、数字证书	国政通、鹏元征信等
电子协议真实性	数字证书+电子签名	CFCA、天威诚信
电子协议机密性	传输及访问加密技术	中科柏诚
电子签约合法合规性	电子签名+可信时间戳	联合信任（时间戳）
可视化需求	电子签章	点聚
电子签约行为抗抵赖性	数字证书	CFCA、天威诚信

由于本文主要阐述的是凭证流的重要性和可实现性，具体解决方案在这里不做赘述，感兴趣的读者可以找相关机构进行进一步深入探讨交流。

最后要讲的是凭证流应具备可追溯性，一笔资产被多次转让或跨平台交易的时候，应能通过债权匹配和对应关系追溯到上一次的转让与受让协议，并一直追溯到原始借贷协议。如果当前交易平台无法获取之前的协议将很难保证借款需求源头的真实有效性，出现问题后也难以进行追偿。另外，从用户体验角度讲，可视化的凭证追溯也是让用户放心的有效方法。

信息流、资金流和凭证流构建形成一个整体，有效监控关键交易环节的会计信息，形成信息、资金、凭证之间的有效联动，并为对外服务。简而言之，这里讲的“三流合一”就是将三类信息在一个信息化系统内，具有对内管控、事后取证等功能，从而打造成投资安全、管理专业、风险可控的运营平台。

（二）实践要点及难点

1. 数据完整性

无论是信息流、资金流还是凭证流，在信息化实践上，最后都变为各种各样的数据，而在实际操作中会有各种各样的原因导致信息化数据不完整，例如：

- 如前所述，很多平台并未构建完整的 O2O 信息化体系，导致部分流程线下完成，另一部分流程线上完成。
- 由于借款人、投资人的信息网络接受能力限制，导致有些环节必须由线下业务人员协助完成并确认（包括一些委托授权协议的签署）。
- 由于交易资金规模较大，在线交易基于信息交易安全及手续费限制，以及部分政策法规限制，大宗资金划付只能在线下完成。
- 建设信贷管理、数字证书、电子签约等专业系统的过程中，需要较强的 IT 专业规划及落地能力，并伴随着一定研发资金的投入，在实际运营过程中，可能产生延后等。

在信息化构建方面，中科柏诚已经能够提供较为专业的系列产品，并开放了免费的云服务产品，其中整合了相关第三方机构的服务，可以帮助 P2P 运营机构快速构建数据完整性能力，相当于为运营商提供了一揽子的解决方案。基于数据完整性要求的 IT 体系框架如图 1-7 所示。

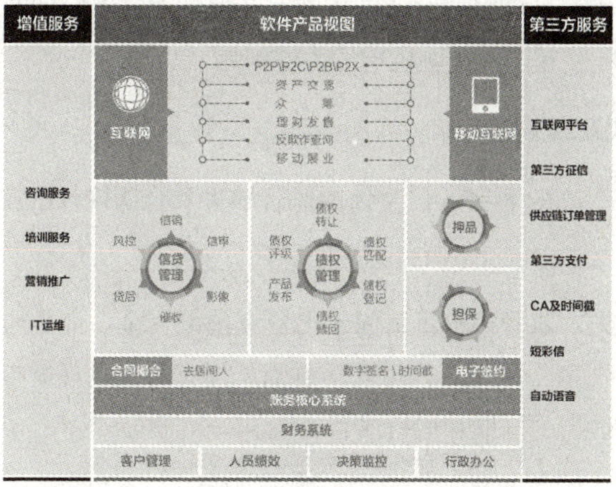

图 1-7 基于数据完整性要求的 IT 体系框架

2. 用户体验与交易安全的平衡

P2P 借贷是互联网金融的标准业务，互联网和金融的发展经验可以说一个向左一个向右，互联网强调的核心是用户体验：美观、便捷、智能是关键词，金融强调的核心是风控，二者存在着天然的冲突，这里举出两个例子来说明这类问题。

（1）在资金流简析中我们讲到托管支付的模式下，中转资金是保存在投资人和借款人个人账户中的。这就需要平台用户开通第三方支付存管账户并在每次投资支付、提现、还款等操作时输入支付密码授权。在智能匹配系统中，如果一笔资金对应多个借款，那么就涉及多次授权问题；另外，很多等额本息借款，涉及按月等额本息还款资金利用问题，大部分平台会鼓励投资人做续投，这部分本息续投同样需要用户授权。如果从用户体验角度讲，当然是把资金托管给平台，由平台代为授权和续投（资金池模式）更为方便。

（2）早期，平台的网页点击授权和签约的方式，操作非常简单方便，并被广泛使用，但在凭证流简析中也说到过这种模式的问题：包括无法确认操作者的身份、单方数据库信息容易被篡改、后期质证难度大等问题。因此，我们建议采用“数字证书+电子签名+可信时间戳+签章”的标准电子化凭证，然而这些无疑会增加借款人和投资人双方的操作复杂度，降低用户体验。

投资人永远希望交易既安全、用户体验又好，其中的平衡点主要在于是否触及风险及信息安全的底线。我们认为资金托管（去资金池）和有效电子凭证均为必要的底线，如何在系统运营设计过程中，在保证交易安全的情况下，同时尽力提升用户体验是考验互联网金融机构的关键问题。

3. 监管方式及权威性

平台实现了“三流合一”，但整体的监管缺失及合同确认的权威性问题仍然存在。

整体监管缺失：监管机构目前尚未出台专门的资金、业务监管办法，也没有第三方进行数据收集、比对，进而进行预警及相应的风险规避指导。对出现异常的 P2P 公司没有适当的扶助和运营接管方案。

合同报备权威性：市面上有部分公司在做第三方合同报备和认定工作，但都收效甚微，如果没有合同第三方报备，在投资人自我保护意识差，未下载保存电子协议或丢失邮件等相关电子凭证后，平台跑路并恶意销毁数据，仍然会为取证带来巨大的障碍。实际上，第三方数据监管和确认更适合由法定监管机构或非营利性的具备法律公正能力的机构来做，市场化的企业通常很难获得市场化公司的信任。

在这方面，在北京金融局指导下成立的北京市网贷行业协会，以及协会指导下由中科柏诚建设的 P2P 信贷产品登记平台，是行业领先的重要尝试，总体模式示意图如图 1-8 所示。

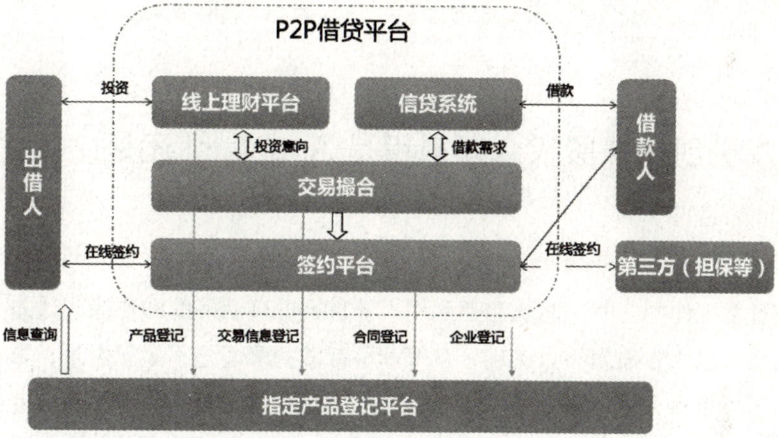

图 1-8 P2P 信贷产品登记平台

通过该平台将逐步实现信息收集及合同报备、统计监测等服务能力，同时为互联网金融监管和行业稳定提供有利支持。

第二章

众筹

一. 戏说创业：股权众筹鼻祖是 AngelList 还是中国丐帮

曹雪[1]

在日常工作中，时不时就会遇到别人开玩笑说搞众筹的和化缘乞讨差不多，而我也已习以为常地回答，的确，众筹和丐帮做的事情差不多。但是，如果我们能做的像丐帮那么牛、那么成功也就值了！话说集世袭制、诸侯制及元老会制于一身的天下第一帮——丐帮就是把众筹运用到极致的一个组织，其帮会发展最巅峰时人数直达数千万，且分支机构分布于大江南北、关内关外，所持物业、投资的项目与资产数量成千上万。你们还觉得乞讨是件很怂的事情吗？

不知道有多少人知晓曾国藩在进京当官之前回老家待了整整二百九十六天“乞讨”呢？他总共拜访了两千多家人家（家人、亲戚、朋友，以及“傻子们”），筹集白银一千四百八十九两一钱二分（合计人民币 29 万元），用以进京当官的路费、食宿费和官服费用等开支。所以不要轻易下结论笑话做众筹的人，其实我们所做的众筹蛮接地气，胆大心细脸皮厚才是王道。在此，也和诸位简单聊聊和股

---

1 曹雪，纽约州律师资格金融派新媒体联合创始人，中国股权投资基金协会顾问，曾供职于 Shearman&Sterling LLP、方正科技及奥美广告等机构。参与的上市、并购项目包括中国中煤能源股份、中国中冶科工、中国山水水泥、小肥羊和澳门博彩控股的香港上市；新东方教育纽交所增发；网通和联通合并以及西安飞机工业收购奥地利 FAGG AG；并经办了中国投资有限责任公司对多个海外对冲基金和股权投资基金的投资。

权众筹有关的国内外立法问题。

2013 年被视为中国互联网金融元年，2014 年被认为是中国众筹的发展元年。世界银行发布的众筹报告称，2013 年全球众筹市场规模为 51 亿美元。2025 年全球众筹市场规模将达到 960 亿美元，中国将成为全球最大的众筹市场，预计规模将达 460 亿 ~ 500 亿美元。这里说的是泛众筹概念，我们并不知道股权众筹的体量占比。2014 年 3 月下旬，人民银行提出互联网金融监管五大原则，其中明确 P2P 和众筹融资要坚持平台功能，不得变相搞资金池，不得以互联网金融名义进行非法吸收存款、非法集资、非法从事证券业务等非法金融活动。

2014 年，股权众筹领域的监管步伐已初现苗头，年底颁布的《私募股权众筹融资管理办法（试行）（征求意见稿）》中，要求股权众筹投资者必须为"金融资产不低于 300 万元或最近三年个人年均收入不低于 50 万元的个人"，合格投资人的较高门槛引来行业一片哗然。不少从业者认为从股权众筹深度发展和普惠金融精神角度考虑，应开放针对大众的小额股权众筹通道（2 万元~3 万元）。而后证监会新闻发言人明确表态，股权众筹将分公募和私募两种形式进行监管，公众对于征求意见稿的理解存在误区，该管理办法仅仅针对私募股权众筹行业，投资者适当性制度是私募市场的基础性制度，以公开发行方式开展股权众筹融资的相关政策正在研究中。

在谈技术问题前得扯得稍微远一点。有时我一看见各种分析国外众筹平台的文章就容易着急，明明讲的是股权众筹的事情，偏偏引用的是 Kickstarter 的例子，那是文化创意非股权众筹的鼻祖，引用彻底跑偏！股权众筹的特色说白了，就是多人小额一起投以期作为股东获得被投公司的未来收益。相较于目的是获得产品消费或者刷存在感的回报式众筹或者捐赠型众筹，股权众筹的目的是纯粹的投资，受到当前中国《公司法》和《证券法》的限制。《公司法》要求非上市公司股东人数不能超 200 人，有限责任公司股东人数不得超过 50 人。而《证券法》则规定，向"不特定对象发行证券"及"向特定对象发行证券累计超过 200 人"的行为属于公开发行证券，必须通过证监会核准，由证券公司承销。

第二个让我着急的就是 Crowdfund 这个词的翻译，它可以直接翻译成为"众筹"，但是绝大部分人不知道这其实也是一个立法词汇的缩写，它是 JOBS 法案（美国总统奥巴马于 2012 年 4 月 5 日签署颁布《初创期企业推动法案》，全称

Jumpstart Our Business Startups Act）的第三章的名称，全称“排除欺诈及不道德隐瞒的在线资金募集”（Capital Raising Online While Deterring Fraudand Unethical Non-disclosure，简称 Crowdfund），知其然不知其所以然是件很可怕的事情。从这个意义上讲，现代众筹概念是个纯粹的舶来词语。

正儿八经聊聊股权众筹鼻祖 AngelList 吧，它成立于 2011 年，完成融资也是通过众筹方式，投资机构包括 AtlasVenture、GoogleVentures 及其他 116 家投资机构和个人（2013 年 9 月，AngelList 以 1.5 亿美元的估值完成了 2400 万美元的融资）。AngelList 是以“领投+跟投”的模式运作的，这种模式被称为投资的“辛迪加模式”（Syndicat）。辛迪加投资，也称联合投资，是由多个风险投资者共同对一个项目进行投资的联合投资模式。这种联合投资的方式不仅可以分担风险，更可以在多方面的领域中分享经验，促就创业型公司的发展。AngelList 被评选为当年全球 50 大创新公司（Facebook 及 Twitter 双双落选）。根据 2013 年 9 月的公开数据，AngelList 总共促成了 1300 多家创业企业融资 2 亿多美元，在线登记的合格投资人超过 21000 名，挂牌融资的企业逾十万家。在其平台上，中小企业的融资额是 5 万 ~ 100 万美元。截至 2014 年 10 月 3 日，AngelList 的招聘版为 5000 多个创业公司进行招聘，为超过 1900 个创业公司成功完成了招聘，也就是说股权众筹平台做好了，可以是创业公司+投资人的 Linkedin+Craiglist+NASDAQ。AngelList 已经以 1.5 亿美元的估值完成了 2400 万美元的融资。例如，被 Facebook 以 4 亿美元现金加 16 亿美元普通股收购的 Oculus 最早就是从 Kickstarter 起步的[Linkedin（领英），全球最大的职业社交网站；Craiglist，网上大型免费分类广告网站；NASDAQ（纳斯达克），证券交易机构；Oculus 智能硬件公司，虚拟现实游戏头盔产品]。

股权众筹平台出现的意义是什么呢？早期投资人干的是个极其苦逼的体力活，不是在看项目，就是在去看项目的路上。如果孤军奋战，受到体力与脑力的限制，一年看几百个项目投十几个，能成功的寥寥无几，即使成功也往往没有镁光灯下宣扬的那种千倍收益的光鲜滋味，所以说，这是一个需要用爱坚持的职业。而众筹平台聚集了大量的项目，给早期投资人节省了搜寻项目需要花费的时间，打破了渠道限制，降低了时间成本且弥补了专业的匮乏，优化创业生态，减少了信息的不对称。

在领投人、跟投人、投资人持投比例、资金划账方式、平台收费、项目进展披露等具体众筹平台运营细则上，不少众筹平台呈现出不同的运作方式。在硅谷，不少高科技企业的 CEO 都身兼天使投资人的身份，往往一个项目，由 4 ~ 5 个人众筹，或者由一个人领投，其他人跟投。这成就了好多 CEO，在美国就有 PayPal 黑帮一称。对比美国有 30 万活跃的天使投资人，我国创投圈认同的活跃天使投资人只有一千多位，与中国庞大的高净值人群相比不成比例。胡润研究院发布的《2012 中国高净值人群消费需求白皮书》显示，个人资产在 600 万元以上的中国人至少有 270 万。

法律是有一定滞后性的，创新和市场反馈都对游戏规则的生成有必然的影响。美国总统奥巴马于 2012 年 4 月 5 日签署颁布 JOBS 法案，旨在加速经济复苏、提升社会创新能力，降低居高不下的失业率。JOBS 法案的另一个重要方面则包含了一系列拓宽初创或中小公司融资通道的改革措施。第一步的突破就是 2013 年 9 月 23 日生效的 JOBS 法案第二章“工作机会制造者的融资渠道”（Access to Capital for Job Creators），放松私募发行（Private Placement，有别于在 SEC 注册的公开发行）宣传的限制，允许初创或中小企业发行人向合格的投资者（Accredited Investors）和合格机构购买者（Qualified Institutional Buyers）进行广泛宣传和一般劝诱（General Solicitation and Advertising）。

在美国，合格投资者的认定标准是个人或夫妇必须拥有超过 100 万美元以上的净资产或者连续三年每年的收入超过 20 万美元（夫妻共同收入连续三年每年超过 30 万美元）。这类人群好比高富帅、白富美，有投资风险判断和承受能力，根据 BusinessWeek 2008 年的统计数据，全美合格投资者人数约在 500 万 ~ 700 万人。在中国，合格投资者在很长一段时间是没有一个明确的认定标准的，最新的可以参照的标准是出现在 2014 年 8 月 21 日证监会发布的第 105 号令《私募投资基金监督管理暂行办法》和年底颁布的《私募股权众筹融资管理办法（试行）（征求意见稿）》中明确的，私募基金的合格投资者是指具备相应风险识别能力和风险承担能力的（1）净资产不低于 1000 万元的单位和（2）金融资产不低于 300 万元或者最近三年个人年均收入不低于 50 万元的个人。

第二步可能的也是至关重要的突破就是以下重点分析的众筹条款，暨放松初创或中小公司通过互联网向普通人进行小额股权式融资的限制。2013 年 10 月 23

日，5 名美国证券交易委员会（简称 SEC）委员全票投票初步通过了 JOBS 法案的第三章“众筹”，因为普通人的投资风险防范意识弱于合格投资者，所以 JOBS 法案第三章设置了诸多保护普通投资者的规则（美国 SEC 在 2013 年 12 月提出了最终执行《就业法案》第三章的试行规则和文句），具体内容如下。

- 初创或中小公司必须通过 SEC 注册的经纪人（Broker）或融资门户网站（Fundingportal）向普通投资人筹集少量资本，融资上限为 100 万美元（此数额可由 SEC 每五年根据 CPI 指数调整一次）且周期限制为 12 个月之内。对于净资产总值或年收入超过 10 万美元的普通人参与众筹投资上限为其收入的 10%，而低于 10 万美元收入的普通投资人只能把其收入的 5%用于众筹投资（至多不高于 2000 美元）。
- 公司股东人数上限由 500 人调整至 2000 人，只要其中非合格投资者股东数量不超过 499 人。
- 发行股份的初创或中小公司的限制、信息披露要求及法律责任的相关规定：（a）外国公司、上市公司、投资银行等不是此法案下的适用主体；（b）融资 10 万到 50 万美元之间的初创或中小公司必须提供它们的财务报表，并由独立注册会计师审阅，而那些融资超过 50 万美元的则必须提供经审计的财务报表；（c）发行股份的初创或中小公司对其虚假陈述和欺诈向投资人承担法律责任。
- 经纪人和融资门户网站禁止从事的事项及法律责任：（a）不能向投资人提供建议或推荐，也不得向投资人劝诱销售其代理或网站展示的公司发行的股份，且其雇员不得因该种劝诱行为获利（我个人的理解是，不同于非股权众筹网站——可以用色彩斑斓的宣传图片和夸张的广告词，并且在社交网络上进行宣传，SEC 可能会要求股权式众筹平台的内容更为低调和枯燥）；（b）不得帮助投资人管理他们的资金和股票；（c）为减少欺诈，必须采取措施对发行股份的初创或中小公司的高管、董事及持有 20% 以上股份的股东进行背景及合规调查。

以上是对美国众筹立法的简要归纳。股权众筹在中国还是一个新生事物，还是一个襁褓里的婴儿，需要一个宽松的生长环境和细心的呵护，终将经历一个“大浪淘沙始见金”的过程，希望监管机构适时出台公开发行方式的股权众筹管理办法或者指导意见，让行业从业者有据可依，任何过于严苛的标准抑或激进的发展都不利于行业的健康有序发展。

二.《水浒传》里的股权众筹哲学

艾海青[1]

网上曾流传着一篇文章，具体名字记不全了，就是说梁山好汉中宋江比晁盖更适合做老大，这点不只这两位当事人意识到了，就连当初和晁天王劫生辰纲、打天下的智多星吴用也是这般想的，巧合抑或是串通好了要将老晁害死，顺理成章将宋江推举为山大王。

倘若搁在现在，作为山东梁山打劫有限公司的 CEO 晁总（细究的朋友知道这个公司的创始人其实应该是更缺乏领导力的王伦王总）其实不用担心自己失去控制权，被手下干将联合外人摆一刀的悲惨结局，只要公司股权激励设置合理，宋江与吴用是可以为晁盖所用，并且很有可能为振兴梁山地区的打劫事业“鞠躬尽瘁，死而后已”的。

那么，晁总应该如何分配公司股权给宋江和吴用才能稳居总经理宝座呢？

首先，我们需要定义宋江和吴用在团队中各自的位置，才能理清他们对团队的价值，这点应该是每一个团队老大在知人、用人、赏人及罚人时必须思考的问题，谁是干活的，谁又是带资源的。

吴用，足智多谋，善计算、勤思考，是做参谋的好人才，但不足点是一没有带团队的能力、作不了将领，二来下不了场、干不了架、作不了先锋，放如今应该算是 BD 部门作战略的老总。广义上来说应是干活的，但不是一线业务上的人。

1 艾海青，蝌蚪众筹联合创始人。

宋江，不用多介绍了，“及时雨”的称号不是浪得虚名，哥们是组织队伍、带队伍的一把好手，理应是分公司或单个 BU 当仁不让的老大。广义上来说，人才也是资源，老宋算是带资源的。

人才定义清楚就引入创业三十六计之股权激励第一要诀：带资源的要给股份，干活的给期权。理由其实很现实，在数个苦逼无比的行业人才饱和的情况下，资源是有限的，而干活的是过剩的。所以你懂的。

其次，要考虑创业三十六计之股权激励第二要诀：股权要限售，期权得 Vest。

股权限售是比较容易理解的，因为一旦员工持股在工商作了变更登记，按照《公司法》处置此股份的时候是很难遂创始人心愿的，而且股权套现后，恐怕要留住人才就更困难了。期权怎么做 Vest 就比较考验老板把握人性和公司发展的平衡。最近，蝌蚪君参投了一家医疗器械企业，与创始人就期权设立聊了下，觉得他的方案既通人性又能照顾到公司利益，可作小小参考。假设给某员工 5%期权，分 5 年期给足，理论上每年达成考核指标给 1%的股份，但由创始人代持，直到 5 年期满，创始人一次性将 5%的股份作工商变更给此员工。这个方案既能确保员工为公司服务 5 年，又不会使员工觉得期权兑现遥遥无期，萌生退意。

实操中可能会有如下的问题，就需请出创业三十六计之股权激励第三要诀：员工激励要单设合伙企业。

蝌蚪君有个多年好友要创业，从原来单位带了一帮兄弟出来，向我打听融资的事情。作为中关村和硅谷都没混过的 *N* 线投资人，当然要问：“Can I see your captable?” 好友如数家珍般列举了团队成员及各自应该获取股份多寡和原因，在华丽地分配完 55%的股份给 8 位他的好友后，我只能说我不是吃醋，但是你如此慷慨，等投资人进来，别说控制权会出问题，你出个股东会决议就得多少人签字，你忙得过来吗？

很简单，首先回看股权激励第一、第二要诀确定是给股份还是期权，如何限售、Vest。之后，除了自己的股份，将其他所有人的股份和期权装到一个有限合伙企业中，该企业的普通合伙人是创始人本人，这样最终公司的股东只有两个，一个是自然人股东即创始人股东，另一个是法人股东、创始人完全控制的合伙企业。

在投资人进入公司前，该公司投票权100%归创始人所有。哪怕晁盖想让高俅来投资，恐怕梁山好汉们也无可奈何了。

最后来看创业三十六计之股权激励第四要诀：合理分配员工持股比例及出资对价。

这是个见仁见智的问题，大致遵循这样的规律：贡献多的要比贡献少的拿更多股份，能力强的要比能力弱的拿更多股份，资源多的要比资源少的拿更多股份，依此类推。另外，出资对价按照员工加入时间点推算。还以山东梁山打劫有限公司为例，卢俊义就该比李逵拿的股份多，同样，林冲出资对价就该比李逵低。

最后可能会有人问，员工激励能不能不让员工出资，都给干股？这个问题好！蝌蚪君以前是做二级市场的，从那段经验来说，花 100 万元开个账户炒股和炒模拟股市心态是不一样的，具体如何不一样？甭问了，问多了只能说你还不适合创业。

三.《星际穿越》后的股权众筹投资哲学

艾海青

周一，不管北京是 APEC 蓝还是雾霾天，蝌蚪君和大家一样都得抱病去公司工作，要问啥病，那就是“周一综合症”。既然周一不能请假，周末依然回味，咱也就甭去管“西少爷”股权纠葛的谁是谁非，也懒得为运营商担忧横空出世的微信电话本，当然也更加轮不到咱们去猜想某互联网上市公司老总到底去哪儿了。

过去的那个周末，蝌蚪君包括其身边大部分理工男和文艺女们都义无反顾地沉浸于诺兰大神又一部脑洞大开的新片《星际穿越》中，以至于朋友圈都是影片的观前攻略和观后赏析。蝌蚪君钢铁侠般的意志也抵挡不住狂轰滥炸般的“诱惑”，在周末晚上十点半聊完了创业项目后，就马不停蹄地赶去电影院买了当晚夜场的电影票进行了 3 个小时的时空之旅。

不得不说，和许多太空题材的科幻片相比，《星际穿越》没有那么纠结于宇宙飞船的炫酷和外星球的奇异景色，而是更贴近真实般地展示了一个静谧和令人敬畏的外太空。作为物理男的蝌蚪君，在回味影片之余，想起了大学物理教授说的话，“弄懂爱因斯坦的相对论不仅需要扎实的数学功底，还需要想象力”。蝌蚪君依稀记得当年复旦课堂上，影片中提及的五维空间是黑板上犹如天书般的公式及用于诠释时空扭曲的曲面图。

作为生存在四维空间（长、宽、高和时间 t）的人类，我们可以在三维空间里进行任意位移，但是我们所能看到的仅是三维空间与第四维（即时间 t）的节点，也就是说我们只能看到当下这个时间点世界的三维景象。这个规律是可以推而广之到任何一个维度空间的。例如，点为零维空间，连接点成线即为一维空间，多条线组成面即为二维空间，在不考虑时间（t）的情况下，如果纸面上有个假想的“纸片人”，他所能看到这个面上的其他所有事物都只是一条线，而只有高维度的视角才能看到他在纸面上是个人形。每一个高维度的生物对于低维度的生物而言都有成为神的可能，所以影片中男主 Cooper 在五维空间内可以通过引力给予不同时间节点上的女儿传递信息。当然，诺兰大神想表达的第五维度到底是引力还是爱呢？可能这得取决于你是理工男还是文艺女了，见仁见智见高度。

写到这儿，关于周末大电影《星际穿越》可以暂时告一段落。咱们可以用多维度的方式讨论不同的投资模式。

（1）最初的投融资是以借贷方式产生的。因为没有中介机构的存在，借贷人和放贷人是直接联系并完成借贷的。假如我们把借贷人和放贷人看作两个点，借贷或投融资这件事儿看作一条直线连接了两个点，最初的投融资关系，即借贷双方是一维的。

（2）因为信息传播效率低下，所以点对点的借贷不能达到资源配置最优化的目的。差不多同时产生在地中海的银行和中国的钱庄应该是最早的投融资中介：放贷人/储户/投资人将资金给到银行/中介，银行/中介再将资金给予有真实融资需求的借贷人。这里把银行也作为一个点的话，具有金融媒介的投融资关系各方形成了一个面，即为二维投资关系。

（3）自从“公司”在荷兰产生，投资人除了可以借钱给资金需求方之外，亦可以作为股东投资于公司，在此投融资关系中，投资人不仅出资金，同时又是被投资方的一部分，双方产生了更多一维的股权关系，即股权投资是一个三维的投资关系。

我们可以看到每一个维度的扩张不仅提高了投融资的效率，更为人类的经济活动的增长提供了活力。20 世纪产生的私募股权基金，即第四维的投资关系，更是将人类经济增长的速度推至历史的最高峰。怎么理解其为四维度投资呢？咱们可以把基金本身看作一个三维的投融资关系，三维向另一个三维进行的投资就好像四维空间中时间 t 作为轴连接了所有的三维空间。

巧合的是，《星际穿越》中女神海瑟薇（饰演 Amelia Brand）说过，在任何空间维度都可以找到时间（t）和引力（g）。同样，在我们上面絮絮叨叨描述的多维度投资中不可或缺的两个要素是收益（r）和众筹（crowdfunding）。收益很好理解，任何不考虑收益的投资都是耍流氓。那众筹呢，怎么说？

这里先说个插曲，也就是蝌蚪君在看《星际穿越》的前后出了件挺恼人的事情，曾经信誓旦旦要做股权众筹的创投圈创始人李晓宁先生撰文《股权众筹违反商业逻辑，西少爷就是最好的例子》，彻底否定股权众筹。说好的股权众筹呢？咱不能因为无法上升到高维度去操控时间（t）而否认多维度空间中 t 的存在，也不能因为质量小测不出引力而否认引力公式！

同样的道理，刚才咱讲到银行作为投融资关系中的金融媒介，产生了二维的投融资关系。如果储户不是一户，是两户、三户，甚至百户、万户，那么银行是不是众筹来的？

公募基金募集资金、上市公司发新股融资，投资人也以千、万计，这是不是股权众筹呢？

投行所谓的 Syndicate 是不是股权众筹？Syndicate 是什么？最近刚上市的某互联网公司曾经在两年前以 Syndicate 的方式进行了一轮融资，大家只看到了面上的三个赫赫有名的投资公司持股，但要知道，在他们后面有众多的投资人、投资机构作为有限合伙人（LP）隐身于专项基金或特殊目的合伙企业中，这算不算股权众筹呢？此笔投资应有 7～8 倍的收益，股权众筹难道帮了倒忙吗？

众筹的“众”在一些投资维度中可以是公众，而在另一些投资维度中又是某一个特定群体，因维度的变化而有不同的边界。这就好比物理公式在不同的条件下，其形式和构成是会变化的。所以弄懂众筹，特别是股权众筹，不仅需要扎实的金融知识，还需要一点点想象力。

四．股权众筹：不只是线上天使投资

周余[1]

股权众筹在中国也是有 4 年历史的事物了。

也许很多人觉得股权众筹还是个很新鲜的玩意儿，因为 2011 年开办的股权众筹平台只有两家——天使汇和创投圈。2012 年更是惨淡，就没什么新人加入这个行业。这时候股权众筹的影响力也不大，大家都没听说过也就很正常了。

到了 2013 年，原始会出现了，加上 2011 年那两家最老的，这三家构成了股权众筹平台的第一梯队。2014 年开始爆发，全国股权众筹平台数量直奔 30 家而去。

如今看来，股权众筹平台出现了如下几个现象。

1. 股权众筹仍属小众，接受程度越来越高

照最乐观的统计，股权众筹的成功案例占天使轮融资的数量也不到 10%，这还主要是三家大平台苦撑的结果。天使投资本来就不是大众话题，股权众筹则是小众中的小众。但我们也能看到，众筹案例的平均投资人数达到 5 人以上，有统计的最高投资人数达到 35 人，这说明投资人还是有尝试股权众筹的心。

2. 天使轮项目获投金额普遍增高

上众筹的项目没有几例在 150 万元以下，平均达到 200 万元以上，这比传统意义上三五十万元的天使融资高到不知哪里去了。严格来讲，这与股权众筹的关系不大，主要是大环境使然。投资活动前移太普遍了，BAT 和 VC 纷纷投身天使

---

1 周余，TECH2IPO 创业主笔，创业教科书《创业百道》编者。在一线股权众筹平台天使汇 Angel Crunch 从事创业服务及行业研究，《2014 股权众筹盘点报告》、《2014 中关村天使投资报告》联合编者。

轮，企业估值涨得自然飞快。值得注意的是，获投金额高主要是因为估值高，并不是企业愿意出让更多股份。

3. 人民币投资成为主流

人民币投资案例占到九成，这是一件可喜的事情，初创企业投资不再是美元的天下了。这一现象不仅发生在股权众筹领域，中国的整个天使投资环境中人民币越来越强势。

4. 平台数量大起大落

刚刚提到，2014 年冒出了好多新股权众筹平台，然而 2014 年年底证监会的股权众筹管理办法征求意见稿也出来了，改来改去还是有挺高的门槛，对小平台非常不利。目测 2015 年起新平台就不多了，以前的小平台也要逐渐死亡。

5. 第一梯队统治力极强

第一梯队三家平台——天使汇、创投圈、原始会——占据了至少 80%的市场，众多小平台喝汤都很难。股权众筹管理办法带给大平台的也是监控和限制，带给小平台的就近乎是绝望了。将来的股权众筹市场想来也是寡头垄断的局面。有人说，管理办法似乎给国家队入场打开方便之门，第一梯队恐怕也要面对残酷的挤压。我倒不这么想。不光股权众筹，在互联网金融这个领域，国家队的人才储备不足，因此反应一直比较慢，我并不认为他们会在两年内有大动作。

6. 移动互联网受投资人青睐

生活服务和移动社交在众筹领域是最受欢迎的，首先是 O2O 风头正盛，其次因为这两个行业项目的优劣有比较明确的判断标准。技术为主（比如智能硬件）或者内容为主（文化创意类项目，比如游戏）一直没办法大火，是因为评价标准很难统一，项目好坏在初期无法判断。一般的天使投资，懂行的投资人也可以一搏；股权众筹参与人数较多，要求每个人都信得过这类项目就很难了。我们也可以看出，天使汇的快速合投等众筹模式，虽然有领投人提供判断、跟投人分享项目的设计本意，但跟投人多数也还是比较谨慎的。

7. 平台地域集中明显，北京中关村是核心

股权众筹平台在北京扎堆儿，第一梯队全在北京，国内其他地区想要享受他们的服务就比较难了。受到管理办法限制，各地应该不会出现太多新平台了，期待大平台在各地开设新公司似乎较为合理。股权众筹具有很强的线下属性，服务必须地域垂直，这点我在下文会细讲。

8. 项目完成度较低

天使汇、创投圈、原始会的项目库里都有成千上万的项目眼巴巴等着投资，钱拿到手的不过数百。据统计，三家的项目完成度都仅在1%左右，这个数字实在称不上好看。考虑到中国并没太多好的创业项目，这个数字倒是可以理解。进一步分析，低完成度说明了一个好现象：股权众筹虽然降低了天使投资的门槛、减少了单个投资人的风险，但并没有因此使更多烂项目获得投资，平台和投资人对项目质量的把关迄今为止还是非常不错的。

总体来讲，行业向好，市场趋于寡头垄断。大平台如天使汇，达成的投资额以十亿计，你猜小平台能有多少，你再猜能有多少利润？据我所知，第一梯队也仍在苦寻商业模式，追求可持续发展而不是赔本赚吆喝。几十亿光鲜的投资带给大平台的收益不见得有多理想，至于小平台那几十几百万的量，基本是活不下去的。

一开始被人们简单理解成“线上天使投资”的股权众筹，其发展却与传统的天使投资出现了巨大差别。天使投资竞争激烈，股权众筹三国鼎立。天使投资遍地开花，股权众筹帝都生根。天使投资明摆着高风险，人人跃跃欲试，VC的经理们都在关注；股权众筹是分担风险的良方，投资人却纷纷观望不敢入场，机构对此更是不屑一顾。

股权众筹的产品形态还不确定，整个行业的生态还不稳定。不管是市场环境，还是现在的这些平台，都还要做出很大的改变。股权众筹的未来，有几个趋势是可以预见的。

谈到趋势，就要先谈到问题。最重要的问题是，股权众筹到底是创业者的救星，还是投资人的福利？

所有的大平台都必须思考商业模式中“目标客户”的问题：他们是应该为创业者服务、力求帮助每一个创业者拿到投资，还是发掘一个又一个好项目、为投资人找到赚钱的新玩法呢？国内的几家大平台都宣称自己站在创业者这边，产品形态上也是创业者注册、创业者客服、创业者活动，但股权众筹远在美国的前辈AngelList可是早就形成了Syndicates模式，实际上变相成了一个个由领投人发起的小基金。

为什么股权众筹发家的AngelList反而走上了募资平台这条老路？道理很简单，创业者给不了你钱，而投资人能。为投资人服务，平台可以拿到投资利润，与好项目及高净值人群共荣辱。为创业者服务，首先你就很难从投资人处拿钱，现金流上就成问题，其次项目黄了你手里的创业企业股权就是废纸，总体的收益也很难保证。

这么说有些武断，毕竟股权比起现金是一个更有想象空间的东西，如果你手里出了一家BAT级别的公司，股权的收益可就比最开始那点儿现金高太多了。

AngelList收取股权的途径是招聘服务，帮助创业企业找到合适的合伙人或核心员工，然后收取极小一部分股权。这一服务想来也不易做，但比起帮助创业企业找到有意愿的投资人大概也不会更难，而国内的平台所做的都是后者，自然是够费力，至于是否讨好，我们还要关注接下来两年的退出案例。

所以，是否股权众筹平台就应该像AngelList那样做个募资平台？换句话说，股权众筹是否根本就是个伪概念？

既然如此，我们就要谈到股权众筹本身。股权众筹，区别于权益众筹，前者是投资行为，后者是一种类似于团购的消费行为。股权众筹的本意，在于分担风险、分享收益，降低投资门槛，提振投资信心。投资人乐意投资了，创业者自然就更容易融资，对创业也是利好，挺符合中国现在的大环境。

那我们接下来看看，股权众筹真的对投资人、创业者和大环境都有利吗？

分担风险、分享收益，听起来很美。有投资人开玩笑说，大家都在抢项目，抢到手里都是烂项目。股权众筹的理念是，大家一起投，不要抢，分享好的，拒绝烂的。项目是好是烂就看能不能成功，而成功与否没有客观标准能提前确定，主要靠投资人的主观判断，股权众筹就有点儿像集体智慧。至于集体智慧有多靠谱，是否能比投资人个人的判断更靠谱，这就不好说了。

对于超级天使而言，他们自己能遇到的项目足够多，总有几个看起来还不错的，虽说不可能保证投一个成一个，但对于高净值人群来说，天使投资这点损失也谈不上多大的风险，也许没有大到需要和别人分担的程度——雷军和周鸿祎这个级别的投资人会在乎几百万元吗？分担风险对他们来说没意义，他们又为什么要与别人分享收益呢？

然而，并不是所有投资人都是高净值投资人。超级天使只是少数，普通天使要参与投资，甚至手里有闲钱的普通人也要参与投资，对他们来说，分担风险、分享收益的意义非常重大。

因此，问题的答案已经出来了。股权众筹平台不是高净值投资人的游乐场，这个行业将来要服务的是普通投资人。我们可以想象，当中国的大量低净值投资人（他们不是巨富，一般也不具备丰富的金融知识）入场，AngelList 的 Syndicates 募资绝不是可行的模式，而如天使汇快速合投的股权众筹活动相比之下更为靠谱儿。可以想象，大量普通投资人的入场会使创投市场更为活跃，这显然是件好事。因此，中国的平台没必要做募资平台，股权众筹不是伪概念。

而立场问题也很明确了。如果说服务高净值投资人还算有利可图的话，那么服务大量普通投资人和服务创业者是没太大差别的。赶上国家鼓励创业的大环境，站到创业者这边也能借政策东风，几大平台还是想得很清楚的。问题在于如今的天使投资仍是高净值投资人的游戏，发掘、吸引、教育更多投资人入场，也应该成为平台的目标。

这就构成了股权众筹将来的一大趋势：低净值投资人大幅增加，天使投资风险教育普及，更多人选择合投。

股权众筹平台的再一个问题就是人才储备不足。这个问题可以拆解为两部分：平台设立了什么样的目标？为达成此目标需要什么样的人才？

以天使汇和创投圈为例，这两家平台在项目属性上都是大而全的，从纯技术到纯设计，从硬件到 O2O，连风力发电、实木机箱、家用桑拿都有，可以说是非常混乱，这其中的一些类别是乏人问津的。从实际达成的案例来看，天使汇与创投圈更像是 TMT 领域的股权众筹平台而非全领域，两大平台的投资经理不具备筛查各类项目的能力，各自的投资人也没有投资全领域项目的兴趣。

我认为这两家大平台不如提早将目标设置为 TMT 股权众筹的第一平台，或者更进一步细分。毕竟在传统行业与互联网、移动互联网结合升级的今天，TMT 的范围也不小。

细分可以筛除无用信息，让网站的项目库变得更干净，让投资经理的工作变得更有效率，也让投资人在浏览网站时不再产生眼花缭乱的感觉。同时，专做某一领域的话，投资经理也可以逐渐磨炼出更佳的眼光。小而美，越细分越专业。

我认为这是股权众筹将来的第二大趋势：出现行业细分的平台，大平台也会梳理项目库，将业务更多按行业划分。

再一个问题非常实际，这也是只有从业者才能感受到的痛点——如何避免跳单？如何从创业者手里拿到股份？

跳单之痛大概是所有中介都经历过的，股权众筹平台也不例外。就算项目在平台注册，投资人也在平台注册，二者不经平台撮合就签了 termsheet 的情况也屡见不鲜——因为没有人愿意为一个信息渠道付出 5%的股权，投资人又不傻，创业者就更不用说了。

虽然股权众筹的操作相当复杂，需要相当程度的专业知识、渠道和关系，但因为一层中介关系就拿到 5%股份也确实引人非议，要知道很多合伙人不见得能拿到 5%。减少平台占股比例是治标不治本，而且平台也是要吃饭的，怎么能一味降价呢？

要让创业者和投资人确实感到这个 5%的价格是值得的，就要让他们亲身体验融资的复杂与惊险，体验平台所做的一切。大平台走过许多弯路，也逐渐摸清了这一法门。天使投资要看产品，要看路演，还要面谈，单纯把天使投资搬到线上，既无法操作，也没有价值。因此，不要只做线上天使投资，更要做线下的股权众筹。

创投圈至少从 2013 年开始就举办了挑战 120 秒的融资路演活动，反响相当不错。天使汇从 2014 年开始所办的 SpeedDating 闪投，也已经使不少创业项目快速获得融资。在这些线下路演活动中，平台不仅提供信息，也设置场地，约请双方，审查项目，安排仪式，这一切是创业者和投资人快速接触、快速合作必要的，也是确实可以见到的线下服务。平台通过这样的线下活动拿到股权，才是合情合理的。

线下活动自然对平台提出了一个新要求——地域垂直。当然，平台还是会挑选投资人资源集中的大城市举办活动，但至少不应全部集中于北京。上海、广州、深圳等地将大有可为。

这也是股权众筹将来的第三大趋势：股权众筹线下化，平台位址不再局限于北京，地域垂直的投融资活动增加。

至于证监会的股权众筹管理办法，因为还没有最终敲定，现在也只是自律性的规则，没有太大的讨论意义。我认为，就算管理办法为大券商开了一条股权众筹的方便之路，国家队入场也不会那么快，而且也不一定在初创企业投资领域有竞争力。归根结底，大券商不一定看得上创业投资这点小市场，他们深耕自己熟悉的领域也许更稳妥。

五．实体资产类股权众筹模式实践

多彩投[1]

股权众筹是指融资方以出让一定比例股份的形式，面向多数投资者进行融资，而投资者通过出资入股公司，最终以股份变现或者分红的方式获得未来收益的互联网金融平台模式。目前，对众筹有几种分类，如股权众筹、债权众筹、实物众筹和公益众筹，但对股权众筹基本上不再有分类，笔者认为随着股权众筹市场的快速发展，特别是按照世界银行预测，到2025年全球发展中国家的众筹投资将达到960亿美元，中国有望达到460亿～500亿美元，股权众筹可以有两类截然不同

1　多彩投，国内第一家旅游度假众筹平台，它将互联网众筹与旅游度假有机结合，改变投资、生活及交友方式，开创了一个全新的体验社交式互联网金融平台。目前，多彩投的重点在于开展优质客栈、民宿及精品酒店的股权众筹，度假产品的权益众筹及创新公益众筹。

的模式存在，也就是根据未来收益的形态分为创业类股权众筹和资产类股权众筹，并且由于后者的社会基础更大，将会有更大的市场规模。

顾名思义，创业类股权众筹是指初创或者成长类企业通过股权众筹来募集资金以求发展壮大，一般科技创新型或者互联网类型企业会受到投资人的偏好。目前，天使汇、原始会等股权众筹平台主推这种类型的项目，而这些项目主要通过股份变现实现盈利，即需要该公司获得持续融资、上市或者被收购才能实现投资回报。由于创业类公司的成功概率较小，因此投资后是否有回报或者能否回收本金是很不确定的，据美国股权众筹平台 AngelList 统计，80%的投资都是拿不回本金的，只有 20%会成长为非常好的项目，或许其中就有 1%能够让投资者的资本翻番。

另一类型为资产类项目股权众筹，包括消费类实体和生产类实体项目，这些项目的特点是一旦运营后，会有比较稳定的现金流和可预期的收入，投资人可以通过分红的形式获得回报，当然股权或者资产增值也会是收益的一部分。国内如多彩投、人人投等众筹平台就在开展客栈酒店或实体店项目的股权众筹，国外如 Fundrise 等在做房地产项目众筹，也是获得了投资人和市场的认可，包括国内的人人网也对其进行了上千万美元的投资。资产类又可以分为消费类实体如旅游酒店项目、影视出版项目、房地产项目及其他实体零售店，以及生产实体类项目，如能源类、土地类、基础设施类项目等。

目前，对创业类公司股权众筹的模式有较多的研究，但对于资产类项目的股权众筹研究并不多，而恰恰由于这类项目收益相对比较稳定、项目数量较多且贴近生活，更容易被大众群体所接受并认可，预计在未来会有更大的市场空间。笔者重点阐述这类型项目股权众筹的国内外发展、特点及存在的一些问题。

资产类型项目的股权众筹在国外也有着快速的发展，受美国 2012 年 JOBS 法案利好推动，一大批房地产众筹平台出现，如 Fundrise 在 2012 年 12 月上线，提供用户住宅地产、商业地产及旅游地产等各种类型的不动产项目，投资门槛只有 100 美元，受到了追捧。很快知名连锁酒店 Hard Rock Hotel 也在另一家地产众筹服务平台 Realty Mogul 上筹集了 150 万美元。截至 2014 年年底，美国有房地产资产平台上百家，并且仍然处于快速发展期。而一家名为马赛克（Mosaic）的太阳能公司，搭建了一个众筹光伏项目融资平台，2013 年被美国《快公司》（Fast Company）杂志评选为能源资源领域十家最具创新力的公司之一，截至 2014 年年初，总融资规模超过 600 万美元，在 2014 年年底获得 PartnerRe 公司 1 亿美元投资以扩大其规模。农场也是受到众筹追捧的领域，美国有多家农场众筹平台，如 Fquare 和 Agfunder 都是专注于农业方面的众筹平台，目前也发展良好。此外，英国、法国、西班牙等欧洲国家的股权众筹也发展迅速，并且涌现出很多股权众筹平台。

国内资产类股权众筹也发展迅速，已基本覆盖房地产、酒店、能源、土地、实体店面等各个领域，并且已经在各领域内有了一些成功案例。房地产是资产类股权众筹的最大市场，目前已经至少有多个模式在运行，如房宝宝是一家通过以低于市场价格众筹买房，持有一段时间后出售来获利的房地产众筹平台，截至 2014 年 6 月，交易额已经接近 1 亿元；而无忧我房是全流程房地产众筹平台，从拿地阶段开始众筹，到房产建设、交房及最后的结算，其中位于东戴河的 COCOMOMA 项目在 3 分钟内筹集 1100 万元，也刷新了国内股权众筹的融资速度；此外，还有专注于海外房产的如平安好房等，也已经通过众筹在国外投资了多个公寓项目。光伏能源类项目在国内也有着若干成功案例，招商新能源旗下联合光伏集团有限公司将通过众筹方式融资 1000 万元，用以建设一个小型的太阳能发电站，该项目通过网信金融成功众筹募集。

实物资产类项目股权众筹有以下 3 个特点，分别是收益较为稳定，投资人参与感较强，以及贴近生活、便于评估等。

实物资产类股权众筹的第一个特点是收益较为稳定，这也是相对于初创或成长类公司股权众筹而言的。以目前市场中普遍的运营数据来看，房地产项目的可预期收益一般在年化 15%左右，而光伏能源项目的可预期收益在 8%左右，客栈酒店类项目的可预期收益在 20%左右，实体店项目的可预期收益可高可低，但一般也都在 15%以上。虽然也会有很大的经营不确定性，但如果投资者分散投资，则可以获得较为稳定的可预期收益。

股权众筹的另一个特点是投资人参与感强。如多彩投是一家专注于旅游度假领域的众筹平台，目前重点在开展客栈民宿及精品酒店的股权众筹，已经在业内处于领先地位。多彩投从项目筛选、风险控制、项目众筹到投后管理及分配退出等各方面都有一套流程机制，以保障众筹投资人的利益并调动投资人的积极性。参与客栈众筹的投资人不但可以每季度或者半年分一次红，还可以获得免费住宿等权益。此外，参与众筹的股东也会帮助客栈进行无偿的推广宣传，以使得“自己”的客栈获得更好的效益和知名度，从而获得更为可观的分红。

实物资产类股权众筹项目的最后一个特点是贴近生活，便于投资人自我评估。人人投是一家实体店众筹平台，其口号就是“投资您身边的店铺”，投资标的含盖餐饮、酒店、母婴服务、品牌专卖等各个方面，投资金额也在几千元到几万元之间，目前已经帮助 119 个项目完成 1.54 亿元的融资，每个项目平均融资规模为 130 万元，与专业的天使投资人、机构投资人不同，这类项目的参与人都为普通的投资人。

目前，股权众筹市场发展迅速，国家在政策法规层面也较为鼓励支持，但不得不说目前股权众筹还处于发展早期，还存在很多的问题，如平台机构的专业性欠缺，风控及管理缺陷及信用体制建设初期等，需要不断克服这些问题。

目前，股权众筹平台的专业度还相对较差，其中证券业协会规定股权众筹平台需要“有与开展私募股权众筹融资相适应的专业人员，具有 3 年以上金融或者信息技术行业从业经历的高级管理人员不少于 2 人”。平台后期需要在项目尽调、资金托管、法律审查、合同拟定和交易协商等各个方面都更加专业，给众筹参与双方以更多的保障。

关于风控和投资后管理，也是制约目前众筹发展的因素之一。投资后管理中也存在非常严重的信息不对称，这也限制了投资人参与监督管理的可能性。公司法虽然赋予了股东知情权，但是这些知情权都局限在非常宽泛的事项上，如财务报告和账簿、股东会、董事会决议等，众筹股东几乎不太可能有机会了解和参与企业的日常经营，但如果采用领投+跟投的模式，则可以让领投人承担对企业进行监督管理及参与决策的责任义务，使信息更为充分。

股权众筹也缺乏必要的信用体系。2015 年 1 月，央行《关于做好个人征信业务准备工作的通知》，批准包括芝麻金融、拉卡拉、腾讯等 8 家机构可以从事个人征信业务，将促进互联网金融业务的发展，加速普惠金融的进程。目前，互联网金融公司尚无法接入人民银行征信系统，各公司之间也不存在信用信息共享机制，融资者违约成本很低，无法用惩罚机制来约束。如果没有相关的违约机制约束股权众筹发起人，而平台也没有建立起相应的信用违规机制，那么股权众筹市场会无序发展。

第三章
第三方支付

多元发展突围战：第三方支付机构的危与机

段天宇[1]

从1999年建立中国首家跨银行、跨地域网上支付服务平台——首都电子商城和2002年为解决多银行卡在线支付接口需求及异地跨行网上支付而成立的中国银联，到2011年5月央行第一批支付牌照的下发，中国第三方支付走过了粗放发展的十年。2011年到2014年是在政策监管下的四年，也是中国第三方支付高速增长的四年，牌照的下发代表着第三方支付公司作为“从事支付业务的非金融机构”终于得到了监管层的认同与正名。

根据央行发布的《2014年支付体系总体运行情况》显示，2014年，支付机构累计发生网络支付业务374.22亿笔，金额24.72万亿元，同比分别增长93.43%和137.6%。

2014年7月10日，央行对外发布了第五批第三方支付牌照，加上前四批授牌的250家企业，央行已累计下发牌照269张。但有消息指出央行对于第三方支付的发放已经开始常态化进行，曾经的稀缺资源现在所包含的附加值越来越低。

---

1 段天宇，文学、理学双学位，现供职于天津融宝支付网络有限公司市场营销部。深入了解第三方支付行业发展状况，在第三方支付市场营销、活动推广等方面具有独特见解。

从第三方支付公司与业务量的高速增长中，一方面看到第三方支付行业进入发展相对稳定的时期，另一方面也应看到市场规模趋近饱和，企业应树立一定的危机意识。

虽然目前第三方支付牌照已经达到 269 家，但是未来可能还会继续增长。但是根据央行《非金融机构支付服务管理办法》规定“《支付业务许可证》自颁发之日起，有效期 5 年。”依此，从 2011 年 5 月央行发布第一批支付牌照算起，2015 年年底至 2016 年年初，第三方支付行业将面临行业大洗牌。

（一）支付牌照审批与监管逐步收紧

2014 年 3 月央行下发的题为《中国人民银行关于银行卡预授权风险事件的通报》的 79 号文件，要求从 4 月 1 日起，对包括汇付天下、易宝支付在内的 8 家存在未落实特约商户实名制、交易监测不到位、风险事件处置不力等问题的支付机构在全国范围内暂停接入新商户，以及暂停这 8 家支付公司部分创新产品的推出。由此看到，第三方支付收单市场会进一步洗牌，规范程度加强的同时，全国范围的收单支付牌照或将会更加难以获取。

此外，2014 年 12 月 9 日，人民银行北京营业管理部与人民银行总行支付司同时对深圳瑞银信下发监管意见：清退全部商户并暂时收回其支付牌照。瑞银信也成为了 2011 年第一批支付牌照下发以来，首个被央行收回支付牌照的企业。

作为最先试水互联网金融的第三方支付，在短短四年间如雨后春笋般迅速涌现。在谈及互联网金融发展时，中国支付清算协会在其编写的《中国支付清算行业运行报告（2014）》中严肃指出，“从个体机构的经营模式和业务内容看，除规模较大及创新较强的市场引领着外，大多数企业都是盲目跟风模仿，无经营特色、无发展特点，目标模糊、定位不清，同质性竞争严重，甚至存在着凑热闹赶时髦的心理。……在经过一个周期性发展之后，部分创新能力较强、符合市场需求的企业会在市场竞争中发展壮大，而更多的企业将会是昙花一现”。

此外，据了解，“严格支付机构市场准入，鼓励现有机构兼并重组、持续发展健全市场退出机制，研究实施支付机构分类、分级监管”已经写入央行 2015 年 2 月底下发的 2015 年支付结算工作要点的通知中。由此可见，支付牌照审批与监管逐步收紧，从 2015 年开始，“整顿”或将成为第三方支付机构的行业关键词。

（二）产品行业细分才能从同质化竞争中突出重围

到目前为止，第三方支付企业面临的最大问题是支付业务越来越沦为一家支付公司的基础业务，在 POS 收单、互联网线上支付等领域的竞争越来越同质化，甚至企业间的价格战导致单纯为企业提供支付通道的传统盈利模式受到强烈冲击。如何在同质化的市场竞争中杀出重围是目前摆在各家企业眼前的最大议题。

一直以来，第三方在线支付业务专注于 C2C 与 B2C 电商的在线支付，并广泛应用于网络游戏、航空商旅、电信充值、公共事业缴费等多个民生领域。为谋求利润和收入新的增长点，第三方支付行业开始寻求在原有支付业务的基础上构建增值服务。为此，以网上购物、网络游戏为主要对象的第三方支付所占比重呈现逐年下降趋势，以行业支付为对象的第三方支付所占比重呈现上升趋势。

拥有压倒性用户数量和垄断优势的支付宝与财付通，结合其自身完善的网上零售市场经验，逐渐向线下实体消费渗透，让互联网成为线下交易的前台，线上收款线下体验，形成了一个完整的 Online to Offline 闭环体系。

另外，自 2013 年起支付机构积极为证券、基金、保险等传统行业提供支付解决方案，互联网支付金融化趋势明显。多家支付机构获批为基金销售机构提供支付结算服务。截至 2014 年 9 月，有 26 家支付公司通过证监会获得基金销售支付结算业务许可。

以支付宝为首的众多支付机构通过与基金管理公司或独立基金销售公司合作的方式，一方面，支付机构利用自身庞大的用户基数吸收用户闲散资金为自身注入更多沉淀资金并获得交易手续费收入；另一方面，基于支付所形成的大数据来挖掘客户新的消费需求。此外，双方的合作还为基金公司带来了大规模的资金来源和盈利基础。保险方面，网易金融通过与光大保险合作，让保险行业与互联网深度结合，利用互联网营销渠道和在线支付方式让保险理财更加方便快捷。

除传统金融行业外，第三方支付也为新兴的互联网金融代表——P2P 网贷行业提供高效的资金清结算解决方案。

2013 年起，以汇付天下、融宝支付、连连支付为首的第三方支付机构纷纷涉足 P2P 网贷行业，从最初的提供资金通道，到如今粗具规模的资金托管解决方案，第三方支付可谓伴随 P2P 网贷行业共同成长。

2014 年 9 月，银监会创新监管部主任王岩岫在进一步明确 P2P 监管的十大监管原则中，特别指出“资金由第三方托管”，这无疑在政策面对于第三方支付开展资金托管业务是一大利好消息，由此第三方支付的资金托管产品逐渐受到关注。

在实际操作中，融宝支付等第三方支付公司在网贷平台业务中充当投/融资人、网贷平台/担保公司以外的第三方角色，受平台委托，保管平台会员交易资金，为平台提供专业的资金清结算服务，并在此过程中完整记录全部电子交易及支付信息在业务的参与方。

融宝支付甚至可以根据平台自身特点提供量身定制的资金促销方案，协助平台完成促销期间的账户资金、优惠券的发放、管理和使用。促进平台客户的投资活跃度，提升平台的自身竞争力，并通过运营看板展示 P2P 平台的运营及收支动态。不仅为平台决策管理及工作人员的日常、周期性工作提供可靠的数据支持，而且提升了平台运营及决策效率。

但目前由于监管层网贷行业具体监管细则尚未落地，大多数 P2P 平台只是与第三方支付公司签订了支付通道协议，真正实现资金托管的 P2P 企业所占份额还是不多。

未来能够为企业提供全方面的财务与资产服务，成为现阶段支付公司发展的重要方向之一。

（三）移动支付——革命性的产品体验

2014 年 5 月 1 日起，开始实施的由央行及国家标准化管理委员会制定的移动支付标准及智能终端和 4G 网络的发展，以及二维码、扫码支付等创新支付技术的不断完善使得移动支付开始迅猛发展。

易观智库《2014 年度中国互联网产业核心数据盘点报告》指出，2014 年全年，移动网购交易规模达 8616.6 亿元，增速达 229.3%，消费者向移动端的迁移和渗透是支撑移动网购高速发展的主因。2014 年第四季度，在年末大促的带动下，移动网购渗透率进一步提升，成为网上零售市场的重要组成部分。

目前，移动支付业务在市场中所占比例呈突增趋势。未来，随着移动设备的普及，移动支付占比将远超普通网银支付。与手机银行不同，移动支付专注于支付，大大提高支付的便捷性，只需要绑定一张银行卡，就可以进行支付，并且不需要频繁地输入银行卡号等信息。移动支付表面上是把支付终端从电脑端向手机端转移，但实际上，移动支付为用户带来的是一种跨终端、跨平台、跨浏览器的全新体验。由于移动支付页面较少，减少页面跳转，也降低了被钓鱼的可能性。

从以BAT为首的厂商来看，无论是与打车软件的合作，还是餐厅、影院选座，2014年后移动支付厂商将更加偏重应用场景的构建，力图培养用户移动支付的消费习惯，通过LBS的定位与引流，为移动支付打通O2O闭环奠定基础构建完善的支付场景，发展多元化的商业模式。

回望2014年，广大第三方支付企业应立足支付基础产品，正确认识并看清目前行业内存在的危机与机会，着力发展多元产品方案才得以突出产品同质化的重围。

第四章
大数据金融

一．互联网金融产业链的思考

姜隆[1]

P2P 借贷行业的风险的爆发是推动互联网金融产业链的主要推动力。作为传统金融行业的补充，互联网金融的发展目前仅限于融资端，而投资端、保障端的相关领域尚处于萌芽时期。未来，推动产业链形成和发展的根本动力是风险。终极目标则是互联网金融与传统金融相融合。

（一）融资端的风控困境

央行把互联网金融定义为传统金融的补充。从这一角度出发，我们可以按金融机构来为风险分类。按照从低到高的排列分别是：自由资金、银行、信托、基金子公司、P2P 借贷和高利贷。与之对应的融资利率为：0%、7%、10%、15%、20%和 40%（行业平均水平）。互联网金融中的 P2P 借贷是对前述传统金融机构的补充，高利贷本身存在法律问题。

按照上述排序可以看出，不同金融机构对应不同等级的风险。如果一笔融资项目的融资方愿意给出 40% 的回报率，那么为什么前面的机构不愿意做这样的业

1 姜隆，《中国基金报》记者。

务呢？原因在于 40%的利率对应的风险真实存在。那么，P2P 借贷又是如何控制风险的呢？

P2P 借贷行业发展 6 年时间，控制风险的方法演化顺序为：个人信用、个人担保、担保公司、风险备付金和保险公司。总结起来分为三类：分散风险，将大风险分散成为小风险。跨界转移风险，通过跨界合作的方式将一端的需求与另一端的风险对冲。不会主动承担风险，都是经营机构直接承担风险。以上三种做法都无法使风险消失或降低，只是风险处理方式的不同。

P2P 借贷公司的风险控制工作只是确定风险的存在，把握风险的节奏，检查风险的爆发，处理风险的影响，消除系统性风险因素，调整风险的错配。

因此，除剔除违法行为的跑路以外，仍然有 80%的 P2P 公司实际上处于非营利状态。一些经营不善的 P2P 借贷公司倒闭。这种现象也得到了网贷天眼数据的支持。

2014 年，我们看到红岭创投的亿元坏账、新浪微财富的兜底，以及上市公司熊猫烟花为自己的 P2P 公司银湖网承担无限责任。

综上所述，互联网金融的风险不会因为有了严格的风险控制体系而使之下降一个等级。风险控制工作更不能消灭风险。P2P 的风险可以比作地面以下的流沙，只要达到临界点随时可能爆。因此，高收益承担高风险的金融学原理同样适用于互联网金融。

按此逻辑，是不是 P2P 平台最终都会倒闭或跑路呢？

笔者认为，对于风险的控制，会推动互联网金融产业链的发展，只有形成补充传统金融的产业链，才能最终达到一种风险控制的均衡，形成互联网金融的生态圈，最终脱离传统金融或与传统金融相融合。下面进入本文的主题，互联网金融产业链的思考。

（二）投资端成为下一个真风口

随着股市的好转，一些 P2P 企业开始做配资业务，这仍然是融资端业务的一种类型，可以看作是融资端与投资端的桥梁，进而催生了杠杆型牛市的出现。这证明风口正在转向投资端。

投资端的风险与融资端不同。首先是存在大概率事件，以股票市场为例，一赚两平七赔是大概率事件。可以看作存在 70% 的系统性风险。其次，无确切的推出时间，只要依然在投资，前期无论亏损还是盈利都不能进行最终的盖棺论定，直到退出市场永远不再进入。再其次是对赌的特殊性，一方的盈利就是另一方的亏损。最后没有上下游关联行业，无法形成行业。从两者的领域来看，投资端相对于融资端更专业、更精细、更数据化。

可以看出投资端的风险更多。赔钱是大概率事件，收益考核期无法量化，投资者之间存在利害关系，最后是没有供给的上游也没有需求的下游。更难提用户体验和教育用户的成本，这对于互联网金融来说是倒行逆施。目前，投资端分类包括证券市场、创业投资和项目投资。

（三）量化投资的未来

目前的微量网的投资策略服务在证券市场上已经先发制人（笔者以微量网的点来阐述证券市场的面，进而不空谈误事）。

A 股市场作为我国最规范、最多受众的市场，一直都是传统金融机构从事经济业务的主场。传统的经济业务受到互联网冲击，演变为互联网经纪业务，称为互联网券商。围绕经纪业务展开的服务将成为主战场。交易策略也就成为重要的服务手段。微量网正是基于这样的趋势发展起来的。

量化投资策略服务对于互联网金融来说有两大好处。一方面，可以对风险进行量化，近而对大概率风险进行细分，使得用户风险更加明确，近而达到可控范畴。另一方面，将不确定性风险转移到不使用策略的用户身上，使得非理性投资者承担更大的风险。

未来，由于互联网云计算和大数据的出现使得量化投资策略能够进行大规模的模型运算，继而向人工智能和机器学习方面演化。虽然一赚两平七赔的大概率仍然存在，但是会改变概率内部人群的结构。

因此，量化投资策略完成了对投资端的风险控制工作，而对融资端来说，解决的方式截然不同。

（四）中国式的众筹创业

在创业投资方面，代表人物是北大杨勇，他的“中国式众筹”成为创业投资的一种模式。直接改变了 VE 和 PE 的一级市场投资模式。这是对传统金融的颠覆。同时也是对风险进行的另类拆解（以下内容来自杨勇的演讲，内容真实性有待验证，理论推演值得学习）。

中国式众筹的做法，首先是熟人圈，建立交际场所。其次，股东业务链化，创业投资人必须是创业项目业务链的重要节点。最后，募集资金囊括了对所有的风险的拨备，为创业公司提供强大的抵御风险的能力。从风险的角度来看，每一个环节都在降低风险、分散风险和转移风险。

熟人圈的建立：通过众筹咖啡馆的方式建立交际场所，搭建以创业主题为主的快速人脉网络。人脉网络的建立，可以快速进行创业风险评测，筛选创业项目，提高成功概率。

业务链的股东：每一位股东都是创业项目过程中的重要节点，可以帮助创业企业顺利度过在创业不同时期中遇到的重大问题和障碍。这是对风险节点的细分的控制。

风险的拨备：对于创业中遇到的问题，在募集资金时已经全部考虑在内。包括雇员的待遇，每一位股东的回报，企业跨越障碍的成本，以及行业的系统性风险。

在这样集中优势人力、资源、资金的背景下，大大提高了创业的成功概率。让人有一种孤独求败的感觉，甚至在创业之初就设定了创业企业的生命周期，使得风险进一步得到明确。

在项目投资方面，先锋金融集团下的众筹网是最早涉足者，代表人物孙宏生。另外，股权投资的代表是天使会。如今证监会发布股权众筹的征求意见稿，未来，证券业协会也会涉足股权众筹领域。这让互联网金融的补充作用大打折扣。

（五）互联网保险的后来者居上

对于上述的融资端和投资端来说，作为传统金融的补充都存在“补”和“充”

的问题，生存空间和利润与传统金融存在竞争的关系。作为金融体系的另一个重要的组成部分，也就是对风险的最终处决权在保险手中。金融体系呈现三足鼎立状态，即投资、融资、保险。互联网金融目前最缺少的就是互联网保险。互联网保险的现状并没有与互联网金融形成产业链，而仅仅是借助互联网金融发展业务。

具有代表性的有阿里巴巴的快递保险，阳光保险在微信上推广的摇钱术万能险。前者是为互联网公司业务提供保障，后者则是借助互联网社交对其获客能力进行补充。然而，这都与互联网金融领域现存的融资端和投资端的业务没有半毛钱关系。

保险的最初形成是解决在远洋贸易中货船遭遇风浪的问题（可以自己查看保险历史）。从中可以看出，保险的起源是熟人圈对风险的控制，而现在的保险则是社会性保险，投保的用户彼此之间并不认识。因此保费高昂、保额低下、拒保频繁。

如果投资多家平台的投资者们形成互保的保险机制；投资一个借贷项目的投资者形成互保的保险机制；根据投资策略的风险，购买同一策略的投资者形成互保机制，创业者形成创业者担保机制……。那么，这样的保险未必需要保险公司，熟人圈的互保，降低了保费，提高了赔偿额度，同时也使得保险回归到本初。

互联网金融的融资端也好投资端也罢，对于风险只能起到控制作用，并没有处决的能力，这样的能力只有保险有。目前，尚未看到这样的互联网保险出现。作为对传统保险的补充，互联网保险首先应该保护互联网金融的发展。上述融资端和投资端只有弥补上互联网保险的关键一环才能得到稳健的发展。互联网金融也才能形成自己的产业链，形成三角形的稳定格局。近而相关的抵押、担保、典当、租赁等类金融行业才会进入互联网金融，从而形成一个大的互联网金融生态圈。

在这样的情况下，互联网金融才有可能与传统金融结合，最终形成全新的金融体系。

二．大数据与金融

侯奇松[1]

（一）草根之花

“草根”，直译成英文的含义是：grass roots。

“草根”是指生活在底层的人群，什么叫“底层”，这只是个相对的概念，跟普通工薪阶层相比，从事简单劳动行业的人群算是“底层”，要是跟商业金融阶层相比，从事简单日常文案的人群也算是“底层”，关键是，我们所处的生活圈、工作圈、社交圈，决定了大家是否处于相对的“底层”。

有人认为“草根”有两层含义：一是指同领域内的精英阶层（这个 CXO，那个 CXO 什么的）或与大佬们（这个创始人，那个合作人什么的）相对的弱势人群，这层含义通常是和情感意识形态紧密联系在一起的。通俗来讲，他们在台上讲，我们在台下听，他们在车里坐着，我们在车外看着，或者干脆就是我们大家伙儿常说的——我们喝一碗豆浆，而他们喝一碗倒一碗。

当大数据犹如一辆装甲车，横冲直撞地来到互联网时，我们突然感觉到，没有什么是十分神秘的，没有什么是不可公开的，没有什么是不可以暴露在太阳底下的，对于社会上各类各样的“草根”群体来说，大数据如一片美好的羽毛，轻轻抚摸着我们的心头，是那样的幸福。为何这么说呢？那是因为大数据使我们的认知需求重新提升了一个层次。

在马斯洛需求理论中，“草根”群体往往在第二层（安全需要）和第三层（情感和归属需要）之间徘徊，这种感觉也直接导致了多数人在社会群体中，总是“生活得很累”，总是不停地自我肯定与自我否定，自我提升与自我放弃，自我救赎与自甘堕落。同时，却又在苦苦追寻可以让我们提升真正价值、快乐的需求（尊重需要）。

1　侯奇松，互联网金融“最佳第六人”。

大数据社会化带来的冲击，只有一点，就是在我们为之奋斗的核心领域——金融，实现全民狂欢。金融遇见大数据，不再是高高在上，高不可攀，高处不胜寒，而是亲切、和蔼、接地气。

当“草根”遇见大数据，我们就会很理直气壮地说：“爷也可以玩儿一把金融！”。我们也可以挥舞着为数不多的血汗钱，昂首挺胸地闯进来，评估着各类金融平台、产品、服务，大声呼喊着“我要投资，我是投资人！”俗话说“顾客是上帝”，大数据，让“草根”得到不一样的金融尊重，在我们拿到投资的同时，增添了一种奇妙的感觉。

（二）领袖之梦

总有一些人，希望成为领袖，这种想法无可厚非，毕竟人生只有一次，都希望在有限的时间内，得到更大的生命价值。领袖有好、有恶、有大、有小，好的改变世界、恶的毁灭世界、大的改变行业、小的改变他人。

当金融遇见大数据，又会诞生出什么样的新领袖呢？传统金融行业的领军人物是否可以成为新一任领袖？传统互联网行业的领军人物是否可以接着连任？

这是一个既刺激，又无法预知的问题，不过在互联网时代，有一点还是可以肯定的：有些问题，想明白，也就明白了；想不明白，也就不明白了。

既然无法预知，那就看看这个行业里面，有哪些先行者。

（三）在某个领域做到极致

大数据对金融领域的最大贡献，就是合理化的控制风险，使任何在互联网上的金融活动，都变得如此真实、透明、生动。

互联网重新构建之后，可以乐观的预计，中国将迎来继人口红利后的下一个红利——大数据红利，我们正在引领世界互联网的体验升级大浪潮。可以大胆的想象一下，如果说创新业的中心在美国，制造业的中心在德国，那么，下一个互联网服务的极致中心就在中国！

我们在判定一个金融个体好坏的同时，也预测到未来的一个走势，这本身就是一种控制。大数据风控涉及的企业关注点如图 4-1 所示。

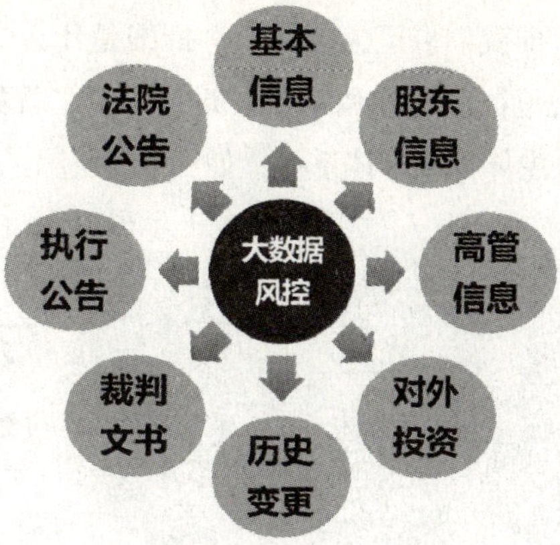

图 4-1 大数据风控涉及的企业关注点

1. 为某个行业做标杆

信用，是适应现今、未来社会化金融活动重要的交易保障，无法从活动主体中分离出来。

我们日常所描述的信用是信誉，主要是说明过去如何，而大数据+信用，更多是预知未来，是昨天+今天+明天，使我们的行业不必担心欺骗、谎言，专心做好自己的事，剩下的问题，交给大数据。

根据信用模型，将标准框架分为两级。

第一级为总基础，即我们拿什么做信用判断。信用的三个标准如图 4-2 所示。

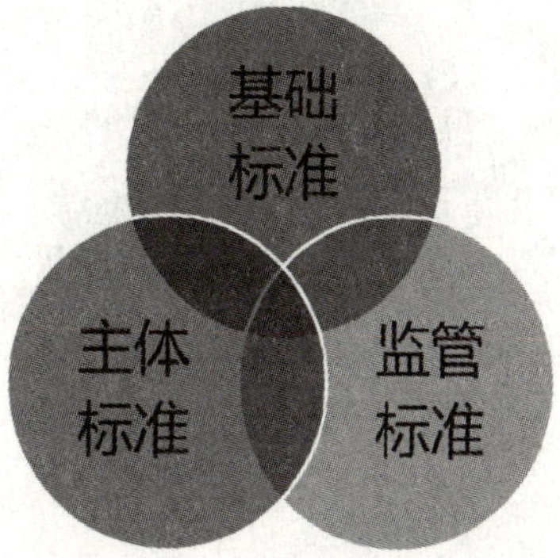

图 4-2 信用的三个标准

第二级为细分化，即我们有了大标准，小标准是什么？确保征信系统互联互通的信息技术标准、规范征信业务和对外服务的标准，以及确保信用信息报送和使用安全的标准归并在主体标准分体系下，如图 4-3 所示。

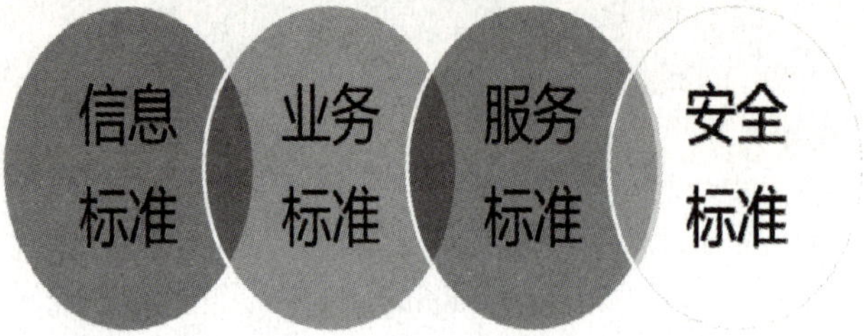

图 4-3 信用体系的标准

在现今互联网商业金融活动中，更好地为用户提供服务，最终体现在结果层面，一个数值，反映了我们对金融活动本体是否客观真实的直接评价。

呈现出来的最终结果，如同一条生产线上得到的终极产品，经过多道合格、规范、严谨的流程，得到了正确的结果。

请注意，不用怀疑它的真实性，你可以把它理解成传统行业的“ISO9001”，毋庸置疑！智能风险评级如图 4-4 所示。

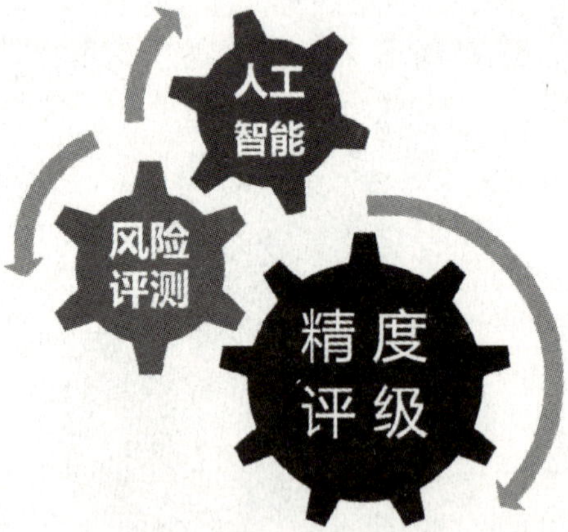

图 4-4 智能风险评级

2. 将某个产业做到丰富

互联网 1.0 时代，是门户、游戏、搜索、社交所统治的天下，缘于技术革命，社会供给创造需求，核心的商业模式为流量变现，弹指一挥间，多少富有创造力的公司在线上实现万亿规模空间的价值市场。但是，发展至今，大伙儿都已经开始进入中规中矩却不性感的状态。互联网 1.0 时代，属于极客的世界！

当京东一骑绝尘了曾经流量第一的当当，当 A 股的乐视网逆袭了流量遥遥领先的优酷和土豆，人们惊奇地发现，单纯的流量逻辑已经开始失效了。

我们在毫不知情的情况下，踏入了互联网 2.0 时代！

互联网变成一种信息能量，开始重塑现实社会的供需关系。商业模式也从单纯的流量变现，向两个方向扩展：向上升为信息云和金融大数据，向下沉为 O2O。

最终，拉长的产业使得互联网由极客的世界走向全民的盛宴。

现今很多的金融活动，已经不再局限于个体，而更趋向于产业发展，我们在产业中的地位、竞争力、核心价值、关联伙伴，以及上下游的关系，都是可以使我们商业最大化的重要组成部分。

对整条产业进行大数据金融布局达到的效果，不亚于开展了整条产业线的业务，因为已经将所有跟我们相关或不相关的全部收入眼底，所以我们需要做的，只是挑出最感兴趣的、最危险的、最有潜力的加以辨别，进行商业活动即可，所谓“知己知彼，百战不待！”。产业链局部关系标准如图 4-5 所示。

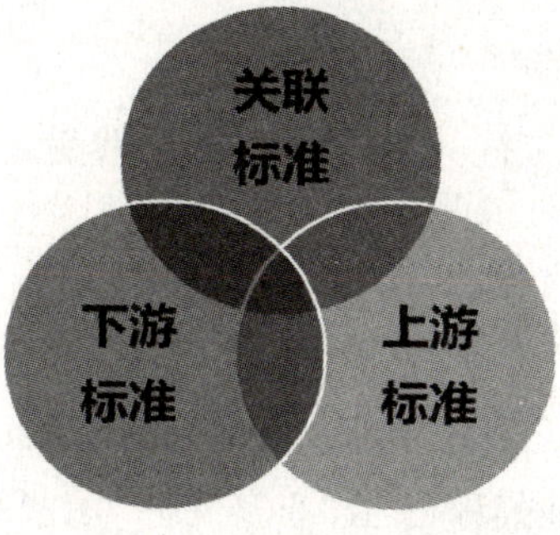

图 4-5　产业链局部关系标准

（四）集团之光

传统老牌企业，都经历过最为辉煌的过去，在各自的领域中大放异彩，利润惊人，服务优质，市场成绩优异。

但是，在互联网多元化的今天，老牌的传统大企业，遇到了一个统一的问题：市场占有率逐年递减，被新兴的竞争对手逐个区域进行蚕食。反映到实际环境中，就是被动响应市场需求、裁员、更换高层经理人，但是总也找不到对症下药的良方。

通常，传统行业的领先者享受了渠道垄断、品牌溢价，行业内的公司没有动力破坏现有平衡，维持着，就是持续成功。但是，“成功会成为成功者的墓志铭”，互联网会以连续打击的营销方式，消除原有产业中的渠道/品牌成本，从而更有效率地把服务提供给需求方。在这种情况下，导致的最终结果是互联网会对行业形成颠覆。

正所谓“合理破坏性创新”和“无理由去中心化”。

原老大型企业，在行业内进行变革，通常会面临“左右互博”的尴尬境地，俗语叫：自废武功！难以成功！而对产业有深入理解的互联网企业没有历史包袱，反而更加有优势。

在经过新一轮对传统厂商的收割之后，在传统产业站稳脚跟的互联网公司会形成更高的垄断，传统产业数据的积累会使这些新龙头企业有机会在互联网 2.0 时代产业上升信息云化、金融大数据化。最终，在万众瞩目之下，雨后春笋般地诞生千亿美金的企业。

如果你不想办法主动改变，到头来，还是得改变，但是，改变的道路方式就会越来越窄。

其实，针对上述此类，痛则思变！

原有传统服务痛点多，信息不透明，缺乏信用体系，导致整个产业发展不成熟，集中度低，很遗憾，我们称之为“心塞行业”！比较典型的有金融、教育、医疗等。

利用互联网改善原有行业痛点是最为明智的选择。可以胜出的企业往往是原有行业的领先者，他们在传统领域深耕多年，对行业痛点充分了解，经历过很深刻的痛处，当辅以互联网金融强大平台之后，将获得更大的机会和更加广阔的空间。

老牌大型企业，从集团到分公司到代理机构，犹如一个小社会，在过去的经营理念中，上传下达，即可。到了互联网时代，应该更好地融为一体，模糊集团与分支机构的概念，淡化传统管理模式。

企业互联网化是企业进化的一种不可逆转的趋势。随着互联网金融和移动互联网的发展，集团企业正逐步将内部的业务流程和外部的商务活动与移动互联网、互联网金融结合起来，以有效提升企业整体的核心竞争力。如果我们顺势而为，集团将会更依附在互联网大平台上进行各类金融活动，作为一个整体的下属各分支机构，为了不使自己被淘汰，也必须跟随集团企业互联网化的改革潮流。

大数据将企业的所有金融活动资源进行规范采集、统一清洗、智能模型，呈现出真正意义上的集团金融云，使传统大型企业从过去的单一航母类型改变成如今的航母战斗群，量级提升不言而喻。

三．产业链大数据

侯奇松

大数据服务价值

随着金融需求的多样化，银行竞争重心已由单一产品和传统业务向产业链组合创新和产业链一体化综合服务转化。

产业链的信贷模式，其风险系数比贷款给单个企业要小，操作成本也低，核批的信贷额度可能比之前发放给单个企业的总和还要多，能够产生“1+1＞2”的效果。

银行的产业链金融服务体系就是通过分析上下游企业与核心企业之间的交易环节和需求点进行产品设计和风险控制，银行看重核心企业的综合资信实力、经营前景、担保能力等，但是由于核心企业的上下游企业分布较为分散，实际上银行客户经理较难全面地对该核心企业的所有上下游企业做到实地调查、准确了解经营和财务状况。把产业链上的多家企业视作一个相互关联的整体，以产业链上的核心企业为中心，拓展产业链上的其他上下游中小企业，一个整体的业务链和风险控制链就形成了。

例如，九次方大数据平台，可以做到对全产业链的企业财务情况、产业链的企业竞争力、供应商关系、下游客户关系进行交叉分析。

对商业银行来说，产业链金融业务是一项开拓金融业务，是抢占金融市场的一次大胆创新，可以派生出很多的金融相关新产品和新服务。

产业链金融服务大数据平台的价值

银行的产业链金融服务体系就是通过分析上下游企业与核心企业之间的交易环节和需求点进行产品设计和风险控制的。把产业链上的多家企业视作一个相互关联的整体，以产业链上的核心企业为中心，拓展产业链上的其他上下游中小企业，一个整体的业务链和风险控制链就形成了。

九次方大数据产业链金融服务大数据平台的三大创新体系，即联动批量开发全产业链信贷客户、建立产业链风险控制体系、产业链一体化金融服务。

产业链行业分类及企业聚类如下。

将产业链按照 1、2、3、4 级进行拆分，将每一个细分市场对应的中国所有企业一一对应到具体产业链上，如图 4-6 所示。

整车组合如图 4-7 所示。

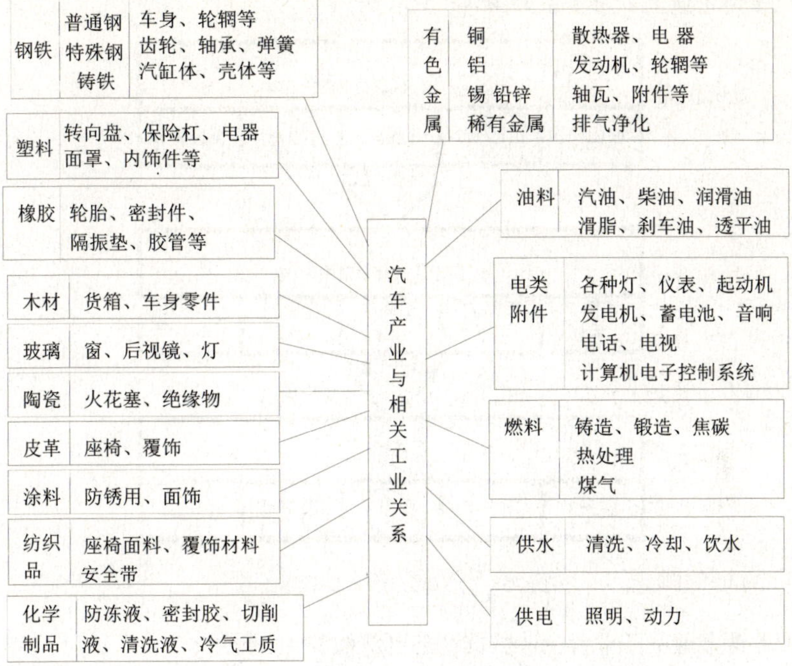

图 4-6 汽车产业与相关工业关系

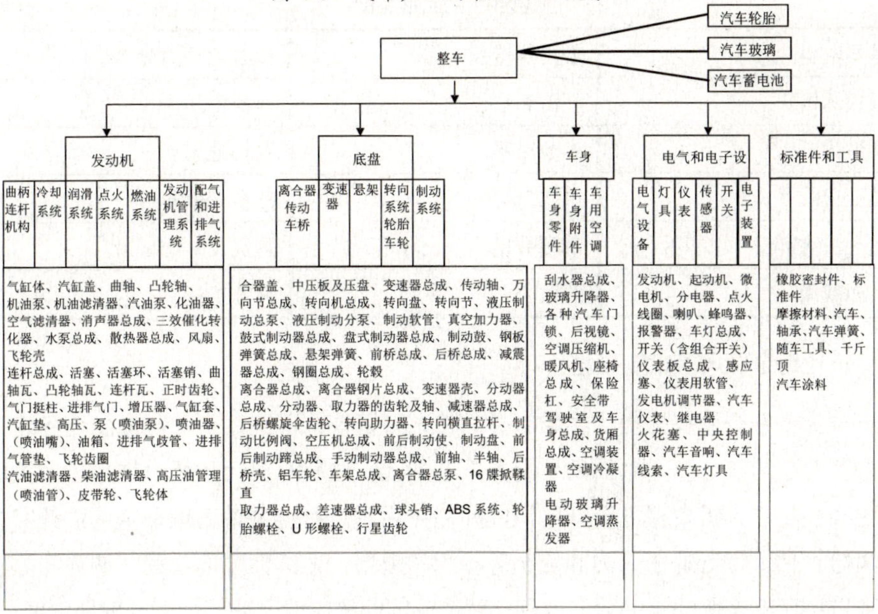

图 4-7 整车组合

产业链企业上下游关系如图 4-8 所示。

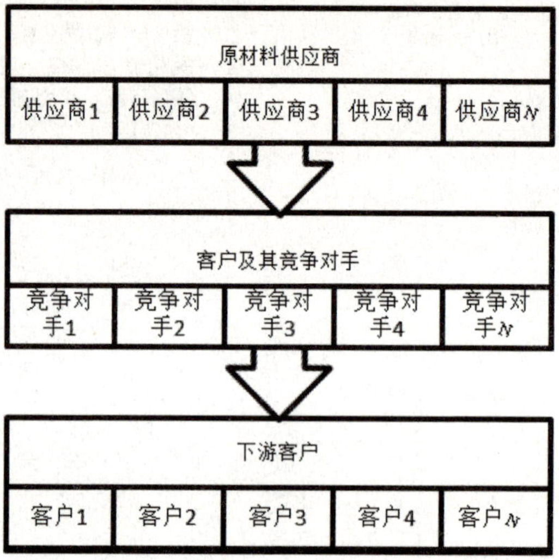

图 4-8 产业链企业上下游关系

产业链金融服务平台企业数据动态更新如表 4-1 所示。

表 4-1 企业指标

基本资料	上游供应商	核心竞争力分析
股权结构	下游客户	获得资质
奖惩记录	竞争对手	获得证书
处罚记录	进出口数据	社会责任履行
相关法院诉讼	专利数据	融资及并购记录
负面新闻	关联公司	财务指标

产业链金融风险控制模型

与为核心企业直接提供金融服务的传统融资模式不同，产业链金融业务建立在融资对象与核心企业共同的贸易关系基础上，这就对银行的风险评估体系提出了更高的要求，需要建立全新的风险评估体系对产业链金融的融资企业进行综合的风险评估。银行迫于人力和资金等资源的限制，无法独立地收集、调查和分析产业链中所有企业的相关数据信息，对产业链的整体情况缺乏全面准确地掌握。

传统的银行在为企业贷款的时候，更多地依赖企业单一的财务报表。在错综复杂的企业发展环境下，通过产业链企业大数据分析判断企业贷款风险，显得更加可靠。

商业银行在提供产业链金融服务时，要密切关注整个产业链的运行状况，及时全面地掌握产业链相关企业的信息，密切关注企业外部环境的发展态势，有必要建立一套及时准确的预警评价指标系统，以便银行能够实时有效地获得产业链的相关信息。利用这种预警评价指标系统，如果由于企业内部或外部环境发生变化导致某些指标出现异常，会及时向银行发送预警信息，开启危机处理预案，最大限度地减少风险，以确保产业链有效地运行。此外，银行应跟踪评价核心企业的经营动态和位于产业链上下游的中小融资企业，及时调查和科学评估产业链金融融资企业的经营业绩状况、质量和成本控制、新产品和技术开发程度、用户满意度，以及有关交货协议等发展情况，如果发现问题应将具体情况及时告知相关企业，以便企业进行有效的预防或改良，从而保证整个产业链条的持续安全运营。

企业本身产业链的经济发展和行业数据都有一定的规律性，这就需要银行建立一套客户的产业链数据风险分析模型来预测潜在客户或现有客户财务风险、行业风险的发生。

九次方企业大数据就是在所有的产业链企业大数据信息上进行建模分析，从总体上研究，这样对企业贷款风险的管理会更加到位。

九次方针对这些指标判断即将贷款及现有客户的产业链风险。通过指标分析可以获取如下结果。

- 供应商不同原材料的毛利率水平分析。
- 供应商产品在原材料行业的竞争力分析。
- 供应商整体的财务稳定性分析。
- 供应商、客户、竞争对手、下游用户产品价格变化分析。
- 竞争对手与银行客户的行业地位对比。
- 竞争对手最近 5 年的财务收入稳定性分析。

- 竞争对手最近 5 年的负债率对比分析。
- 下游用户最近 5 年的财务收入、利润率对比分析。
- 下游用户最近 5 年的财务收入分析。
- 下游用户最近 5 年的负债率水平分析。
- 下游用户其他供应商的收入对比分析。
- 下游用户所处行业整体收入、毛利率、负债水平分析。
- 上下游产品服务价格变化对贷款客户的正负面影响。

四．企业大数据金融服务平台

全球网[1]

本文以 2015 年全球网为重庆市所策划、运营的中小微企业大数据金融服务平台为例，即“重庆市中小微企业大数据金融服务平台”。

该平台是一个集企业基础大数据、企业智慧服务及数据应用服务为一体的综合金融服务平台，致力于打造重庆市互联网金融生态体系的大数据基础，帮助改善重庆市中小微企业金融生态系统。

搭建该金融服务平台的意义为：

1．优化重庆市中小微企业融资环境

以中小微企业网络融资服务为核心业务，整合各类债券融资、股权融资、政策融资服务资源，为企业提供一体化的融资服务体系。通过模式创新及技术创新，解决企业与金融机构的信息不对称，降低中小微企业融资成本，提高了中小微企业融资的可获得性，优化了重庆市中小微企业融资环境。

1 全球网，创立于 2007 年，是中小企业综合金融基础服务提供商，由政府指导、市场化运作，承担中国中小企业融资服务平台的建设与运营，创始人方兴东博士为中国互联网开创性人物，也是互联网实验室与博客中国的共同创始人。

2. 构建重庆市中小微企业信用数据体系

通过多元化的数据来源和数据采集方式，收集中小企业金融相关的社会化痕迹数据，包括企业自身保有数据、公共化第三方数据、其他商业平台数据及全球网自运营数据，结合对信用数据市场需求的深入分析，建立中小企业信用数据模型，随着平台数据库的不断扩充完善，逐渐形成一整套重庆市中小企业的信用数据体系。

3. 针对重庆市产业优化提供业务数据支持

平台将对反映中小企业经营现状的各类数据进行筛选、分类、汇总，通过“小”数据+“大”数据的数据服务模式，为重庆市产业优化提供多元化的数据支持和决策依据。平台运营模式如图 4-9 所示。

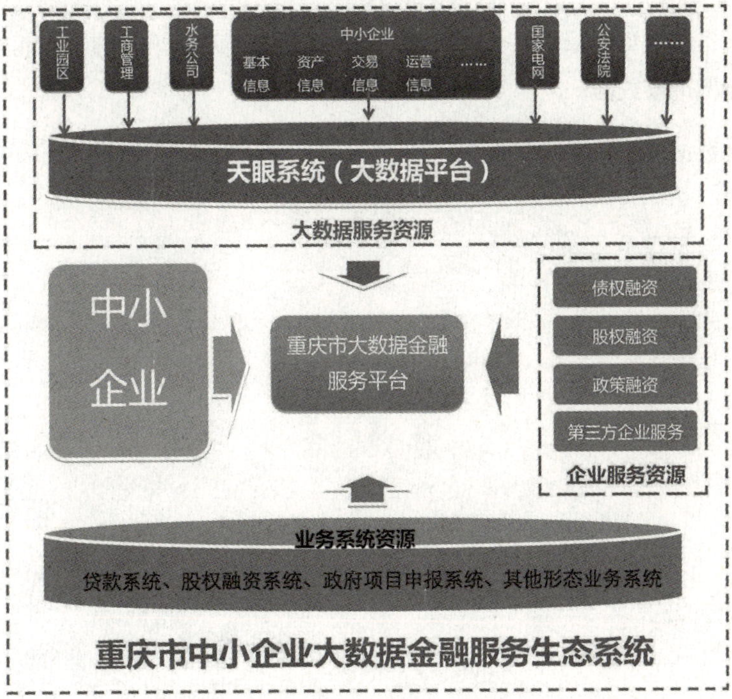

图 4-9　平台运营模式

图片来源：全球网

（一）大数据基础模块

大数据基础模块主要是数据采集，涉及企业数据的采集、政府数据的采集、金融市场数据的采集。

企业自主提交数据：企业自主填写资料或以上传图片形式提交企业相关信息，由系统后台进行智能数据化处理。

平台业务数据：企业在平台融资服务中所形成的业务数据。

第三方数据：平台从第三方机构或渠道获取的数据（如法院、银行、担保机构）及通过互联网技术抓取到的互联网交易数据、网络舆情等信息。

政府数据的采集：重庆市政府协调相关政府部门，如工商、社保、财税、水力、电力等部门，将现有数据通过接口形式导入平台。

金融市场数据的采集：全球网通过各种金融信息平台和渠道，利用互联网技术获取金融市场数据。

平台数据流如图 4-10 所示。

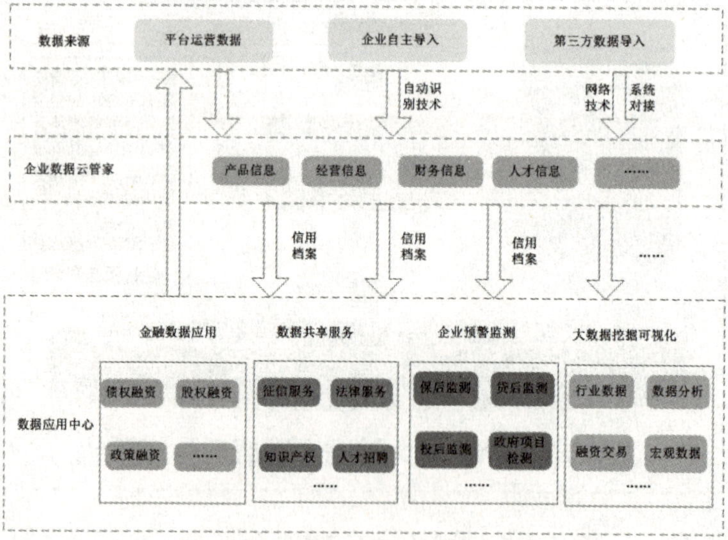

图 4-10　平台数据流

图片来源：全球网

（二）数据加工模块

数据加工模块包括非标数据的转化、数据模型的设计、企业数据的模型、金融产品数据库、政府项目数据库。

非标数据的转化：对各个渠道采集的非标准数据进行标准数据转化（包括图片、PDF 等格式），使采集的数据具有兼容性、自动化、统一化的特征。

数据模型的设计：基于企业、政府部门和金融机构的不同需求，建立专属重庆市的数据模型。

企业数据的模型：根据重庆市中小微企业的特性将企业的品德、能力、资本、担保、经营环境、可持续性等金融因素转化为有效指标，完善其信用担保风险评价指标体系，对企业的基础素质、基本财务状况、企业的创新能力、成长与发展能力做出准确评估。

金融产品数据库：平台基于融资基础服务，收集、汇总各金融机构金融的产品，通过系统后台制定统一的准入标准，实现企业贷款全网络化功能。

网络贷款流程如图 4-11 所示。

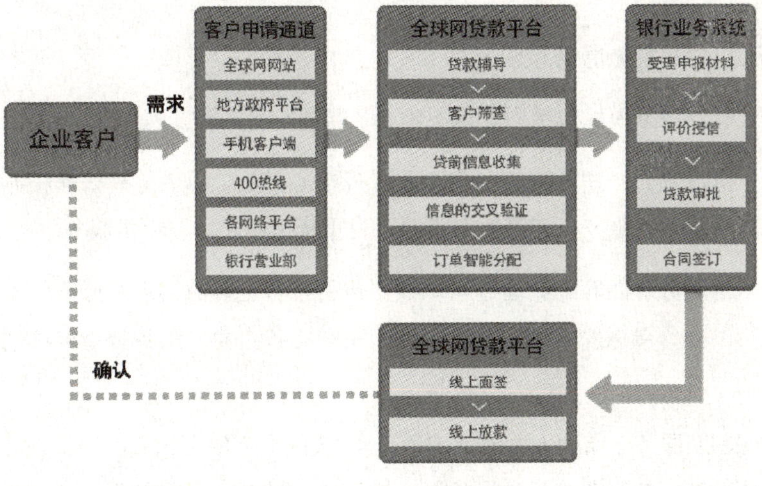

图 4-11　网络贷款流程图

图片来源：全球网

政府项目数据库：平台将根据重庆市政府已有的项目库，通过信息化手段建立政府项目数据库，实现企业项目申报的线上申请及后期企业政府项目资金使用的监测。

政府项目申报网络化流程如图 4-12 所示。

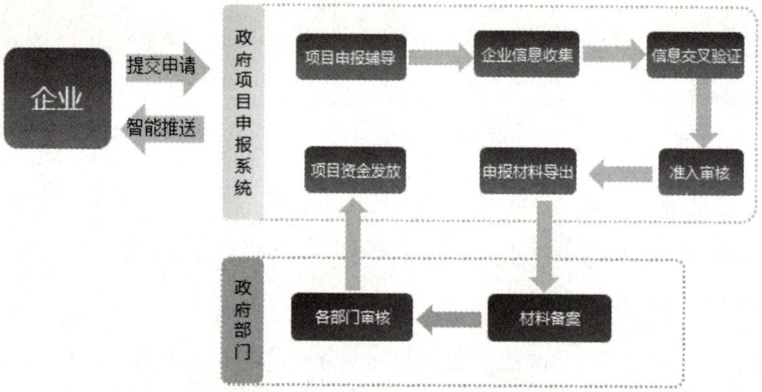

图 4-12　政府项目申报网络化流程图

图片来源：全球网

（三）企业智慧服务模块

企业智慧服务模块包括服务资源整合、需求与服务智能匹配和金融创新服务。

服务资源整合：由重庆市中小企业服务中心牵头，以大规模协作机制整合政府、银行、第三方服务机构等各方资源，为重庆市中小企业提供服务。

需求与服务智能匹配：通过系统数据化引擎将企业的需求及经营状态数据与服务机构的业务对接要求进行智能匹配，主动将各类商业服务智能推送给有需求的企业。

金融创新服务：借助大数据基础平台（“天眼”系统）积累的海量企业数据，针对重庆市特定的行业进行数据分析，建立产业模型，提取行业金融价值点，配套相关政府政策支持，与银行共同为中小企业提供金融创新产品。

企业智慧服务流程如图 4-13 所示。

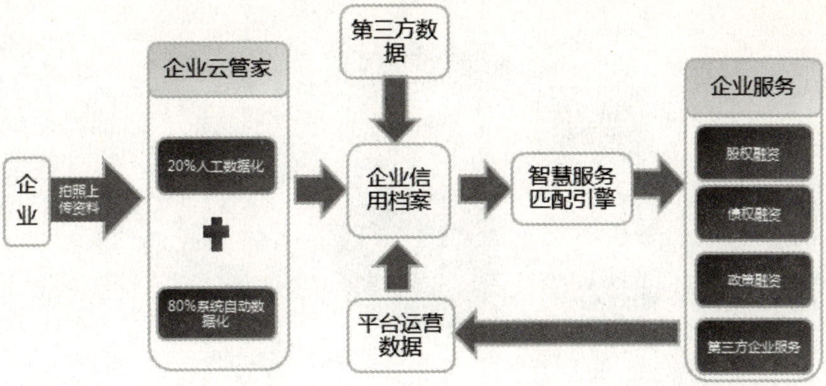

图 4-13　企业智慧服务流程图

图片来源：全球网

（四）数据挖掘与分析

数据挖掘与分析将形成金融数据中心、行业分析报告、网络融资白皮书、预警舆情服务、数据共享服务。

金融数据中心：金融数据可视化产品，帮助政府了解企业区域化运营情况、融资业务交易数据等，为政府制定政策提供依据。

行业分析报告：基于全球网大数据平台，提供各类行业分析报告，包括行业产值分析、行业主营业务收入分析、近三年行业利润趋势、行业创新能力分析等。

网络融资白皮书：通过对数据的挖掘和分析，研究网络融资的阶段性特征及存在的问题和机遇，并以此给出网络融资发展趋势的判断和建议。

预警监测服务：根据各服务机构的预警规则和风险评估矩阵设置相对应的预警阈值，当企业信用库中的数据触及预警阈值时，系统会自动产生预警，从而为贷后、投后、保后及政府项目跟踪提供监测预警服务。

监测预警系统如图 4-14 所示。

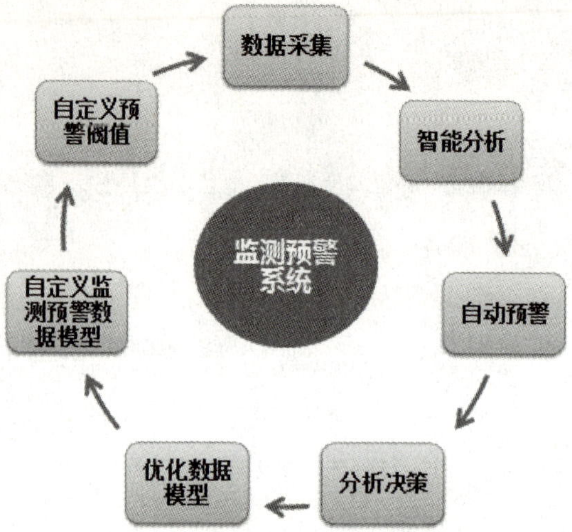

图 4-14　监测预警系统

数据共享服务：平台为第三方服务机构提供数据 API 接口服务，如银行、征信、担保等机构，通过平台的数据开放共享为重庆中小企业提供更精准的配套服务，降低企业的选择成本。

（五）平台的运营模式

中小微企业大数据金融服务平台的运营模式，包括基础服务和增值服务。

融资基础服务：为企业提供一站式融资服务，包括申请、初筛、推荐银行常规金融产品、最终获贷等融资服务。

云数据管家：为企业提供企业数据管理的服务。

数据导出服务：可自动生成所需的企业档案模板。

政府项目订阅：主动提醒企业申报相关政府项目。

创新金融服务：为全球网与金融机构基于平台大数据特制金融产品，如网融贷。

企业数据库外包服务：为相关政府部门提供企业数据采集、分析、展示服务，包括数据展示中心、产业分析白皮书、区域金融市场白皮书、数据物理展示大厅等的建设。

金融流程外包服务：为金融机构提供贷款业务的网络化流程外包服务。

银行贷后预警服务：基于全球网已有的企业数据模型，为银行机构提供贷后服务。

第五章
互联网金融理财

一路财富

一. 美国互联网模式的启发

事情一旦到了中国，就有那么点意思。

Twitter 在美国帮助奥巴马赢得了总统选举，微博在中国则俨然成了言论的古希腊广场，尽管有些物是人非。亚马逊的贝索斯一门心思做物流，中国的电商早已经迫不及待进入金融行业了。互联网金融在中国的火热程度绝对让人吃惊，模式更是层出不穷，一方未唱罢，一方已登场。支付宝的余额宝、P2P、阿里和苏宁小贷，第三方支付（易宝支付、快钱等）供应链融资，随手拎一种模式都可以给外界“极为诱惑”的商业前景。

尽管中国的商业经营讲究“中国特色”，但中国互联网的商业模式却一直没能打破海外模式汉化版的惯例。那么，现在这些热门的互联网金融模式，他们的海外版是谁？现在的境况又如何呢？

良好的客户体验、大数据分析和较低的理财门槛是互联网金融的几个优点之一，随着互联网金融愈演愈热，很多人逐渐习惯了在网上购买金融产品，线上财富管理需求应运而生。几家在美国兴起不久的线上理财的互联网创业公司（与 P2P 和各种宝的理财不同），对他们的服务做了一个简单的总结。

国外的互联网理财公司，其中比较有名的几家是 WealthFront、SigFig、Mint、Betterment、FutureAdvisor、LearnVest's、MotifInvesting、PersonalCapital、Geeze.com 等。绝大多数互联网理财公司都提供免费或者较低佣金的理财服务，有些设有网上社区提供日常交流讨论，产品服务细节则各有不同。

美国最负盛名的免费个人理财网 Mint，2007 年 9 月上线，截至 2014 年 6 月 30 日，注册用户超过 1000 万，2010 年 10 月被著名的会计软件公司 Intuit 以 1.7 亿美元收购。Mint 的特色在于，它创造性地把客户收支资产状况有机联系起来。通过授权，把用户的所有账户信息（例如支票、信用卡、储蓄、投资、教育和退休金等）全部与 Mint 的账户连接起来，自动更新用户的财务信息和分类收支详细情况。通过对个人财务数据的整合，让用户在 Mint 上就相当于拥有了个人财务中心，可以对自己的财务状况与日常收支一目了然。在这个基础上，Mint 利用数据统计等功能，帮助用户分析各项开支的比重、制订个性化的省钱方案和理财计划等衍生服务。

相比个人理财网 Mint，WealthFront 更加注重财富管理，致力于提供投资组合的专业意见，最大化客户的税后收益。WealthFront 根据用户的投资额收费，低于 1 万美元的投资不收取任何费用，超过这个额度则每年收取 0.25%的服务费。截至至 2013 年 6 月，WealthFront 管理的资产超过 2.5 亿美元，仅在 2013 年就增长了 150%。

从 Mint 和 WealthFront 成功的经验看，Mint 利用联网个人财务信息，提供平常需要雇佣专门的 Financial Planner 做的个人理财工作，让个人理财更加普惠和大众化。而 WealthFront 其实就是把专业投资人士提供的财富管理互联网化、数据化、模型化，从而减少投资分析的服务费，降低资产管理的服务门槛。两者皆可称之为小微理财，服务于普通大众。这方面很适合作为中国互联网金融进一步发展的契机。

综上所述，我们可以看到，这些美国互联网理财公司在传统理财公司的定制化和用户拥有知情权以外还有一些特点与中国不同。

第一，中美金融市场环境的差别，使国外能做的国内不能做，比如通过授权，提取用户各个账户的信息。在美国是可以的，但是在中国是不可以的。

第二，中美三方理财发展历史不一致，导致投资者对其的接受程度和方式不同。

第三，美国经常利用一些分析工具或者计算机算法为用户提供更快捷简便的服务，呈现更精准的信息。而中国只是模式的创新，简单粗暴，是不成熟的表现。

第四，美国人愿意为知识、服务、智慧买单，而中国的投资者没有这么深层次的认识，且中国第三方的收费模式为向上收费。

虽然中美有很多不同，但是互联网是无国界的，金融的本质和服务人的金融需求是一致的。他山之石可以攻玉。相比于国内的发展情况，中美两国互联网理财的主要差别在于发展阶段和用户成熟度不同。有些应用也已经有了发展和可对比的案例，但都不成规则和气候。如女性理财，有她理财；平安集团试图通过自我的平台体系打通账户，实现银行理财、保险、基金等产品一账通；随着互联网理财和三方理财互联网化，也有一些新的公司试图通过对用户的风险做简单测评从而给出投资建议，如米多财富、一路财富、钱景网等。

我国互联网金融发展模式是当前环境的必然产物。在发达国家，由于市场竞争充分，任何有金融需求的个体都会被给予相应的风险定价，并提供适当的金融产品。因此，互联网金融多以模式创新驱动行业发展，成为传统金融的有益补充。但我国金融市场效率低下，资金配置错位严重，互联网创新更多体现在资金融通渠道的拓宽上，即满足银行主体客户之外的融资需求和提升资金收益率，易对传统金融造成冲击。

金融市场化及有效监管是互联网金融健康发展的制度基础。我国互联网金融的飞速发展在一定程度上“得益于”监管缺失，但这种以规避金融监管为目的的创新既是效率的体现也是风险的隐患。若要互联网金融重归模式创新的正路，就必须加快金融市场化改革步伐，让资金融通渠道更加高效和通畅。同时，监管机构应合理疏导，适当监管。虽然我国已在互联网支付中介领域立法，但对处于发展初期的互联网信用中介、互联网理财服务、互联网金融信息平台的监管仍相对落后，应加紧调研，及时纳入监管体系。

如上面对中美互联网对比的分析，中国民众极其渴望有低门槛的普惠金融服务，特别是理财投资服务，而银行的服务门槛之高让大众望而却步。但是有一点极大阻碍中国互联网金融在这个领域的发展，那就是数据的共享。国内各个银行各自为营，为了自己的利益不会轻易共享客户财务数据。在美国，由于法律规定，个人的财务数据最终拥有权属于个人，因此法律保障个人授权使用任何跟自己有关的金融数据的权利。这符合互联网金融共享开放的精神。希望国内监管部门能在这方面有所作为，为个人理财和投资扫除最大的障碍。

二. 下一个十年：互联网理财

随着互联网金融的发展，大量的互联网理财平台及创新产品不断涌现，当余额宝刚刚诞生的时候，似乎没有人能想到短短两年，余额宝的用户数量已经上亿，相当于一个全国商业银行。而互联网金融这个词，从来没有像今天这样大放异彩。未来，一定会有更多的资本、资产“触网”，以更加方便的方式服务于老百姓，这是我们对 2015 年互联网理财最重要的判断。

随着“各种宝”等理财产品的火热推出，互联网理财产品开始接连掀起“抢钱”活动。据中国互联网络信息中心（CNNIC）在京发布的第 35 次《中国互联网络发展状况统计报告》显示，截至 2014 年 12 月，购买过网络理财产品的网民规模达 7849 万（统计口径不同），在网民中使用率为 12.1%。随着传统金融“触网”、互联网“淘金”，互联网理财的“战国时代”已经来临，究竟谁能一统江湖，未可知。而有特色的平台逐步“广、精、专、色”，得到部分互联网用户群的青睐，有较好的发展空间。

（一）金融全面“触网”

互联网理财的产品包括标准化产品和非标准化产品，相对标准化的产品更容易通过互联网传播。金融机构作为金融市场产品的提供者，对待互联网的反应速度也各不相同。2013 年，金融机构更多处于观望和讨论阶段，余额宝的爆发让金融机构看到了希望与恐惧；2014 年，各金融机构以各种形式触网；2015 年将是金融深度“触网”的开端。

2014 年金融机构全面“触网”，基金公司、券商、保险公司、银行、第三方理财机构纷纷售卖理财产品。金融机构“触网”，需要“革原有业务的命”，所以在互联网理财爆发之初，金融机构迟迟没有下定决心，但余额宝爆发后，银行资产分流显著。据一路财富统计，2014 年银行存款接近 2 万亿元被货币基金吸纳。金融机构嗅出危机，纷纷上线互联网理财产品。

1. 跨界应用

基金公司纷纷开展跨界合作，三大电信运营商涉水货币基金，预存话费“钱能生钱”。2014 年 3 月，中国电信推出了“添益宝”余额增值理财服务，包括预存话费自动理财、网上购物、转账、信用卡还款、充话费等；5 月，中国联通推出“话费宝”，盘活了客户原先沉淀的话费。客户将合约计划涉及的费用投资于对接的货币基金，基金将对应的基金份额冻结，并用这部分基金份额帮助客户自动支付每月的套餐费用。8 月 14 日，中国移动宣布推出旗下第一款互联网理财产品“和聚宝”，和聚宝中的资金还可以签约绑定手机，自动充话费，相当于一个资金增值的话费“副账户”。

2. 借力合作

自国金证券推出“佣金宝”后，互联网金融热潮便在券商业内翻涌，券商公司自建平台及平台合作。国金证券“零佣金”、华泰证券宣布与网易达成战略协议、中山证券“零佣通”。

银行理财互联网化仍需要迈过监管的门槛，前有广发银行在淘宝商城下架、后有京东金融开卖招商银行人民币岁月流金 546 号理财计划。据报道，监管部门再次重申了“面签”的监管底线，一定要保护消费者的利益，强调理财产品购买者身份的真实性，确认是本人购买。

3. 互联网化

保险理财产品互联网化是大势所趋，因保险产品具有可以将保险的保障功能和普通理财产品的收益功能合二为一的特点。马云、马化腾、马明哲三人联手成立众安在线财产保险公司，“三马卖保险”也成为互联网金融时代启航的标志性事件。

“求关爱”是由泰康人寿上线的一款在微信平台销售的防癌保险产品“泰康微互助短期防癌疾病险”，每份保费 1 元，通过自身参保、朋友圈转发、朋友点击等方式，探索“你买保险我掏钱”的运营模式。该产品内测的3天，用户已经覆盖3万人左右。“求关爱”契合了保险最原始的互助性质，而网络的社交性又使这种互助更亲密、更可信。

（二）理财用户甜蜜的“烦恼”

互联网理财产品以产品本身简单、起点小额、购买流程便捷著称，网罗了很多理财用户的关注与参与。再加上互联网理财产品开始接连掀起“抢钱”活动，各种补贴出的高收益产品，轰炸理财市场，“春运大迁移现象”在互联网理财平台上演。对大多数人来说，都会购买其中一些理财产品，但分布在多个平台，购买众多理财产品后产生如何管理等理财深层次需求。

1. 全民互联网理财时代正式到来

根据中金公司财富和腾讯网联合举办的全民理财调查，参加调查的人中，80%的人购买过互联网理财产品。屌丝、高富帅都喜欢的互联网理财，年收入5万~10万元、资产10万~100万元的人占比分别为37%和41%，也是互联网理财的主力军，资产600万元以上的人占比1%，高于这类人群的人在总人口中的占比（约0.2%），相关数据如图5-1和图5-2所示。

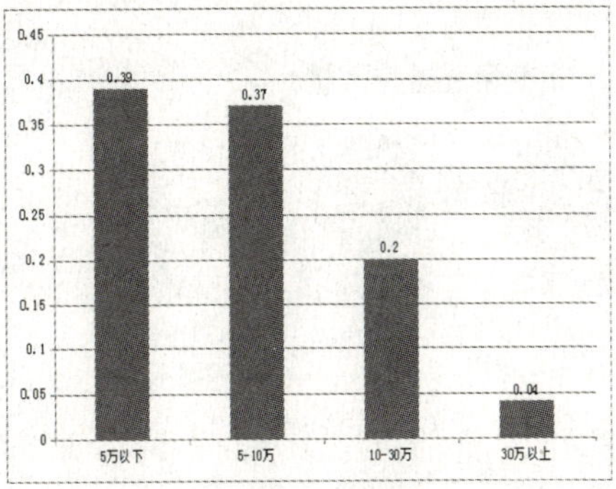

图5-1　收入多少的人最喜欢互联网理财

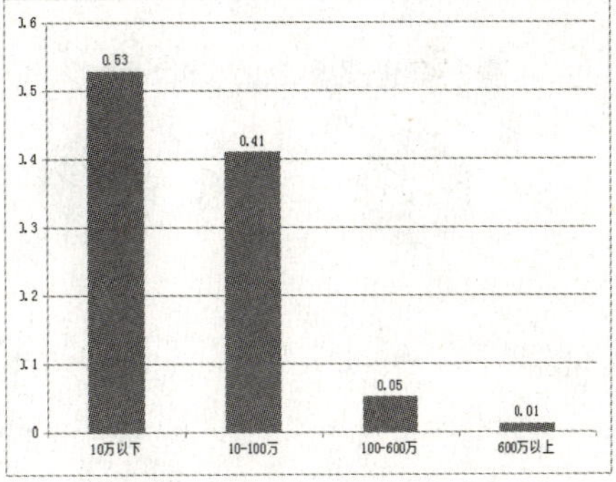

图5-2　资产多少的人最喜欢互联网理财

资料来源：《全民理财调查》

“宝宝”的购买者相对广泛，收入和资产都不多。中年人更愿意买公募基金，高富帅最愿意买阳光私募，爱购买信托产品的人年龄最大，年轻人更愿意买小贷产品，如表 5-1 所示。

表 5-1　各类互联网理财产品都是什么样的人群最爱买

愿意投资产品	年龄	收入	资产
“宝宝”	20～40 岁	5 万～30 万元	1 万～10 万元
公募基金	30～40 岁	10 万～30 万元	10 万～600 万元
信托产品	40 岁以上	30 万元以上	100 万～600 万元
阳光私募	30～40 岁	30 万元以上	600 万元以上
小贷产品	20～30 岁	10 万～30 万元	100 万元以上

资料来源：《全民理财调查》

2. 客户服务潜在需求

没有好的产品，只有好的服务。只有做好服务，才能做好用户体验。原本属于高端客户的定制化服务，通过技术和大数据，可以走进更多人的生活，这是互联网和金融真正深度结合的地方。在这方面，我们要从美国等先进市场学习经验，根据调查，77%的人的资产配置有待改善，需要专业金融服务。因为做理财不是去比较一两个数字，而是对风险做评估，对需求做评估，根据不同需求和风险偏好，提供相应的产品，如图 5-3 所示。

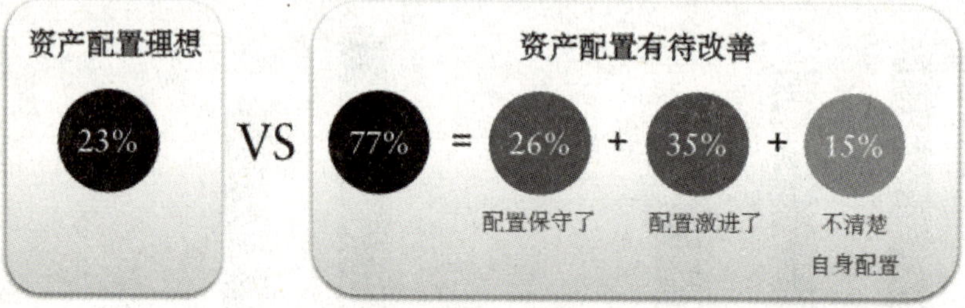

图 5-3　专业资产配置提升服务有效性

（三）众多服务模式特色发展

互联网金融不是简单地卖产品，应根植于大众需求，帮助大众提供优质的、适当的、专业的金融服务迎接已经到来的全民互联网理财时代。这既需要互联网的创新精神，也需要金融机构的审慎和专业，任何一方都不能“胜者通吃”，最终的市场格局是“几大带 N 小”的局面。相信会有更多的公司进行细分化，进入生活理财中来，因为任何行业都是一样的，快速增长变化、形成激烈竞争、资本涌入、逐渐融合、最后走向细分。

1. 综合理财商城

互联网理财到底是一种渠道，还是一种对于生产关系的改变，在目前的状态下，很难判断它未来定向于哪一方，值得一提的是第三方销售平台还可以充分利用其社交性销售理财产品。

2. 专业化服务

投资理财顾问在欧美等国家已有相当长的发展历史，理财规划师并不从属于如银行、券商、基金、保险之类的金融机构，并不指定为某金融机构代理销售产品，他们被称为“独立理财顾问”，与各大保险、证券、基金等金融机构都签有合约。无论客户选择哪家金融机构，均可获取佣金，这样就使“以客户为核心”的理财规划成为现实，从而避免理财顾问成为金融机构的“产品推销员”，在确保中立、客观立场的基础上实现了专业化。

比起国外业已成熟的“专业理财顾问”，我国的理财服务仍然以金融机构为主导，自身金融产品的售卖事实上成了“理财服务”外衣下的真实意图，这种“以产品为导向”的产品售卖模式在“以客户为导向”的个人理财顾问模式下，专业化程度显然相形见绌。由于我国的金融市场短期炒作获利的特点，缺乏长期成熟的投资理财工具也是导致市场不成熟和非专业化的重要原因。

从国外经验来看，专业在线的理财公司经营金融品种较少，以专业度取胜，互联网的低成本使得短小精悍的专业理财公司成为可能，这些公司会更加专注于投资工具等细分市场，更多体现在“投资理财顾问”，即通过明确客户的理财目标、分析客户的生活和财务现状，从而帮助客户制订理财方案，并通过长期的资产管理帮助其执行并实现这一方案。

3. 定制化和精细化管理

面对有购买理财需求的用户，体验较好的设计是：缩短用户寻找制定产品的路径。具体到理财产品，用户最关心的莫过于费率、收益率、适不适合用户购买、购买后怎么管理。由于金融产品相对复杂，而互联网理财产品要求简单，所以定制化管理的互联网理财产品需要清晰地把用户想要的结果展现给用户。如 2014 年打新较为火爆，一路财富向新华基金公司独家定制了新华一路财富灵活配置混合型基金，募集获得了较为理想的结果。

一路财富是国内首家定位于大众首选的互联网生活化理财服务平台，从创立之初就肩负让工薪阶层享受高净值人群的理财服务的使命。时间回到 2014 年 3 月 17 日。第一款集合了余额宝亲民优点，又兼备强大理财功能的权益类基金“新华一路财富（000584）”开售，开启了以专业理财为导向的互联网理财 2.0 时代的大门。不得不提，在新发基金如潮的当今，新华一路财富基金仍旧独树一帜，有如下几大特点。

（1）收益比较基准为绝对收益 10%。

（2）各大媒体及评级机构都保守预测该基金的年化收益率能到 12%以上。

（3）市场上第一批不收认/申、赎回费用的权益类基金。

4. 场景理财行业垂直细分化

金融服务生活，是未来一个重要的发展方向。所谓生活化理财，是用户在不同的生活场景中，例如消费、理财、借贷等通过理财通道为用户提供全面服务，从而满足场景中特定的需求。例如，一个有一岁孩子的家庭在母婴网站上每月固定购买 2000 元的产品，要持续几年。在这个过程中，每月这笔固定消费并没有产生新的价值。如果这个网站推出一个类似宝宝类的产品，这个用户就可以投钱先放到这个账户，在享受收益的同时，可以用基金购买每月消费的产品。甚至用户可以做一个专业的母婴理财计划，在不影响购买力的前提下，获得更丰富的金融服务，如购买母婴保险，做一个孩子的理财基金。这种方式同时可以派生出用户更多的深层次需求，如京东白条和阿里的花呗。

以生活场景切入理财的方式，其核心是通过用户消费的刚性需求带动用户的改善性需求，从而在场景中给用户带来更多的理财、消费替代的服务。目前，以场景带动理财需求的方式已经出现端倪，如一路财富，它定位于成为大众首选的生活理财服务平台，通过产品化消费带动理财，让理财和消费结合起来，在消费场景中进行理财，消费过程其实已经完成了一个投资的过程，这就是一种创新的 B

（2B）2C 模式。例如，一名女士日常生活中买一些化妆品、参加一次培训或者教育理财，或者买车买房，类似这些场景是生活中要去消费的场景，这种互联网创新模式把理财和这些场景结合起来。同时，平台也为各个垂直端提供竞业解决方案，在行业渠道有标准产品，通过给合作伙伴提供标准的服务产品，完成 C 端用户的消费及理财需求。

互联网平台的理念是让理财简单、有趣、可信赖，凭借其创新的理财模式重新定义理财方式。传统投资者选择产品时，要考虑收益率、额度等方面，包括产品风险是否匹配自己的风险承受能力。而创新式生活化理财能以用户的不同生活场景提供理财方案，以达到合理理财，提升生活质量的目的，解决互联网投资人的现有困难：有风险、不懂产品、门槛高。

第六章
信用与风控

一．征信与风控

侯奇松

（一）征信

1．风波不断

在进行此问题的探讨之前，我们先确认一点：在中国，征信体系，是否有一个统一的标准，回答是肯定的。人民银行对于国内征信体系早有明确的设定和说明。

那么，实际的问题来了，为何在一个统一标准之下，会衍生出不同的风格界定？这个问题，也是所有人最为关注的。

就在前段时间，征信市场再起波澜，一家在国内颇具影响力的老牌征信机构，依据自己的标准，对市场上的所有互联网金融平台进行了最新一轮的评级，评级的结果是，没有最差，只有更差。

事情发生之后，无论是圈内行家看本质的，还是圈外民众看热闹的，大家有一个共同的感受：这种结果，出自哪里？什么样的互联网金融平台算是可信、权威、可依据的，至少能让大家放心去选择。

前段时间，一家颇具规模的互联网银行低调上线，在进行用户征信筛查时，一项新技术引人注目，申请人通过摄像头对准脸部，软件系统识别出身份，与公安部身份数据进行匹配，在“刷脸”认证的同时，通过社交媒体等大数据分析，软件将对贷款人的信用进行评定，从而计算出申请金额。一时间，绑定大数据的刷脸识别技术引发市场的疯狂猜想。

据非官方渠道了解，对于刷脸识别实现的信用评定，除了互联网银行之外，国内其他顶尖的互联网金融技术企业也已经开始展开测试，他们通过指纹、声音等生物识别技术融合移动应用端和实体消费端进行信用评估。根据熟悉人脸识别的内部技术工程师介绍，构建安全的生物识别技术，不仅需要互联网企业自身技术系统的安全性可靠，同时还需要包括外部的安全厂商、电商网站乃至公安系统等多部门参与，构建完整的完全生态。目前，人脸识别技术发展尚未成为普遍评定手段，其中重要的原因在于不同个体之间差异较大，且数据库保存的照片有限，可能，未来软件应用开发还需要进一步升级。

看到这里，我们的脑海中突然浮现出许多未来的画面。

有一天，我们起床，对着家里的镜子，自动识别出我们近一段时间的身体状况，睡眠是否充足，是否该健身运动，是否需要补充维生素；我们在办公室里，对着计算机，自动识别我们昨天没有完成的工作，今天安排的日程，明天需要的行程；我们走在大街上，看着来来往往的陌生人，自动识别出谁和自己是朋友，谁是自己的敌人。

那首歌唱得好：只因我在人群中，多看了你一眼……

很遗憾，一千个人眼中，有一千个哈姆雷特，在戏剧世界，我们有丰富的情感可以反复表达。但是，在金融世界，你一旦选择失误，就没有再次来过的机会。

对于数以万计的投资人来说，所谓的财富就是把血汗钱略微增值，保护投资人的利益，其实就是在保护广大老百姓的权益。

消费者的利益，是神圣而不可侵犯的！

2. 高大全

对于投资人来说，正规的信用评级机构在他们心中，就是代表着正规、权威、有效，俗称“高大全”。

完整的评级机构，代表着大方向：

信用是适应社会化分工发展的需要，从信用交易活动中分离出来的，为解决交易双方信息不对称问题的专业化第三方服务，其存在的价值在于提供客观、准确、及时、全面的信用信息服务。从国际方向把握，信用数据的主要来源是银行，最终的使用者主要也是银行。所以，来自商业银行的征信数据采集和面向商业银行的征信数据服务，构成征信体系的最主要内容。征信体系是金融体系发展和稳定的基础，同时对社会经济的发展发挥多种促进作用。

互联网浪潮袭来，也促进了互联网化金融的快速发展，中小企业需要快速发展，需要大量的资金支撑。同时，在双刃剑的另一头，中小企业自身体现出来的社会化信息的不全面，阻碍了对其的客观判定。

征信有狭义和广义的界定。狭义的概念是指为金融机构的信用活动提供信息服务，在实践中表现为专业化的第三方机构通过采集、调查、保存、整理及分析企业和个人信用信息，并在此基础上对外提供信用报告查询，信用评价等服务，以此满足从事信用活动的主体在信用交易中识别交易对手的身份及判断其信用状况的需要。俗称做生意前，查查你是否靠谱。

征信服务本身不是信用活动，而是信用交易活动中进行风险管理的手段和工具。这类征信业务包括信用信息登记、信用调查和信用评级。

广义的征信包括信用管理服务，主要指利用已有的信用信息产品向社会提供信用风险的管理和咨询，分散、转移和减少信用风险的服务及技术支持，减少信用风险损失等征信增值服务。俗称：给大家提供一家机构过去、现在和未来的完整的信用报告。

具体到大数据征信模式方面，尽管互联网银行或者专业评级机构方面始终保持沉默，但从已经流出市场的资料来看，大家猜测，今后的申请用户基本上均来自于互联网，基于一点技术，通过提供的各类大数据，了解用户的申请需求。常规模式基本上利用互联网大数据技术下的海量信息，比如在线时长、登录行为、虚拟财产、支付频率、购物习惯、社交行为等，为用户建立基于线上行为的征信报告，成为金融机构信用评定的新工具。

2014 年年底，国内顶尖互联网企业公开勾勒出了互联网信用体系大数据的应用基本轮廓。“以信用额度的批准为例，比如定位某个用户工作及生活区域，可判断其所处行业、房屋价格及租金，通过出差频率判断所处职位的差别，通过这种类似的测评可以为该用户构建基本画像。”据专业人士描述，大数据还可以分析用户的具体消费习惯并向其做相关的业务推荐。通过大数据获取某用户的行为数据，不仅可以看出其还款意愿和还款能力，也可因此判断是否可进行适当鼓励并增加信用额度。业内人士坦言，在信息采集的内部合规工作方面也会存在不少难题，而个人信息定义边界不清、不良信息存储年限、数据的跨平台使用等均是未来面对的挑战。

不过，对于大数据征信的可靠性，目前市场各方存在广泛的争议。有熟悉银行业风控方面的金融人士表示，按照现有的信贷标准，通过社交网络等渠道形成的征信方法和数据未必能全部符合传统商业银行的监管要求。相比绑定真实交易及个人金融服务业务的传统金融机构而言，互联网企业数据部分可能存在失真，不少社交或金融交易数据可以通过各类渠道修改或造假，如何防范金融诈骗等风险问题，也将是微众银行需要考虑的重要问题。

时代在变，不变的，永远是那份执著。打破现有市场的争议格局，传统模式的基础正在分崩离析，融合规范新技术和互联网化的思维打造的信用体系一定会开创新一轮的监管思维。

3. 相煎何太急

目前，国内征信市场，风起云涌，纷繁而乱，各大信用评级机构割据各自的市场，究其原因，只有一个：市场前景十分广阔。

按照专业人士的说法：利用直接源自自身业务所产生的信用信息做征信服务存在较大局限性，很难相信这类机构的征信信息能自愿和有效向社会公开提供，否则其竞争对手就能“免费搭车”！

这个道理很简单，市场决定一切，市场决定利润，市场决定各机构会相互厮杀，厮杀的结果，会造成不良的局面——为了利润，不设底线！

每家机构的优势和劣势都不一样，针对的市场也不同，各家机构未来在征信业务方面也应该各有侧重。

采各家之众长，推力金融普惠。

事实上，在普惠金融模式下实现商业活动的可持续是世界性难题。在中国，不少金融机构在这一领域进行了长期探索和实践，遇到过机构网点覆盖率低、专业人手不足、作业成本高、信用信息采集难等问题，也取得了长足的进展和有益的经验。突出表现在“三农”和中小微企业享受的金融服务覆盖面、渗透率和便利性都在不断提高。以邮储银行为例，作为普惠金融在中国的先行者，利用覆盖全国城乡的3.9万多个网点，6年来已累计发放小额贷款1300万笔、金额8000多亿元，服务客户 800 多万户，初步实现了大型零售商业银行在开展普惠金融业务和追求商业可持续之间的平衡。

我们的各家评级机构，应该摒弃前嫌，共同合作，共赢天下！

（二）风控

1. 一种感觉

风控，是任何金融活动的关键。

华尔街常说，赚钱的最佳方法之一是不亏钱（one of the best ways to make money is not to lose it）。如何控制风险是互联网金融所有企业发展的核心问题之一，也是投资者审视一个平台的基本条件。可以肯定地说，互联网金融存活的根本在于风控的好坏。

对于互联网金融，风险存在于营运的方方面面。

从常规的行业风险、法务风险、资金流动性风险，到微小的平台信用风险、金融产品设计风险、技术风险、违约风险，每一个风险都是致命的。这些风险之间都存在关联性。一些风险容易规避，如法务风险，只要我们诚实做事，不碰触法律红线，就没有问题；再比如金融产品设计风险，如期限错配，也可以通过对金融产品的了解来避免。但另外一些风险，诸如流动性风险、违约风险等则较难规避。因此，在谈论风控时，不能不分彼此一窝端。

然而，对待风控，民间流行着不同的说法。

金融界的一句流行话“no risk，no return（没有风险就没有回报）”。

- 熟人关系，天天见面，跑不了。
- 固定范围，有车有房，婚姻美满。
- 自有评分，自建打分系统。
- 标准评分，依照国内标准。
- 外包服务，担保机构服务。

平台运营流程如图 6-1 所示。

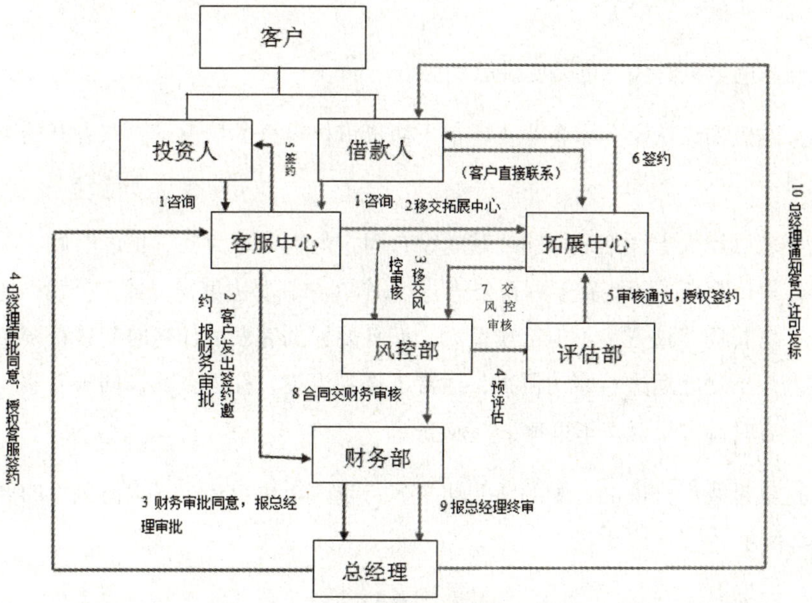

图 6-1 平台运营流程图

2. 对与错

（1）斗智（贷前）。

互联网金融时代，需要拼智商！

当一个申请用户找到金融机构，需要一笔资金来满足企业经营或者自我生活价值实现时，金融机构通常会这么对待大家。

- 热情洋溢，情如恋人。

- 嘘寒问暖，体贴周到。
- 一切为用户着想。

实际上，金融机构是这么运作的：

- 通过聊天，对用户的情况、性格进行了解。
- 私下找人调查。
- 对提交的资料进行详细核查。

（2）斗勇（贷中）。

互联网金融时代，更需要拼勇气！

金融机构在认定一家企业或者个人初步审核符合的情况下，双方开始了真正的较量。

一名风控人士详细地描述“基本没有固定的上下班时间，忙的时候一天要跑多户，累计距离一天能跑上近百公里。”每个客户都要去家里（或）公司，还要去央行、房管局等地方。不但工作量大，而且要根据客户的作息时间进行调整，经常在客户下班之后进行家访调查，通常工作到深夜，往往是家访回来后累得倒头就睡。有时候太累就在车里睡了一晚上。

这就是我们常说的：干的活儿比牛多，吃的饭比鸡还少。动态风控四要素如图 6-2 所示。

图 6-2　动态风控四要素

（3）摆平（贷后）。

互联网金融时代，最需要拼耐力！

客户为什么要违约？其实原因就两个：没能力还和不想还。

贷后的风险，大于任何环节，因为在此环节中，有着太多的不确定因素。违约的风险同样包括两个：还款意愿和还款能力。

还款能力审核主要通过可验证的个人可支配收入和每月还款金额的比较进行。通俗地说，就是你每月挣多少钱，除了日常生活开支，能还多少钱。还款意愿的影响因素包罗万象，包括年龄、从事行业、婚否、租房还是自有房、学历等因素，甚至不同星座、血型的人，其还款意愿都是不一样的。

有一个核心的问题，决定还款意愿的主要因素是客户的违约成本，举个通俗的例子，你借给一个朋友 10 万元，他可能不会因为这 10 万元而跑路，因为他的跑路成本，从新建立生活圈子，从新找工作的成本不止 10 万元。但如果你借给他 500 万元，他可能就真的跑掉了。因为他认为，这事儿，值！

同样，我们可能觉得高收入的人还款可能性最大，最靠谱，其实实际情况刚好相反，高收入的人群，由于社会地位的层级，会申请更多笔贷款，如果出现意外情况，会导致更加恶劣的情况发生。

出现问题并不可怕，可怕的是，我们认为不会出问题！

金融机构在每笔借款成交时，通常会提取一定比例的金额放入“风险备用金账户”。借款用户一旦逾期超过 30 天，根据“风险备用金账户使用规则”，通过“风险备用金”向理财人垫付此笔借款的剩余出借本金。

“风险保障金”：按照借款金额的一定比例逐笔提取、用以补偿出借人一定程度回款风险而设立的专用资金账户。

一定要将损失降到最低水平线！

除了上面提到的影响因素以外，依靠人工实地审核还存在一个问题，就是在各个机构审核标准会不一样，因为如果风控过程中过多依赖人来判断，那么就会因为每个风控人员的技能、经验、理解等因素不一致造成坏账。例如，一家金融机构在中国各个地区开了几十个分支机构，采用各地公司风控人员当地审核模式，后来发现风险难以控制，因为一套标准化的审核模式，在各地落地执行的时候会由于人员素质、每个地区的不同情况等发生很大的扭曲变形，因此不得已后来逐渐转变成总部审批的模式。

通常，在技术手段上，我们也可以进行提前的预警防范工作，国内顶尖的互联网金融机构会以最先进的欺诈防范策略系统，其技术核心来自于实操经验、针对数千万申请客户的数据分析，汇集到自足研发的欺诈侦测模型，得出预知结果。贷后管理三要素如图 6-3 所示。

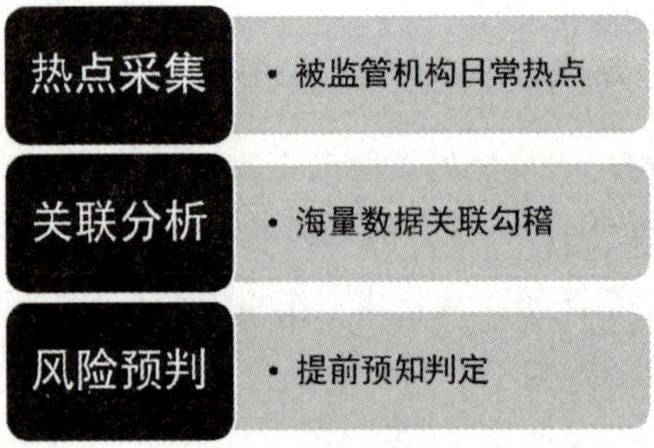

图 6-3　贷后管理三要素

3. 皆大欢喜

站在为老百姓服务的立场上做事。

中国人，无论是看小说、听评书、看电视、看电影，都希望故事结尾有情人终成眷属，坏人得到应有的惩罚，有一个美满的大结局，这也是五千年文明使然，事实情况真如我们所愿吗？

无论是大小环境的发展，模式就是立足圈子。尝试将中国的传统圈子文化融入互联网金融行业，从社会即圈子入手，依靠这一比法律更紧密的纽带关系，建构合理的风控体系。圈定优质的圈子后，从中筛选优质的人员，德高望重自然代表着传统的社会信誉。

互联网与金融两个原本互不相干的行业正进行着跨界和博弈，而热潮之下的风险管控才是互联网金融创新的立身之本。才能获得监管部门、各地政府和市场的一致认可，形成良好的市场品牌。

俗语说“陌生人社会，天然地缺乏道德的约束性，每个人的心里都会回荡着这个声音：反正谁也不认识谁。而熟人社会，人们心照不宣地规矩生活，如有违逆之行，自然会获得熟人社会的整体性惩罚。”

无论从任何感情出发，在社会层面，我们会更看重深层次的人际数据、情感数据，甚至文化数据。”

互联网金融不仅事关市场，也事关政府，更事关社会，最终落脚点在于金融消费者。成立互联网金融的行业自律组织和金融消费者保护机制意义重大。鉴于互联网金融的发展状况，当前最可行的着力点、落脚点是从我们行业的自律开始，行业自律，要从我们的企业自律开始。

无论怎么发展，国内的金融机构总会发现自己的不足，一个行业想要健康、稳定的发展，与国家监管政策不无关系，为了使互联网金融行业有一个稳定的发展环境，国家监管部门在 2014 年年底明确了监管思路，在 2015 年 1 月底，银监会监管部门作出了大调整，重新成立了惠普金融部，首次明确行业归其机构监管，在不久以后，有望出台具体的监管细则，2015 年行业有望迎来风控年。

综上所述，互联网金融行业有望今年步入正轨，迎来风控年，相信，在“妈妈”的照顾下，互联网金融行业一定会更健康的成长，真心真意为我们的人民服务！

二．互联网金融风险控制及创新

周灏[1] 王倪[2]

商业银行的最根本的作用是产生流动性，通过吸收低息储户存款，放贷给企

1 周灏，量化派创始人、CEO，毕业于北京大学物理学专业，获得莱斯大学物理学博士学位；先后任摩根史坦利量化分析师、构建摩根士坦利与创业融资等相关的千亿美元级量化系统；第一资本资深统计师，建立第一资本首个基于交易行为的亿级用户市场策略；巴克莱银行副总裁；领导团队高效搭建巴克莱的风险模型策略模板、规范及流程。

2 王倪，量化派联合创始人，毕业于中国科学技术大学，获得佐治亚理工大学统计学博士学位。先后任第一资本高级统计师，谷歌资深数据科学家；构建第一资本千万级用户信用交易行为反欺诈模型及策略；领导团队对 Google Maps 核心搜索算法进行大数据分析，提高搜索质量；研发动态用户模型，提高广告商使用 Google Adwords 的前端效率。

业及个人。美国自 2008 年金融危机以来，放贷量降低，但是利润却保持不变。因为自 1970 年以来，利差的趋势是逐步增长的，如图 6-4 所示。2000 年以来，美国消费者就给银行支付了一万亿美元的信用卡利息[1]。如果能够抛开银行这个中间人，那么这个市场的体量将是相当大的，这也是基于互联网的 peer to peer（P2P）借贷开创的原动力，例如标志性的企业有 2006 年开创的 Propser，和 2007 年开始的 Lending Club。美国国库卷利率和短期无抵押贷款利率比较如图 6-4 所示。

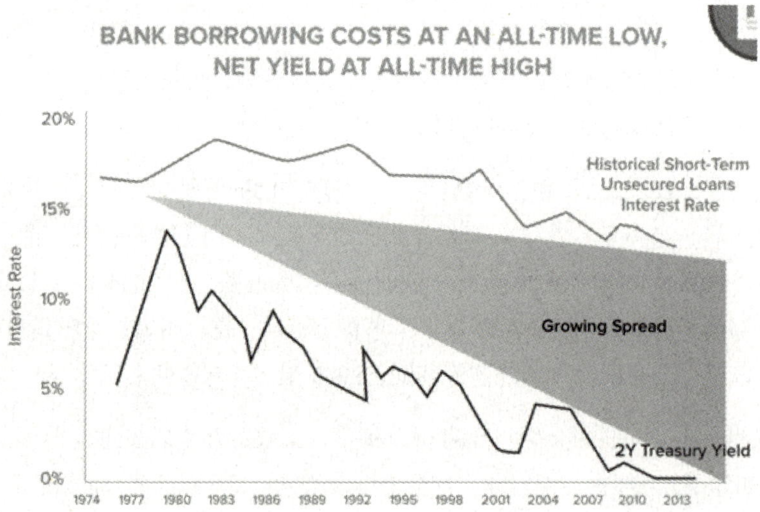

图 6-4　美国国库卷利率和短期无抵押贷款利率比较

（一）欧美金融风控案例

1. 三大征信局和 FICO

美国消费金融的基石是三大征信局，以及基于征信基础上的 FICO（个人信用评级）评分[2]。美国的征信业由大众消费文化推进，经过将近一百年发展到今天非常成熟的阶段。从曾经市场上有 2000 来家征信公司，到目前整合成三大个人征信局 Experian、Equifax、TransUnion，以及 400 余家小型地方征信公司共存的市场格局。征信局通过银行、信用卡公司、大型零售商、行业协会或者第三方公司定期

1　参考：Charles Moldow，“A Trillion Dollar Market By the People For the People- How Marketplace Lending Will Remake Banking As We Know It”，Foundation Capital，2014。

2　参考：杜淼淼，《美国个人信用评分系统及其启示》，《南方金融》，2008 年 8 期。

收集用户数据，而个人用户可以从征信局里查看个人的信用记录，从而对个人信用进行监测，并监测有无个人信息被盗用的情况。信用报告提供的信息有信用交易信息、法院记录、违章记录、就业信息、家庭住所，以及信用查询信息等。

美国的三大征信局都使用 FairIsaac 公司的 FICO 评分方法，主要方法论是基于统计学的回归分析，以及后来增加的非参数模型和机器学习方法。FICO 的信息来源主要包括下面几方面的因素：以往支付历史、信贷欠款数额和收入、信用记录的长短、信用账户数目和查询次数。通过这些因素对用户的还款意愿和还款能力进行评估。FICO 评分是在消费金融领域应用最为广泛的标准，美国大约 90%的信用决策把 FICO 作为决定性的影响因素。信用评分的分值在 300 ~ 900，主要集中在 500 ~ 800 区间内。

对于大的金融机构，FICO 会被用来做消费策略的依据，但是更为有效的方法往往是直接用从三大征信局获取的数据，对机构本身的用户群进行重新建模，提高模型的准确率，一个信用模型通常是通过分析从征信机构获得的维度有几百的数据来建立的。举例来说，FICO 评分是对你以往的违约行为和借贷历史进行的评估，当你又开始新的借贷行为时，你是否能按时还款的概率在很大程度上依赖于你要借款的额度、利率、周期、当前的收入负债等。另外，用户借款时和放款机构的互动因素，都可以用来提高模型的准确率：很多在线贷款机构通过设置一个滑动的标杆让用户选择贷款金额，有的用户直接选择贷款金额的最大值，有的用户却花时间来选择，我是应该借 5000 元、10000 元，还是 12000 元？结果表明，如果花费较长时间做选择，表明用户在借款的时候更为谨慎，也就会有更高的概率按时还款。

2. Capital One 的风控体系

美国的 Capital One 是最早利用大数据分析来判断个人借款还款概率的公司。本文的作者曾经在 Capital One 工作过，伴随着公司度过了金融危机的难关，目睹了公司如何发展壮大成美国第七大银行。在危机刚出现一点苗头时，公司的管理层就非常果断地把有潜在问题的 GreenPoint Mortgage 整体出售，并在危机大规模发生的时候，谨慎挑战风险政策来控制风险，以非常低廉的价格收购华盛顿地区的 Chevy Chase 银行、ING Direct、HSBC Card 北美分部等，完善其 Local Banking 和 Global Lending 的策略。

Capital One 的风控系统并不是一招一式，也不是一朝一夕形成的。Capital One 的 Analytics 部门里面分为几个种类，Data Analyst、Business Analyst、Statistician/Modeler。公司内部不仅仅是分析师专注地做模型、做风控来对模型进行大数据分析，所有的决策者——包括商务总监、运营副总等都有大量的数据分析和模型策略做支撑。

Capital One 在各个业务部门都有很多决策引擎和模型。在获取用户时，根据不同的业务线，次贷、汽车、金融等，有专门的客户获取模型和风险预测模型。在用户关系管理方面，有进行交叉销售的模型，CLIP（提高信用额度的程序）和 CLD（信用额度减少程序），还有专门的反欺诈模型，识别欺诈模式、交易欺诈模型、支付欺诈模型等。不同的业务线有着这么多种类的模型，对于这些模型的监管也都有一套系统的流程。对于每个模型，模型开发人员会对模型开发写出详细的文档，有一套类似于 code review、unit test 的检验机制。公司层面，部门设有专门的中高级别 scoring officer（模型官），负责定期对模型进行监管和监测。除了对整体模型的效果监管，整体评分的分布稳定性；还包括在变量层面的监管，监测模型的重要变量的缺失情况，还有分布的稳定性。 Capital One 用到的大量的征信局的数据和在自身平台上沉淀的用户数据，根据以往的用户的个人行为和违约记录，建立的用户风险决策模型对用户进行评估，模型的效果会比 FICO 分数高 40% 以上。

3. ZestFinance 的风控

ZestFinance[1]是由谷歌的前 CIO Doug Merrill 和 Capital One 负责次级贷的 Shawn Budde 联合创办的。公司的口号是 Google-style machine learning meets Capital One-style credit scoring。作者在 Google 和 Capital One 都做过数据建模和分析相关的工作，对 ZestFinance 倡导的新方法论深有体会。

在大数据背景下，个人消费者出现许多信息维度，如电子商务、社交网络和搜索行为等。ZestFinance 在分析传统结构化数据的同时也导入了大量的非结构化数据。另外，它还包括大量的非传统数据，如借款人的网络数据信息，借款人填

1 参考：刘新海、丁伟，《大数据征信应用与启示——以美国互联网金融公司 ZestFinance 为例》，《清华金融评论》，2014 年 10 月。

写表格时使用大小写的习惯，在线提交申请之前是否阅读文字说明等信息作为信用评价的考量因素。这些数据，类似于文章之前通过分析用户选择贷款额度的过程，充分考察借款人借款行为背后的线索，以便提供更深度的数据挖掘和更有效的数据分析服务，对用户进行精准的判断和定价。

ZestFinance 面向的人群是 FICO 分数在 500 分以下的，只占整体的 5%。所以在美国面向的是一个小的细分市场，对于中国的信贷蓝海，新一类的信用评级手段更是有着广阔的发展空间。

4. Lending Club 的风控

Lending Club[1]成立于 2007 年，最初只是 FaceBook 上的一个应用。在发展初期，Lending Club 研发出一套基于人际关系的算法，帮助用户搜索合适的借贷目标。随着业务的扩大，Lending Club 现在的风控技术逐渐成形。目前，Lending Club 通过借款人的 FICO 得分、负债收入比、信用记录等数据筛选贷款，并为每笔贷款确定利率。

Lending Club 对借款人有严格的要求，而且做的是纯线上风控。需要满足的条件是，必须年满 18 周岁的美国居民或者永久居民，申请者要有有效的银行账户，FICO 评分在 660 分以上，债务收入比低于 35%（不包括住房抵押贷款）等。Lending Club 把借款人的信用等级分为 A 到 G 一共 7 个等级，评定等级后再与贷款金额、期限等综合确定借款的利率，这大大降低了风险水平。

Lending Club 完全线上服务，用 IT 技术自动完成，能把运营成本从传统银行的 5%~7%，降到 2%。同时，用户所有的网上信息及线下的信息，通过美国的邮政、超市等渠道买回来的信息，都被关联起来，做出风险评级。图 6-5 所示为 Lending Club 近年来的贷款完成情况，以 2010 年为准的话，违约率差不多在 5%的水平。

1 参考：Simon Cunningham，"Default Rates at Lending Club & Prosper:： When Loans Go bad"，P2P Lending Basics，2014。

Lending Club Loan History

Performance by Year (36-month loans)

	ROI	Avg Rate	Loss	Principal	Count	Completed	Total Loss
2007	-3.44%	12.21%	14.81%	$4,791,550.00	603	100.00%	$904,605.25
2008	-0.27%	12.37%	11.82%	$19,980,228.00	2,395	100.00%	$3,090,375.20
2009	4.56%	12.81%	7.41%	$51,809,560.00	5,279	100.00%	$5,004,401.00
2010	5.86%	11.68%	5.00%	$87,524,488.00	9,156	100.00%	$5,815,202.00
2011	5.81%	10.79%	4.18%	$132,530,984.00	14,101	64.19%	$7,355,289.00
2012	6.38%	12.98%	5.84%	$507,669,440.00	43,470	0.00%	$36,866,752.00
2013	8.19%	12.95%	4.10%	$1,271,489,020.00	100,380	0.00%	$47,034,752.00
2014	9.61%	12.48%	2.38%	$912,224,700.00	71,779	0.00%	$9,564,484.00

图 6-5　Lending Club 历史违约率比较

5. 小微企业信贷：Kabbage 和 OnDeck 的风控模式

Kabbage[1]是通过对网店提供营运资金贷款服务的公司，服务的对象是类似于淘宝卖家的网店。这些网店的规模都比较小，轻资产，经常会遇到资金短缺的问题。Kabbage 为这些小微的网店提供贷款服务，收集网店的运营数据、卖家官方信用分数、销售额、网友评论数、好评率和物品出售概率等，还收集非信用信息包括卖家个人贷款的信息。随着 UPS 旗下基金入股，Kabbage 又开始使用客户物流数据，随后又开始引入 Facebook、Twitter 上面的社交网络信息数据完善传统的信用评分体系。

OnDeck 是一家专门给小企业提供金融服务的公司，贷款申请流程全都在网上进行，号称几分钟之内就能做出几万美元以内的融资决定。与普通的 P2P 模式不同，OnDeck 利用三个资金来源，包括通过在二级市场上出售贷款，银行的大额信贷额度，以及让市场上机构投资者提供贷款资金。OnDeck 服务包括餐馆、花店、修车铺这样的中小企业，需要企业有一年的历史和超过 10 万美元的营收。OnDeck 放款的条件看中的是商业的营收和盈利情况，用来做决策的信息包括企业的账目、法务信息和现金流。除此之外，还会用到商户在社交网络上的网站信息，如果这

1　参考：廖理，《互联网金融商业模式：数据驱动的贷款公司 Kabbage》，《清华金融评论》，2014 年 1 月。

个商户在类似大众点评的网站上有很多好评，那相对的违约风险就会降低很多。

（二）中国互联网征信及金融风控挑战

在美国，85%的人群有征信记录，不光是信贷记录情况，还包括法院信息、民事纠纷等。在中国，数据缺失是一个较大的问题，在央行的征信系统里，虽然有8.5亿自然人信息，但只有3亿的用户有记录，也就覆盖了不到20%的人群。金融的本质在于通过风险管理实现资本价值，但传统金融的征信手法不能完全满足互联网金融业务的风控需求，P2P网贷行业的规模突破3000亿元的规模，服务的是传统金融不曾服务到的那些小微人群。P2P 网贷的发展暴露出来了信用缺失的问题，也对通过创新方法推动信用风控的发展有着很大的诉求。中国一些有作为的企业，也在这个领域开始了各种各样的创新。

宜信[1] [2]作为国内最大的P2P机构，拥有多年的业务积累，以及一流的风控团队。传统上是通过线下风控的手段，对用户进行详尽的背景调查。收集用户的资料，例如有的用户曾提交过信用报告、联系人信息、教育水平、工资单、银行流水等一系列传统征信数据。目前，宜信也开始从传统的线下业务，往线上做业务拓展，宜信的瞬时贷通过大数据进行实时授信，用户授权系统读取信用卡账单、邮箱、电商、运营商相关记录信息，得到有关用户性格、消费偏好的个人画像。同时进行交叉验证形成风控机制，进而计算出每一个用户的风险评分，最终判断是否应该放款，以及该用户的授信额度、还款周期等，最快达到10分钟放款。

阿里蚂蚁金服旗下个人征信机构——芝麻信用[3]开始在部分用户中进行公测。阿里推出芝麻信用分，根据个人淘宝、支付宝等交易数据及其他合作方数据，对个人进行信用评分。芝麻信用综合考虑了个人用户的信用历史、行为偏好、履约能力、身份特质、人脉关系等五个维度的信息。与此同时，腾讯系的腾讯征信会考虑一些信贷之外的信息。除了微信支付、QQ钱包绑定的银行卡外，腾讯还能够从更大范围获取数据，比如很多银行都在微信上开通了公众号，向用户发送消费数据；微信的社交状况也能够对个人的资质进行有效的评估。

---

1 参考：张小沛，《宜信大数据—大数据金融怎么做》，《创业邦》，2014年5月。

2 参考：黄锴，《实时授信背后的金融云拆解》，《21世纪经济报道》，2015年1月。

3 参考：杨万国，《量化派：让吊丝一分钟贷10万》，《新京报》，2015年1月29日。

除了这些互联网金融里的巨头，还有像量化派[1]这样的创新企业，是通过“基于机器学习”和互联网化的风险定价，整合互联网及传统数据源，运用欧美成熟的量化方法及金融经验，帮助个人及小微企业证明经济财务等状况，从而快速获得低成本贷款，实现低息快速融资。

量化派的业务模式是搭建借款方和金融机构之间的桥梁，这家公司提供一个互联网平台，没有央行信用数据又想贷款的用户登录平台后，提供自己的手机话费查询账户、信用卡账单、淘宝或者京东电商账户等，用户授权给量化派，量化派提取上述消费信息，并对消费信息进行大数据分析，从而对每个用户生成一份信用评价。另一端，量化派对接银行、P2P、消费贷公司等金融机构，他们把已经完成了风险量化的用户分别推荐给最适合的金融机构，从而完成贷款撮合。

量化派分析用户征信只是链条的一个环节，仅有征信数据，各类机构无法直接转化成授予用户多少贷款额度、多少利率、多少期限。量化派的创新之处是，串联个人征信数据等诸多数据源，通过风险分析和定价，帮助金融机构从征信完成授信。

除了在数据方面大量引入非传统的数据源外，量化派在模型和方法论方面也有相对应的创新。传统的信用分析模型使用大量监督学习的方法，最常用的是逻辑回归。目标变量设为用户是否会逾期违约，用户的特征包括多渠道获取的信息。随着全网搜索和社交网络领域的发展，更多的创新也被应用在信用评估和风险定价领域，包括通过用户的社交行为，建立起人与人之间的关系图谱，类似于 Google PageRank 算法，通过关系人的资质推算个人的资质。简单来说，如果你的朋友圈里都是资质很好的用户，你的资质也应该很好。在反欺诈领域，由于更多的非线性因素和欺诈行为的复杂性，更复杂的机器学习算法在应用的领域有着更多的应用。在美国的信用卡反欺诈领域，最常用的要属 Fair Isaac 公司开发的 Falcon 神经网络系统。这个系统通过和多家信用卡发卡行合作，获取交易级别的欺诈数据，面对每个用户，能够标注在某个时间段内所有的欺诈交易加入训练样本。量化派在这方面用到了当前更为先进的机器学习的工具和方法，包括随机森林（random forest）、支持向量机（svm）之类的方法。

1 参考：杨万国，《量化派：让吊丝一分钟贷 10 万》，《新京报》，2015 年 1 月 29 日。

（三）总结

在中国的快速经济发展的推进下，互联网金融的高速发展有目共睹，对个人消费信贷的渴求，以及对个人信用风险的评估的需求是非常大的。在探索数据和信贷市场的蓝海的时候，众多的创新企业都开始各显神通，直挂云帆济沧海。

三．“P2P 侦察员”眼中合格的中小微企业

司书甲[1]

互联网金融的蓬勃发展带来多方获益，既为国家一直在扶持的中小微企业缓解融资难的问题，同时也让一般投资人获得高息理财机会。因此，互联网金融也被称为普惠金融。

作为互联网金融新业态的重要组成部分，P2P 网络借贷在这场前所未有的互联网金融发展大潮中，扮演了一个不可或缺的重要角色。无数事实证明，P2P 网络借贷新模式给整个资本市场注入了一股新活力，为越来越多的中小微企业解决了融资难题。

经历了 2014 年 P2P 网贷井喷式的发展之后，2015 年还将迎来更广泛也更大范围的扩容时期，但是，伴随行业的高速发展，也不能忽略了在这场资本与创新的角逐中爆发出的问题。

“跑路”是过去一年里投资人最忌讳听到的词，不少一般投资人遭遇了“雷击”，大量资本金有去无回。说到底，抛开以诈骗为目的的伪 P2P 平台恶意跑路外，那些原本正常经营的 P2P 平台出现“跑路”时，无外乎坏账率过高，平台无力覆盖坏账资本不得已跑路，那说回来，出现较高坏账率的根本原因在于风险控制不到位，导致借款违约集中出现。因此，P2P 网络借贷的风险控制问题越来越引起业内外的重视。

1　司书甲，毕业于清华大学精密仪器与机械学系，获工学学士、硕士学位。毕业后就职于中信国际合作公司，具有丰富的项目管理及公司运营经验。2014 年与合伙人共同创建融贝网，任职 CEO。

那么，什么样的风险控制标准才算是合格的呢？其实，目前并没有统一的行业标准，我们可以从一个从业者实操的视角来理解，认识当前可靠性较高的实用风险控制方式。

以 P2P 的重点服务对象企业借贷为例，为投资人做好风控的核心就是筛选优质的中小微企业，在这过程中，P2P 的风控人员需要深入调查相关企业，每一位风控人员都好比是一位侦察员，深入企业内部查探企业经营实情，获得可靠真实的风控资料。因此，风控人员也被称为“P2P 侦察员”。那么，“P2P 侦察员”眼中合格的中小微企业应该是什么样的呢？

以融贝网对中小微企业借贷服务中的风控审核标准来说，“侦察员”眼中合格的中小微企业要有以下四个特征。

（1）“说实话”的中小微企业。

（2）“能还钱”的中小微企业。

（3）“胆子小”的中小微企业。

（4）“长相美”的中小微企业。

怎么理解以上四个特征呢？

第一点，“说实话”的中小微企业

在当前国内的征信环境下，面对 P2P 平台的风控人员尽调时，企业能否“说实话”，对风控人员说出自己的真实财务、经营情况非常重要，企业敢于实事求是地将实际经营情况反馈给风控人员，首先表明了企业的坦诚，真实的财务及经营情况是 P2P 平台判断风险大小的依据，企业隐瞒真实情况会给当次借款带来很大风险。因此，P2P 风控人员首先会排除掉“不说实话”的企业。

那么，如何印证企业是否说了实话呢？仅仅靠企业主动提供的资料和口头表述是不够的。

在这个层面上，“P2P 侦察员”会从多个角度调查企业的“实底”。首先，会关注企业实际控制人的人品。比如，侧面调查企业老板是否品行良好，对待员工如何，是否存在或者出现过拖欠员工工资的问题；还会看老板在行业内的口碑如何，业内口碑反映的是在别人嘴里此人的真实形象；再就是企业老板的个人信用记录，是否发生过拖欠货款或提供假劣产品的情况；最后一点，在于和企业老板面对面交流时其反应和谈吐。这样多角度调查企业老板是提高风控调查可靠性的重要一步。

P2P 风控人员关注的另一个重点是企业相关资料的细致审查，查阅企业的材料，除了一般财务资料外，还要查阅大量其他单据，如企业的原材料与产品的出入库单据是否连贯真实；大额合同；水电费的缴费单据；银行真实流水记录等，这些材料可以反映企业的真实经营情况，P2P 风控人员通过细致审核材料，深度排查企业资料造假的风险，同时印证企业是否有所隐瞒。

做完前期材料收集、分析后，对于过关的借款企业，风控人员通常还要深入生产现场实地尽调，了解企业的生产经营场所、设备、产品，甚至是生产管理制度、生产工艺、测算企业的实际产量，了解其生产能力与所表述的是否一致。

综合以上各项摸查手段和措施，目的只有一个，就是判断企业真实的财务及经营情况，排除掉“爱说谎”的不良企业，为 P2P 投资人的投资选择把好第一关。

第二点，“能还钱”的中小微企业

为什么叫“能还钱”的中小微企业呢?

企业光说实话是不够的，要在 P2P 平台借钱，企业还要证明自己有按期还钱的能力。

企业的还款能力可以反映在几个方面：一是企业所属行业是否景气，行业环境会直接影响企业的盈利情况；二是企业运营是否正常，是否具备持续盈利的能力，盈利良好是企业未来还款的必要条件；三是企业归集资金的能力，借款到期时企业无法及时归集足额资金，容易引起逾期还款，引发兑付危机，对 P2P 平台带来较大损害。这里要多说一句，一家好的 P2P 平台仅仅标榜我为投资人负责是不够的，平台还要真正对借款人、借款企业负责，帮助借款人、借款企业高效地使用借款，方便地归集资金，提高还款能力，借款企业拿到钱、用好钱、还上钱，才是对投资人利益的根本保证。为此，平台可以根据企业实际的资金使用情况及归集资金的速度，判断其是否需要进行分期募集，分期还款。

能否按期还款还可以从另一个层面判断，即企业再融资能力，良好的再融资能力反映了企业的自身实力，借款企业如遇暂时无法抽调流动资金归还借款时，可以通过再融资的方式，将 P2P 平台的借款按期归还，待流动资金可抽调时将借款还清。

筛选“能还钱”的中小微企业是风险控制流程里的重要环节，是保证 P2P 平台的投资人能够按时拿回本金的重要保障。

第三点，“胆子小”的中小微企业

贷款还钱的事跟胆子大小有什么关系呢？其实这里有大学问。

“P2P 侦察员”通过以上第一点和第二点确定了企业真实情况和还款能力，但却无法排除企业有钱故意拖欠不还的情况发生，一旦真的发生了，会给 P2P 平台带来麻烦，严谨的风控态度要求“P2P 侦查员”做到细致入微。

因此，做好风险防范就是找到“胆子小”的企业，什么样的企业“胆子小”呢？答案是违约成本高的企业。

企业的违约成本高低会影响其还款意愿，较高的违约成本会对其按时还款形成有效约束，使其“不敢”违约。

怎样算是违约成本高？可以考虑两个方面。一方面，好的企业一定非常在意其企业形象、品牌形象，两者会对其行为构成约束，违约会给企业和品牌带来负面影响，使其付出较大代价，由此企业不敢随意违约。比如，小有名气的企业和公众公司（像新三板挂牌企业）。

另一方面，通过物质方面的约束使其“胆子小”，“P2P 侦察员”会看企业抵押的反担保品是否足值，足值的反担保品让企业在违约时付出的代价远大于其所借款项的额度，对企业形成强有力的约束。

因此，“P2P 侦察员”喜欢“胆子小”的中小微企业。

第四点，“长相美”的中小微企业

长相美丑是个很微妙的事情，人人都有爱美之心，“P2P 侦察员”也不例外，喜欢长相美的企业。

由于信息的不对称问题，互联网金融有一个特殊要求，平台要公开、透明，在信息披露的时候，平台要真实并且尽可能多的披露借款企业信息，以方便 P2P 投资人根据平台披露的企业信息做出自己的独立判断，进而决定是否进行投资。这是对平台的要求，也是对借款企业的要求。

披露的信息“漂亮”，没有不良记录，没有瑕疵，会给人更多安全感，也更容易对借款企业产生信任。当然，这个“美”不是简单外表的包装美，而是实实在在的秀外慧中之美。

从企业信息是否“长相美”来说，什么样的企业“长相不美”呢？

一是过往历史复杂、不清的企业。借款企业在近年来经历过多次股权变更，投权结构复杂、混乱；借款企业经常在各各行业频道中切换，涉及广而不精；借款企业法人、实际控制人经常更换等。这几类企业即使经营现状良好，披露出来，也会使投资人对其持续的发展产生疑虑。投资人不买账，“P2P 侦察员”自然不喜欢。

二是过往信用不好的企业。过往信用不好的企业如何获得投资人的信任呢？即使企业实际上有能力还款，但是过往信用不好，这样的企业的借款项目信息披露到 P2P 平台上非常不利于撮合募集，极端情况下可能会因为投资人的担忧而无法完成募集，造成流标，最终给 P2P 平台带来麻烦和困扰，既不利于平台发展，对行业的健康发展也是无益的。

三是负债高昂的企业。由于互联网投资人群的广泛性，使得他们具有一个与传统渠道投资人不同的特点，较大一部分投资人没有相关的专业知识，对借款企业信息会凭直觉和基于对平台的信任做出判断，面对同样的信息，一般投资人和风控尽调人员的理解可能会不同，有偏差。有时在尽调人员的专业角度看来企业负债是合理的，但信息披露到网上后，投资人会对借款企业产生疑虑，不利于 P2P 平台撮合募集。因此，综合考虑下，负债较高的企业多半会被平台排除在外，“P2P 侦察员”会说不。

优质的中小微企业必须经得起风控调查，能通过层层审核的企业在“P2P 侦察员”眼中才是合格的企业。

P2P 行业要服务于实体经济，能提供的有限优质资源应该支持的是有融资需求的优质企业，两者优势互补、互利共赢。做好 P2P 的风险控制，筛选出优质企业，为投资人提供安全优质的项目，这是一项重要手段，更是一种社会责任。

目前，比较有效的风险控制手段无外乎线下对借款企业进行多方位全面审核与考察，较为传统但是可靠性高，符合当前的国内 P2P 行业对风控的要求，随着互联网金融行业的不断发展，征信体系建设的更加完善，加上大数据技术的应用与不断发展，“P2P 侦察员”手中的武器将越来越多，未来的 P2P 行业风控技术和手段将逐步实现高技术、高效率、高可靠的目标。

四．民营征信开闸，关 P2P 什么事

网贷之家研究院

（一）个人征信业务市场蓝海开启

2015 年 1 月 5 日，央行发布了《关于做好个人征信业务准备工作的通知》，开启个人征信业务市场蓝海，2015 年注定成为民营个人征信的元年。

征信是依法收集、整理、保存、加工自然人、法人及其他组织的信用信息，并对外提供信用报告、信用评估、信用信息咨询等服务，帮助客户判断、控制信用风险，进行信用管理的活动。2014 年，清华大学发布的《征信系统对中国经济和社会影响研究》报告估算，从 2008 年到 2012 年，征信系统每年平均改善了 4103 亿元的消费贷款质量，而每年由于征信系统带来的总消费增加平均约为 2458 亿元。征信体系的构建和发展不仅有利于改善信贷质量，扩大信用交易，更有助于建立良性的市场经济秩序，改善市场信用环境，提高社会整体信用意识。

按业务模式划分，征信可以分为个人征信和企业征信；按服务对象可分为信贷征信、商业征信、雇佣征信及其他，如图 6-6 所示。个人征信主要是收集个人信用信息、加工并销售个人信用产品。

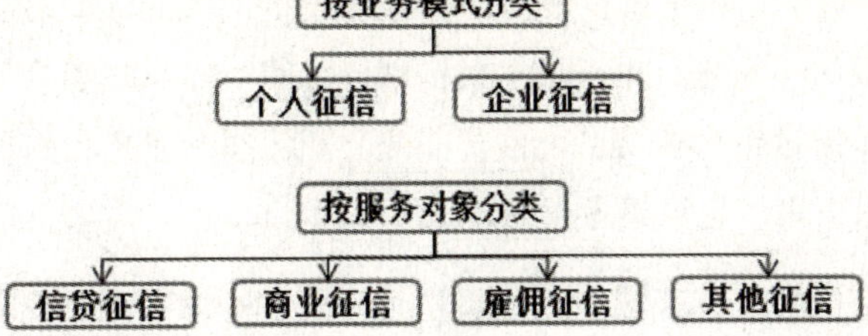

图 6-6　征信分类

资料来源：网贷之家

征信基本的产业链是通过上游的数据供应商，传递到中游的征信机构，再传递到下游的征信信息使用者。数据供应商主要包括银行、电商、电信、教育、医疗、公安、社保等部门，征信机构按照模型加工处理数据供应商的原始数据，并给出信用报告。随着网络借贷行业规模的逐渐壮大，P2P 平台成为征信信息的主要需求方之一。

（二）国外个人征信业务发展情况

国外个人征信业务模式主要分为：市场化征信模式、会员制征信模式和公共征信模式。

市场化征信模式最为典型的国家是美国。市场化征信是通过商业运作形成征信体系，向全社会提供全面的征信服务。征信机构自主收集、整理、加工信用信息及数据，提供尽量全面的、可信的信用报告。政府提供立法支持和监管，规范信息采集、整理、存储及加工流通的规则，形成自由竞争。在个人征信业务上，美国以益博睿（Experian）、艾克菲（Equifax）和环联（Trans Union）为主，三家机构几乎垄断了全美个人征信数据。征信机构采集数据后一般都采用 FICO 评分模型对数据进行处理，以便获得用户的信用等级，FICO 评分模型中所关注的主要因素有五类，分别是客户的偿还历史（35%）、信用账户数（30%）、使用信用的年限（15%）、正在使用的信用类型（10%）和新开立的信用账户（10%），分别给予不同的比重。

会员制征信模式是以行业协会建立的会员制征信机构为主体的征信管理体系。征信机构是由各会员单位在自愿的前提下出资建立的，各会员有义务向征信机构提供各自掌握的信用信息及数据，汇集到征信机构由其加工供会员单位使用。会员制模式典型的国家是日本，信息机构划分为银行体系、消费信贷体系和销售信用体系三类，通过银行业协会、信贷业协会和信用产业协会的信用信息服务来满足会员对个人信用信息征集考查的需求。

公共征信是指由政府直接出资建立公共的征信机构，并由政府设立专门部门对其进行控制和监管。政府通过运用行政手段，要求数据供应商向公共征信机构提供信用信息及数据，公共征信机构可以建立比较权威的信用信息数据库，并可以保证信息及数据的真实性。

国外个人征信模式对比如图 6-7 所示。

模式	优点	缺点	代表国家
市场化征信	1、信息渠道来源广泛； 2、服务多样化，能满足各类特定需求方征信要求	1、数据质量控制较难，缺乏统一口径； 2、个人信息隐私泄露	美国
会员制征信	1、口径一致，数据稳定性、准确性较好	1、专业性较强，针对特定需求； 2、仅对会员开放	日本
公共征信	1、来源清晰，个人信息准确性较高； 2、便于政府掌握经济市场运行情况，便于监管； 3、使用者成本较低	1、数据结构不全面； 2、服务领域受限； 3、服务质量较差，效率不高	法国

图 6-7　国外个人征信模式对比

资料来源：网贷之家

（三）我国征信业发展情况

我国征信业发展的时间轴如图 6-8 所示。20 世纪 80 年代后期，第一家信用评级公司成立；1999 年，全国首家从事个人信征业务的上海资信公司成立；2013 年 3 月，《征信业管理条例》正式实施；2013 年 12 月，《征信机构管理办法》正式实施，央行开始受理征信牌照。我国征信业发展至今主要存在以下几个问题：首先，社会的信用市场欠发达，征信业收入规模较低，服务机构规模偏小，信用服务产品单一化，产品供需间的缺口巨大；其次，公共征信机构对自己掌握的信息采取垄断保护，信息整合极为困难，较为歧视民营征信机构；第三，体系不健全，企业征信服务较多，较少从事个人征信业务；第四，征信市场发展的法律、政策环境不完善。

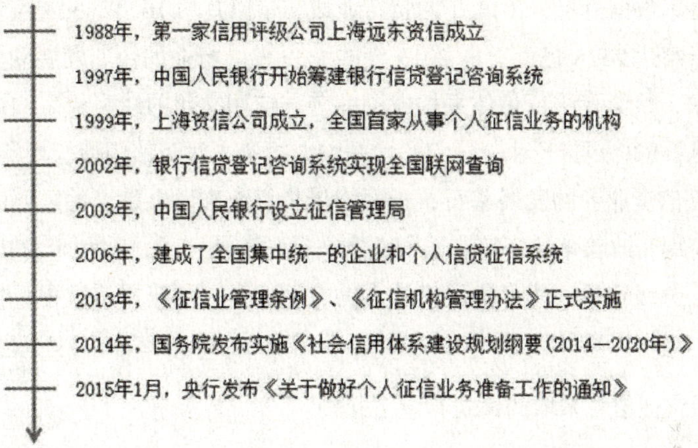

图 6-8 国内征信业发展时间轴

资料来源：网贷之家

2015 年 1 月，个人征信市场业务“开闸”，中国征信业预计将逐渐转向市场化征信主导，公共征信并行体系，民营征信迎来发展元年。此次公布的首批个人征信业务机构情况如图 6-9 所示，与传统央行征信系统相比，这些机构各有特色。例如，阿里巴巴旗下的芝麻信用将拥有比较庞大的网上商铺和消费者个人信贷数据库；腾讯旗下的腾讯征信将具有独特且海量的个人社交数据等。

公司	股东背景	特色
芝麻信用	阿里巴巴旗下	收集淘宝、支付宝等平台的行为记录
腾讯征信	腾讯旗下	社交数据
深圳前海	平安集团设立	金融数据，平安旗下银行、保险等客户数据
鹏元征信	深圳人行派生	信贷数据
中诚信	民营系	信用评级
中智诚	民营系	不良信息共享服务平台
拉卡拉	上市公司参股	信用数据
北京华道	上市公司参股	反欺诈联盟

图 6-9 首批个人征信业务机构情况

资料来源：网贷之家

（四）P2P 平台征信模式探析

网贷之家数据显示，2014 年网贷行业成交量以月均 10.99%的速度增长，全年累计成交量高达 2528 亿元，是 2013 年的 2.39 倍。行业的快速发展催生了对征信的迫切需求，然而我国征信体系构建不完善，信用文化的缺失成为网络借贷发展的重要问题，P2P 网贷行业公信力提增缓慢，投资人对于信用债权投资信心不足。征信产业是信贷业务的发展基石，于网络借贷行业来说也是至关重要的。完善的征信体系有助于改善信用环境，人们重视自己的信用记录；有利于 P2P 平台甄别信贷风险，分级定价，降低优质借款人的交易成本；加速授信过程，提高交易效率。

P2P 平台征信可采取的模式有以下几种。

1. 传统官方征信模式

通过接入具有央行背景的上海资信或者借助第三方公司间接实现查询央行征信系统。由于目前 P2P 平台无法直接接入央行征信系统，所以较多的平台选择通过上海资信公司的网络金融征信系统（NFCS）查询借款人信用信息记录。据了解，目前接入 NFCS 的平台数超 200 家。此外，央行 2014 年开放了部分融资性担保公司和小贷公司的征信系统接口，P2P 平台也可以通过与这些公司合作，间接实现央行征信系统的查询。

这个模式的优点在于：有效帮助平台了解系统内有信用记录群体的借贷基本信息、贷款申请记录、负债水平、还款情况等，降低了放贷风险和防范“老赖”、“过度负债”群体；数据质量较好，可靠度高。缺点表现在：首先，接入系统需要提供平台方数据，平台方有数据保护的考虑。其次，数据完整性不足，一般在官方征信机构拥有信用记录的大多是与银行有业务往来的信贷客户，而更多人的信贷记录为空。第三，较为严格的审核流程、数据格式及质量要求将众多小平台挡在门外。

2. 大数据征信模式

大数据征信采集互联网交易或使用互联网各类服务过程中留下的信息数据，并结合线下渠道采集的数据集成。该模式的优点在于数据来源广泛，弥补传统征信覆盖面不足的缺陷；数据类型多样化，不局限于信贷数据，更能全面反映个人信用情况。大数据征信的难点在于：信息过多引起的数据杂乱，整合多方数据带来的困难性，并且数据相关性分析需要较长时间和实践来检验，短期内信用评价数据精准性较低。此外，大数据征信也面临着法律风险，在个人隐私保护上较难把控。《征信业管理条例》规定采集个人信息应当经信息主体本人同意，未经本人同意不得采集。禁止征信机构采集个人的宗教信仰、基因、指纹、血型、疾病和病史信息及法律、行政法规规定禁止采集的其他个人信息。征信机构在未告知可能的不利后果及取得书面同意情况下，不得采集个人的收入、存款、有价证券、商业保险、不动产的信息和纳税数额信息等。

大数据征信模式可以通过与取得牌照的征信机构合作或者自建征信机构来实现。平台可以与取得牌照的大数据征信机构合作。优点在于灵活性强，数据丰富。缺点在于合作机构未必能提供专业性对口数据、对于数据的权威性和准确性容易存疑。另外，既然个人征信市场对民营放开，达到申请资质的 P2P 网贷平台未来也可以申请征信牌照。

优点主要有：平台客户资料不外泄、针对性强。缺点包括：自建征信机构初始投入较高；数据来源渠道较窄，能否采集到核心信用数据成为关键；对平台自身风控能力要求很高。因此，自建征信机构只适用于实力强劲且具有较长行业经验的大平台。

3. 云征信模式

P2P 网贷行业的征信难点在于：一方面，出于隐私或利益等考虑，平台之间不愿意分享自己的数据信息，越是大的平台越是如此；另一方面，汇集了大量信息的中央数据库，存在安全性风险。“云征信”是通过统一数据标准和接口，按需查询、按实际效果付费。“云征信”系统更侧重于查询，且不保留查询数据，平台可以自行管理，解决了 P2P 网贷行业的征信难题，以及信息共享的问题。模式的优点在于平台客户资料不外泄，信息查询成本较低；难点在于数据标准口径统一，以及系统体量扩充等方面。

（五）总结

Lending Club 和 OnDeck 的上市都得益于美国完善的金融机制和征信体系。我国征信体系尚不完善，以往的征信模式不足以满足活跃的互联网金融产业，因此，个人征信业务的放开对于 P2P 网贷行业来讲有着积极的意义。相信我国征信业将逐渐走向成熟，2015 年将成为民营个人征信市场业务的元年，信用体系改善对于 P2P 网贷行业的正向影响力让我们拭目以待！

第七章
转型浪潮中的新金融

一. 化云为雨：向“实时智能银行”转型

赵志宏[1]

据诺贝尔奖官网 2014 年 10 月 6 日消息，三位科学家因发现“组成大脑定位系统的细胞”获得诺贝尔生理学或医学奖，如图 7-1 所示。他们解决了一个困扰科学家和哲学家几个世纪的问题——大脑如何对我们生活的环境产生一个“地图“并为我们导航，也就是控制方向感的细胞群。实时、智能地对位置感知及判断方向的能力是我们生存的基础。对位置的感知构成我们在环境中对自身所处地点的知觉。在行进的过程中，我们将基于运动状态给出的距离判断与有关先前位置的信息结合起来。在当前信息爆炸与原子弹爆炸速度一样的移动互联网时代，所有的生意都可能是信息流转的生意，对信息在“云”中移动的位置和走向的识别和响应可能孕育着无限商机，但是对商机的确定、培育和落地却需要“化云为雨”的能力。如若将客户需求的价值实现比喻为“雨”，那么银行家关心的则是如何在成本持续可控条件下“化云为雨”。“对客户需求智能分析基础上的实时感知和响应”正在成为商业银行数字化、网络化战略转型落地的核心能力。

1　赵志宏，中国建设银行产品创新与管理部副总经理。【注：本文不代表作者任职机构观点。】

图 7-1　2014 年诺贝尔生理学或医学奖

（一）为何“实时智能银行业务操作”是转型的核心

关于为何要建立“化云为雨”的能力，值得关注的有两个观点：一是 Gartner 公司已从 2004 年发布的“实时企业”（RTE，Real-Time Enterprise），演化为 2014 年发布的“智能业务操作”（IBO，Intelligent Business Ope）；二是 IBM 商业价值研究院于 2009 年 11 月发布“智慧的银行”白皮书（Smarter Banking）。

其实，客户并不关心银行智慧的成熟度，也不关心银行花费多少成本进行互联互通、感应度量或智能洞察，客户关心的仅是其需求是否被实时、正确的感知和响应。商业银行只有实时、正确地感知和响应客户需求，才能适应这个环境。要做到实时和正确，就必须是在智能分析基础上的实时感知和响应。这是一个数字化、网络化时代客户需求满足的基本理念和主流趋势，只是因为技术条件和管理水平的差异而导致感知和响应的成熟度不同，目前一些领先服务已能做到“及时和恰当地感知和响应”，然而“实时和正确地感知和响应”是大趋势。当然，银行能接受的只是在“低成本投入”下及时、恰当地感知和响应能力，否则在技术不断更新的条件下难以为继。因此，实现路径只能是“智能分析基础上的实时感知和响应”。数字化、网络化环境下银行战略转型的实质是“将智能分析内化于实时服务之中”，其关键是通过一个操作智能平台（OIP，Operation Inteligence Platform），将智能分析与业务操作的交互进行集成，将智能分析响应周期从数周或数月提升到接近实时执行特定的交互。这对客户而言有两个关键，一是简化其表，精密其中；二是敏锐感知，智能响应。对银行而言也有两个特点：一是化繁为简，守正出新；二是模块组合，动态协同。综合而言，就是向“实时智能银行”

转型，所诏示的是未来银行客户体验发展的灵魂和实质。

在网络化、数字化环境下，商业银行要树立实时智能银行服务的理念，这个理念的核心是以客户为中心快速整合资源，主动、及时、智慧地响应客户金融服务需求。这里所说的“实时”是指“对客户需求的实时感知和响应”，但其不同于“实时企业”的是，这是“智能分析基础上的实时感知和响应”；“智能”的实质在于“对流程和数据进行测量分析基础上”“感知和响应”的决策支持能力，这些都必须综合起来落实到“实时智能业务操作”（Real-time intelligent business ope，以下简称 RTIBO）。例如，银行能及时识别和提示客户一笔支付的账户处理方式是不是对于客户最省钱，或者对于可能是卡片丢失后的异地支付对客户进行核实。“实时”加“智能”体验的成熟度越高，客户满意度、忠诚度和价值贡献度越大。

RTIBO 是“实时智能银行”的核心能力，“实时智能银行”是从以客户为中心的视角看的；从银行视角看，RTIBO 也是“智慧银行”的核心能力。笔者认为，综合银行及其客户视角，“实时智能银行”的理念也许更为突出重点，更能贴近客户和银行的双重利益。如何理解这个数字化、网络化时代的双重利益，我们从被所有零售银行认作核心技能的积分管理和交叉销售来分析，在实时智能银行时代，这一核心命脉必须继续围绕以客户为中心而进化。例如，客户到梅西百货（Macy’s）刷转账卡购物，银行可以提供优惠信息，让他下次到潘尼百货（JCPenney）刷转账卡享有某个比例的折扣，他不必携带出示折扣券，只要在潘尼百货刷卡，折扣金额就可自动从该商品的消费金额中扣除；综合近期客户刷卡情景分析，银行在完成刷卡及折扣服务后，及时向客户推荐了本行借贷合一卡服务，可以在转账卡（转账卡是借记卡的一种）余额不足时自动转向贷记卡。客户不管这种实时智能的超级体验是银行如何整合了多个商户合作，如何将客户消费情景资料对照客户既有卡片资料，如何整合了过去长期各行其是的信用卡和借记卡部门实现的。注意：积分折扣在这里已被平滑整合进银行服务流程，交叉销售是基于智能的情景组合分析。在这个情景（Context）为王的时代，哪个银行能提供这种情境感知（Context awareness）服务，客户就忠诚于哪个银行。

（二）何谓“实时智能银行业务操作”转型

关于什么是“化云为雨”的能力，实际上是银行为提供实时智能的情境感知

（Context awareness）服务，就必须梳理列明想要锁定的商机情景与潜在的触发事件（event triggers），才能在事件发生时立刻启动对应的响应方案。与此同时，还需要防范一切披着互联网外衣“借尸还魂”的信用、流动和操作性风险，例如反洗钱、反欺诈，以及风险预警和预控等银行内部管理必须无缝嵌入流程之中，而不是给客户添麻烦。对这种智能分析基础上的实时感知响应，单独的大数据分析仅仅是个噱头，因为若想使分析产生价值，就必须结合流程分析，界定目标数据产生自哪些流程，又被哪些流程所使用；单独的部门级、分行级流程优化也不能成就 RTIBO，也单独成就不了“实时智能银行”或“智慧银行”。这是因为流程挖掘必须结合数据挖掘，因为这些新兴的业务行为潮流，要求银行具备融合企业级流程能力和数据能力的实时智能业务操作能力，利用嵌入流程的分析方法支持更好的业务决策，促进员工知识积累，适应从银行自身一直延展到跨界价值链，乃至产业网的能力整合。基于 RTIBO 的流程在其运行的业务环境中是聪明的，可以对外部事件做出响应。RTIBO 可以把实时的操作性的智能技术整合进业务运行的交易系统或物理操作。实时的操作性智能是由以下三种技术中的一种或者多种组成的。

（1）事件监测工具，用于提升关注水平。

（2）决策管理及惯例式分析工具，用于做出更优决策。

（3）工作流及流程编排引擎，用于协调更协作、灵活、高效的业务流程。

RTIBO 驱动业务变革在不同银行中有不同的契合度，这取决于银行自身流程的成熟度、缩短产品推出市场时间需求的强烈程度及银行的风险偏好特征。成功实践表明，RTIBO 驱动业务变革与 OODA 循环是紧密结合的，OODA 循环最初由约翰•博伊德（John•Boyd）在 20 世纪 60 年代设想，以此提高空战技巧，在商业上也同样有长期的应用。在 OODA 框架中，决策是一个连续的四部分构成的循环，分别是观察（Observe）、定向（Orient）、决策（Decide）和行动（Act）。

- 观察——从环境中获取信息。
- 定向——基于过去的经验及知识，把获取的信息代入整体业务环境中，从而理解信息。
- 决策——从可行的行动中决定最优解。

- 行动——执行决策结果。

银行可以在以下三个方面部署 OODA 循环，作为推进 RTIBO 的切入点。

（1）使用领先指标预测可能发生的威胁，采取主动的前瞻式决策，而不是等威胁实际发生后再进行被动的反应式决策。主要对应 OODA 循环的观察、定位两个阶段，该阶段的目标是收集关于当前事件的信息，赋予信息在业务环境中的含义，使业务人员能够足够关注这些信息，如某零售银行使用事件处理平台实时监测信用卡交易，防止可能的信用卡欺诈。银行的风险部门首先对过去的信用卡欺诈开展了数个月的统计分析，确定了信用卡欺诈常见的一些共性模式。一些更精明的罪犯会在实施大额非法交易前利用一些小额交易探测银行反欺诈系统的灵敏性，该银行的系统目前会查找在短时间内由同一发起方发起的小额交易，并以此作为一种预测未来发生重大欺诈可能性的方法。

（2）培养、促进自动化决策的能力，使最优的后续行动能够在合理的时间内得到执行，从而获取需要的业务结果。主要对应 OODA 循环的决策阶段，该阶段的目标是在清楚认识最终结果的同时，最快做出最优决策。当前多数业务决策并不是在智能分析方法的支持下得出的，但是对范围广阔的数据源采用分析方法和明确的业务规则可以使银行做出更好的决策。例如，一家大型金融机构的公司业务部门，原先使用手工流程续签所有小企业信贷产品，后来引进了可自定义的行为模型及一套资质认证标准，用于衡量每个账户的风险水平和风险敞口，从而提升了续约的处理效率及透明度。新流程使用从多个内外部系统获取的客户行为数据，并从数据仓库监测客户数据更新的完整性，自动向第三方发出请求，获取更多关于担保人及所有者的信息。新流程采用了趋势分析的方法，在数据中识别异常，通过主动分析的方法触发合适的后续处理流程，保证异常账户不会自动续约。又如，当银行客户有新的行为发生时，银行的业务规则管理系统（BRMS）更新客户档案，基于客户所处的生命周期阶段及其他信息计算客户最可能的金融需求，决定最能贴合客户需求的 60 种营销方案，并将营销用的信息及客户在何种渠道能够购买产品推送给客户。在闭环上的另一个反馈系统会记录客户的反应，从而改善未来的营销行为与结果。这整套系统包含了客户数据集市，用于编排事件式营销的合约历史信息及业务规则，可以计算客户的档案信息。

（3）推行敏捷流程、应用系统与技术，及时响应不断变更的环境。主要对应

OODA 循环的决策阶段，该阶段的目的是在短时间内，对不断变化的业务环境、业务方向及业务决策做出反应，并监测已采取的行动，保证这些行动可以获得期望的业务产出。为了实现这一目标，设计流程时需要融入敏捷特征，例如明确的工作流、规则、服务及目标。如一家北美大型零售商采用智能业务流程管理系统（iBPMS）检查客户档案、购买偏好、消费习惯，与客户所处位置、忠诚度等级信息关联分析后，生成相关性最高、最有可能推荐成功的产品。例如，一个在百货公司购物的消费者在走进一家男士皮鞋店时可能会从 iPhone 中获得一条购买男士丝质领带的推荐信息。这样一条推荐信息之所以会产生，是因为打算购买男士皮鞋作为礼物的消费者在 65%的情况下更可能最终购买了男士丝质领带，同时百货公司正好打算减少丝质领带的库存。于是相关联的客户购买偏好与业务目标，共同产生了对消费者及百货公司都最相关的推荐产品。这样一套由业务流程管理（BPM）、主数据管理（MDM）、面向服务的架构（SOA）、复杂事件处理（CEP）与分析方法共同发挥作用的实时推荐引擎，自动选择最佳的推荐信息，并且通过最合适的渠道推送给客户。

（三）如何推行“实时智能银行业务操作”转型

在中国年轻人中风行的互联网“穿越”小说中，主人公无论是“灵魂穿越”还是“身体穿越”，无论“穿越”到宋朝还是清朝，“穿越”速度都是快如闪电。商业银行实施智能化转型可不是“穿越”那样简单，面对的是逐渐数字化的消费者和企业，面对的是“个性化展现数据”和“跨界整合数据”的数字化需求。在商业银行考虑如何“化云为雨”的问题时，必须意识到伴随业务变革的速度越来越快，企业应能够提供战略优势、创新及具备更短产品推出市场时间的流程来响应加速中的变革，否则就有可能面临落后甚至被淘汰的结果。业务专家如何才能直接在已经完成信息系统实施的流程中驱动变革，同时还不对当前高质量的流程产出造成负面影响，这是每个企业目前都在面临并且亟待解决的难题。为解决上述难题，银行战略决策者和业务流程管理者需要做好如下四方面的准备。

（1）采用标准化、结构化、组件化、参数化的方法，全面梳理并整合业务模型，这里说的业务模型包括事件模型、流程模型、产品模型、数据模型，以及用户界面体验模型。

（2）围绕流程及与流程紧密相关的应用系统与服务，倾听、观察可能影响业务操作的商机或预警迹象。

（3）通过推行描述式、预测式和惯例式的分析手段，寻求使决策更及时的方法。

（4）构建能够遵循新兴模式、流程、活动，以及应用的系统，从而在必要时支持实时做出主动的前瞻式决策，或被动的反应式决策。这四方面的准备共同为实时智能银行业务操作提供基础。

由于推行实时智能业务操作的过程和 OODA 循环具有密切的联系，因此在 OODA 循环的不同阶段都有一些值得企业关注的关键问题。

观察与定向阶段，应重点解决如下两个问题。

（1）利用统计分析工具研究过去流程的历史数据，包括事件日志与业务流程历史数据库，发现会造成重大问题的事件模式。

（2）使用实时或准实时的系统来持续监测关键流程中威胁或问题可能发生的迹象。向业务人员发出警报或者部署能自动对警报做出反应的系统，使得提前检测出问题的价值最大化。

在决策阶段，应重点解决如下两个问题。

（1）识别能够从更深入的内嵌式分析或从自动业务规则管理系统的支持中获益的决策。

（2）考虑在运用分析方法时采用新的并行模式或前后顺序模式，支持人工决策。

在行动阶段，应识别需要实时智能流程产出的业务流程，并至少先在一条流程中实施，用以验证实时智能流程产出的概念和效能。然后根据银行战略转型目标，制定全面推进实时智能银行战略转型的路线图。

例如，如果银行决定将小微企业金融服务作为实时智能金融服务的切入点，可参考市场上已有的“有效追踪现金流、提醒企业到期应收账款、裁剪信贷或透支额度”等套装软件工具，让小微企业输入基本财务信息后就能得到收支平衡、现金流，以及各式各样的情景分析，就像企业版的个人财务管理（Personal Financial

Management，PFM）工具，称为小微企业财务管理（Small and Micro Businesses Financial Management，SMBFM）。同时，银行可以动态分析客户资产负债平衡，在客户资金不足提出信贷申请时能实时决策，在客户资金盈余时实时提供财富增值服务。汇丰银行的 HSBC Net 推出应付账款整合服务（accounts payable integration）已有一段时间，客户可以以此服务开立电子发票，也能更准确地预测及管理现金流。这里的重点是要简化流程，让付款更快速，也要把小微企业应付及应收账款流程与银行服务流程结合得更好。

实时智能的银行服务并非孤军奋战，它将与实时智能城市建设融为一体。例如，仍在建设中的韩国松岛新城，包括智能家居、智能商店、智能学校、智能医院、智能银行，实时智能生活无处不在：及时宜居环境指数、数小时之间的天气变化情况、几秒钟智能身份识别……一切都和数字化、网络化环境下的实时智能有关，一张智能卡，就能让居民轻松完成付款任务，查询医疗记录和开门等一系列琐事，这就是松岛实时智能生活。从 2009 年起，全球知名 IT 公司成为仁川市政府与盖尔公司的战略合作伙伴，将“智慧互联城市”的建设理念实践在松岛的建设中，并协助松岛制定了智能城市远景目标：实现无缝通信服务，包括宽带网络、四网服务、基于地点的服务，实现一卡通、智能卡、多功能设备智能化，媒体、车站等新一代信息通信市政设施智能化，实现医疗、安保、信息安全等智能化，实现交通信息、宜居环境服务、城市地理信息系统智能化，实现门户网站、呼叫中心、礼宾服务智能化。

向实时智能银行转型已是“风劲云急”，哪个银行能够领先一步培育将战略能力转化为流程能力和应用能力的“造雨能力”，哪个银行就能领先一步“化云为雨”，吞吐潮汐……

参考资料

1. 诺贝尔奖官网，挪威及英国 3 名科学家获 2014 诺贝尔生理学或医学奖——发现大脑定位系统细胞，2014 年 10 月 6 日。
2. Gartner，Use Intelligent Business Operations to Create Business Advantage，Published：20 March 2013。
3. IBM 商业价值研究院，《智慧的银行》（Smarter Banking），2009 年 11 月。

二．站在历史的门槛上：面向未来，谁主沉浮？——保险业三个之问

王和[1]

在以互联网为代表的科技时代，传统行业，特别是传统金融保险业面临着严峻的挑战。我们怎么面对这些挑战，如何解读，如何应对？我认为关键要从“根本”入手，即回答好“根本之问”。如果“根本之问”回答不好，就不可能有“根本解”。“根本之问”是回避不了的，与其让别人旁敲侧击地要“逆袭”你，不如坦然地面对，因为这种面对，不仅仅是为了对付别人，更是为了成全自己，既是为了救赎，也是为了坚定，更是为了涅槃重生。

当下，我们特别需要做一个回望，看看保险的一些根本性东西，回答“根本之问”，目的是正本清源，把握根本，这是获得根本解的前提、基础和保证。前不久我给《财经》杂志写了一篇文章“追问互联网金融”，副标题是“重读《货币银行学》笔记”，我写了“六问”，主要讲互联网企业可能“逆袭”传统金融行业的逻辑起点在哪里。把“逻辑起点”弄清楚，才能给自己一次“重生”的机会。因为，“逆袭”是在所难免的，不管你愿意不愿意！重要的是要把最基础和根本的东西搞清楚，金融学最基本的是《货币银行学》，所以，我们有必要去重新看看《货币银行学》所构建的现代金融体系的基本逻辑是什么，这些逻辑是否还成立？如果不再成立，或者需要成立新的，应该怎么办。我有一个观点：互联网是金融失散多年的“孪生兄弟”，他们之间是有血缘关系的。我曾经讲过一个话题：互联网和金融的“血缘”与“姻缘”。如果你把二者的血缘关系理清了，就能够找到他们的“姻缘”联系，就能够找到一个共鸣点和结合点，或者说找到了一个基于“共鸣”的新商业模式。

我们还是回到保险业，保险业“根本之问”，即保险的立业之本有三：一是预测，就是让我们觉得挺神秘的精算。二是大数，从根本上讲，保险是一个“广大

---

1 王和，中国人民财产保险股份有限公司执行副总裁。

人民群众”的事业，需要一个数的集合。三是专业，就是我们经营管理的各种技术，如风险管理。保险业的存在主要是靠这“三招”，下面，我们就分别问问它们。

第一阶段，我们来问预测。看一看“预测”的前世今生。预测，对于我们中华民族而言，并不陌生。历史上，比较权威的有《易经》，比较民俗的就是我们经常在影视剧中看到的场景，一个戴着黑墨镜的“李半仙”。为什么我们一直对预测这个问题很关注？因为我国属于农耕社会，基本上属于靠天吃饭，所以，总是希望通过各种办法，如观天象来预测气候，了解自然的变化，更好地开展农耕活动。同时，由于知识的局限，古人觉得“生老病死”神秘莫测，所以，也希望能够通过某种方法了解和预测自身，于是，就有了占卜这些东西。在这里我想说的是：“半仙”你可以挑战他，但随着时间的推移，我们会发现《易经》是有很深的科学道理的。这是第一阶段，也可以称为预测的混沌时期，这个阶段一直延续几千年。

之后出现了统计和计量经济，预测进入第二阶段。我们通过采集一定的样本数，积累一定的数据，然后做所谓的回归分析，据此发现事物发展的规律，以此预测未来，大家非常熟悉的就是保险精算。我们通过一定的样本量，通过建模，通过回归分析做预测。但渐渐地，特别是金融危机之后，我们觉得这些东西好像也不是很靠谱，因为，如果这些工具都非常靠谱，那么你如何解释金融危机的产生呢？导致金融危机的那些金融产品，大多是华尔街搞出来的，他们拿着一大堆资料跟你讲：定价模型是如何建立的，回归曲线是非常漂亮的，这个价格肯定没错，买，一定赚钱。后来怎么样？大家都看到了。所以，我就斗胆讲了一句话，曲线是可以按需回归的，模型也能够自我实现。只要“有心”，曲线总是能“回归”的。这个阶段，我把它定义为有限预测时期，因为，这种预测是有前提和条件的，是相对和局限的，它受到主观干扰的空间比较大。

第三阶段，就是现在，出现了搜索引擎、互联网、物联网、感应技术、神经网络和大数据，这些现代科技，它们从根本上挑战了传统的预测。从保险精算的角度看，会出现两个现象，一个叫数据变迁，一个叫原理革命。所谓数据变迁，是指在大数据的背景下，作为预测重要基础的数据将发生一系列，而且是本质性的变化。

第一，是从质量，到数量和维度。以往我们所能够拿到的数据量都是非常有限的，你们能够拿到多少样本，五千个，一万个？这些样本还是通过街头调查来的，还不知道是不是真的，还可能带有很强的主观色彩，所以，样本数量非常有限，且真实性也难以保证，并不能说明问题。那个时期，数据的数量有限，质量无从保证，维度也非常有限。在互联网和大数据时代，数据的数量和维度都得到了极大的丰富。这种数量和维度的丰富，同时挑战了质量，即如果数量足够多，即使质量不太理想，同样也能够描述和解释对象。

第二，是从内到外。过去我们更多的是关注行业和企业内部数据，保险精算也多是关注理赔数据，但它们能说明的问题非常有限。比如说车险，我们按照所谓的风险因子进行分类。如人的因素，分成性别、年龄、职业、婚姻、是否有孩子，抽不抽烟，但你觉得这几个因素都一样的人，他们开车的习惯或者风险能一样吗？也许一个是“女汉子”，一个是“林妹妹”，开起车来的风险肯定不一样。但如果我们利用车载 OBD 记录仪和路上摄像头的数据跟踪这些车辆，得到的结论就可能完全不一样。我们再看看寿险，这个问题就更明显。我国大陆地区每年有 70 亿次的门诊量，这些门诊数据肯定比我们所有赔案里的数据多得多，也更能够解释疾病风险、治疗成本和生命表问题。还有一个非常重要的问题，这些数据的实时性更强，现在保险定价用的数据往往是许多年前的数据。所以，从历史数据到当期数据，从样本数据到全量数据，这些都是未来保险精算面临的所谓“数据变迁”带来的挑战。

再就是所谓的原理革命。保险精算原来更多的是追求一种因果关系的解释，我们做归因分析，通过解读历史，预测未来。但我们越来越发现：未来与历史，其实并没那么大的关系，随着社会的发展，这个问题会越来越明显。你会发现一个个体的风险，往往不是历史因素决定的，而是由现实的一些关系决定的。举一个例子，传统保险要确定一个人的风险状况，基本思路是通过对整个家族的历史做一个系统分析，做一个归因分析，判断这个人大概是什么性格，行为风险如何，可能患什么疾病，你觉得这靠谱吗？不要说他的太奶奶、奶奶，就是他妈，跟他生活环境都可能完全不一样，那么，风险因素又怎么可能一样。但反过来，如果你要知道这个人的情况，你只要找几个跟他关系最近的人，通过他们的描述，就基本上可以把他“刻画”出来，比如他的生活习惯，是否抽烟喝酒，开车是不是很猛。从根本上讲，这是从回答“为什么（why）”转换到回答“是什么（what）”，这是精算的原理变迁。还有，就是前面谈到的从抽样到全量，因此，未来我们可能从“大数时代”逐步走向“多维时代”，通过多个维度，以几何学的思维，就可以把这个人定义出来，刻画出来。我们不再需要从单一维度，纵向深入探究，而是通过一个平面上的多个点，将这个人刻画出来。

就预测而言，在互联网和物联网的时代，更大的挑战来自技术创新及无处不在的感应终端。前几年，谷歌开发了一个“流感监测软件”，原理就是按照搜索引擎上，人们检索与流感症状相关的词条，如“打喷嚏”、“流鼻涕”等，就可以判断出这个地方可能发生流感了，而这种方法，无论是在成本，还是在时间上，都比传统模式大大节省时间并提前。因此，谷歌的流行病预测要比美国官方快得多，而且成本还低。还有就是关于迁徙的问题，在前几年，百度利用人们手机的定位系统，做了一个“国人春节迁徙图”，不要小看这张迁徙图，这个图揭示了移动信息和聚集信息，而“移动”和“聚集”均属于风险要素。

接下来这个例子，与保险的关系就更直接了，一些国家开始利用“电磁波比地震波跑得快”的原理，开展地震预警，并将地震预警系统绑定手机，这样就能够在第一时间开展非常有效的预警。在灾难预警方面，有一个“黄金十秒”定律，即如果能提前十秒预警，大约能降低 39%的人身伤亡。日本是较早开展这项工作的国家，国际上有一个“地震捕手”的项目，在全球范围内征集志愿者，开展地震预测。我国四川等地也开展了类似的地震预警工作，在 2014 年 10 月 7 日的景谷地震中，昆明居民提前 67 秒就得到了预警。

第二，我们再问大数。保险和金融业所有的存在，都是靠大数。大数靠什么？传统的大数靠三个东西，一个是机构，需要建很多的机构网点；一个是产品，要开发各种各样的产品；还有时间，要日积月累大量客户。传统金融企业要实现数的集合，都要通过这三个要素来实现。同时，不管是从可能性，还是从效率上讲，实际上都有一个比较高的门槛。但互联网，特别是社交网络将彻底改变这一切，看看姚晨，她微博的粉丝是 6900 万，可谓是“富可敌国”，因为，泰国全国人口也不到 6900 万。更有甚者是陈坤，据说他用“粉丝”做起了生意，并成功地开展了“粉丝经营”，粉丝每年交 100 多元会费，就可以跟他互动，还可以优先看到一些东西，如新专辑等。有人算过，他的粉丝大概有 7000 多万，只要有 1%参与，就是 70 万人，一个人花 100 元，每年陈坤就可能有 7000 万元的进账。你再看看那些门户网站，他们旗下的“子民”都是数以亿计，他们所集合的量，所能创造出的价值，是你难以想象的，这就是互联网的力量。

第三，我们问问专业，从传统的角度看，我们对专业的认识，更多是“信息”加上“智慧”，许多所谓的“专业”，更多的是基于信息不对称。但在互联网时代，特别是搜索引擎的出现，专业，这个概念受到很大的挑战。现在，千万别随便说自己是“专家”，因为，任何人只要随便搜索一下，就什么都知道。有一次，我去参加一个讲座，我的邻座问我：是否认识这位专家？我非常详细地向他介绍这位专家的背景，他肃然起敬，说你真了不起，什么都知道。我就笑了，其实，我不过是两分钟前“百度”了这位专家而已。互联网时代赋予“专家”以全新的内涵，出现了“社会脑”和“互联网进化”的概念。还有，就是人工智能的出现，机器人的出现，也从根本上挑战了传统对于“专家”的认识。

大家可能会问，如果说“预测”的光环不再了、数的集合模式改变了、专业存在方式颠覆了，那么，未来金融业如何存在，保险业如何存在？这是一个很大的问题。确实，互联网时代可能给预测带来一种质的飞跃，最富想象力的是神经网络技术在预测领域的应用，它将改写整个预测科学。如果预测科学突破了，意味着“不确定性”问题面临巨大挑战。人们买保险，从根本上讲就是买不确定性，如果越来越多的东西都确定了，还买什么？所以，保险业面临着一个根本性追问，即预测是为什么。

第一，从保险经营的角度看，预测的目的是定价，如果说未来“预测”本身也面临着根本性的挑战，那么，保险业就需要重新思考“定价在前，成本在后”这种经营模式的可持续性问题。面向未来，可能需要一种基于相对动态的定价模式。如“前定价”加“后定价”，甚至是完全的“后定价”模式。因为，我们知道保险的根本目的不是简单地为了获得赔款，而是形成并参与到一种互助组织之中。如果我们回到这个“出发点”看问题，就能够理解，预测和精算不过是完成互助费用的分摊，那么，这种分摊在前，还是在后并不重要。特别是未来，随着互联网时代的发展，互助保险将出现“回归”，并将改变传统保险对预测和精算的认识，如德国的“朋友保险公司”和上海的“抗癌公社”模式。

第二，看大数的集合问题，我们不妨回顾一下“集合”的历史。在人类发展的原始阶段，更多是以一种个体、独立和被动的方式面对风险。随着社会的发展，出现各种组织，如公社、部落和家庭，这种社会组织的出现，实现了一种风险分散和损失共担的模式，如我国古代的“义仓”制度。“义仓”就是在一个部落中，在正常年份，每个人拿一点粮食放到这个仓库里去，等到灾荒之年，或者遇到征战有人死了，就可以从义仓里拿粮食。

后来，随着社会的分工和进步，出现了商业保险公司。这种市场化的机制能够实现有序和相对高效的集合，但这是一种相对被动的集合。用现代保险制度理论来解释，是建立一个社会保险基金池，通过这个平台实现投保人之间的互助共济。然而，显而易见的是，这种集合是相对粗放的，不能很好地体现个体的风险特征和偏好。更重要的是，其运营效率已受到越来越多的质疑和挑战。

到了互联网时代，传统的集合方式，特别是效率问题将成为互联网“逆袭”的突破口。互联网对保险的最大贡献是推动集合方式的进化，即它让更多元和个性化的集合方式成为了可能，会出现一种我称之为“和而不同”的新模式。人们完全可以根据各自的风险偏好，形成一种相对个性化的互助组合，并对组合拥有知情权和选择权。同时，不同组合之间还可以形成更大范围的互助和平衡。举一个例子，如汽车俱乐部，同品牌，甚至是同款的车主，就可以集合成一个相对同质化的，或者是风险偏好相似的组合，这种组合除了可以在内部实现风险分担，还可以通过再保，实现更大范围的风险分散。

除了上述话题外，面向未来，我还想跟大家交流两个话题。一是“减量管理”，准确地讲是保险应当从等量管理走向减量管理。传统保险更多的是基于等量管理的经营理念，即用被保险人的保费，形成保险基金，在扣除税收和费用之后，以赔款的方式在给被保险人进行分配，这就是传统的保险模式。但未来这无疑将面临巨大的挑战，因为保险行业认为30%~35%的费用是正常的，是“国际惯例”，但这个费用率是不是合理，经不经得起互联网时代的“考验”，是传统保险行业不得不面对的挑战，因为以后就不再是你说了算了！记得2007年，我带着一个团队做交强险听证工作，消费者代表就质疑：我们交了1000亿元的保费，你们保险行业就用了300多亿元。我们觉得“天经地义”，别人觉得“不可思议”。那么，合理的费用率是多少？大家可能没有答案，但我认为市场肯定有答案！也肯定不会是35%！因为这个数字背后挑战的是保险整个行业的效率问题。也许有的公司会认为那样没法做，那是你的事情，市场的逻辑就是优胜劣汰，你做不了，自有人做。所以，我认为“减量管理”是一个思路，我们要通过为社会和客户创造价值来分享价值。

二是“风险心理学”，这个话题很大，我简要说一下。我提出“风险心理学”的概念，核心诉求是解决行业的社会责任和贡献问题。我们知道：风险在很大程度上是由人的主观及预期决定的，即风险是主观与客观的差异。有的时候，你没有感觉到风险，问题就出在你的主观认识不够，也就是我们常说的“无知者无畏”，而保险在解决“风险心理学”方面是可以大有作为的。首先，保险可以通过解决信息不对称问题，缩短主观认识与客观实际之间的距离，让更多的人能够客观和科学地认知风险，继而解决预期、决策与行动问题。其次，保险可以通过专业管理和服务，稳定预期，继而稳定心理，从而实现心理与预期，心理与风险改善的良性互动与协同，就能够改善人们“心理账户”的资产负债表状况，提升社会的“幸福指数”，为社会带来福祉。

三．互联网+保险

蔡浩[1]

（一）2014 年互联网保险呈现的特点

1. 持续高速增长，市场开拓潜力巨大

据公开数据统计，2014 年我国互联网保险业务收入 859 亿元，较 2013 年增长 195.19%，持续了 2012 年以来的高速增长。2014 年全行业保险公司数量为 141 家，经营互联网保险业务公司数量增长至 85 家，较 2013 年增长 41.67%，数量占比达到了 60.28%。

尽管互联网保险业在近几年的发展中已经呈现出蓬勃旺盛的生命力，但其在 2014 年全行业保费占比中仅有 4.24%，总体规模偏小。从国际经验来看，欧美乃至韩日发达保险市场，互联网保险业务占比在 15%～25%，尤其是在责任简单、易

1 蔡浩，毕业于首都经济贸易大学金融系，金融学（保险）专业，经济学学士，现任中华联合财产保险股份有限公司北京分公司车辆保险部总经理，十年车险从业经历。

于售卖的车险等险种上，保费占比最高达到了将近 40%，相比之下，我国的互联网保险业务仍具有极大的发展潜力。2011 年—2014 年互联网保险业务收入及保险公司数量如表 7-1 所示。

表 7-1　2011 年—2014 年互联网保险业务收入及保险公司数量

年度	2011 年	2012 年	2013 年	2014 年
保费收入（亿元）	32	106	291	859
保费增长率	0.00%	232.10%	174.05%	195.19%
公司数量	28	34	60	85
公司数量增长率	0.00%	21.43%	76.47%	41.67%

2. 行业发展重心逐渐由销售渠道向客户需求转移

2012 年互联网保险业进入高速发展期，保险公司普遍将互联网作为一个重要的产品销售渠道，诸多刷新投保记录的“爆款”，其本质仍是把传统保险产品包装后放到互联网渠道来卖。从公开数据来看，当前互联网人身险的三大模式中，公司自建网站的保费收入占比约为 5%，远低于第三方电商销售平台及互联网保险中介平台，同样一款产品，在不同销售渠道表现出了巨大反差。这一时期，互联网保险的表现，其实更应该看作是互联网营销思维对传统保险行业营销的冲击与启迪。

互联网保险第三方电商平台销售的火爆，最直接的影响是平台销售费用的不断攀升，当保险行业逐渐发现互联网作为“销售渠道”创新发展，以实现“去中介化而降低成本”的初衷逐渐成为历史时，新的变革也在同时酝酿。2014 年，可以称作是互联网产品创新爆发的一年。

2014 年 2 月 16 日，长安责任保险推出摇号险，最低 10 元可投保；3 月 14 日，平安养老险推出雾霾健康险，保费 90.4 元；3 月 17 日，人保财险推出雾霾险，保费最低仅 78 元。这几款产品虽然赚足了眼球，但上线几天即被监管部门叫停。不过从另一个角度来看，这些产品虽然出师未捷身先死，却拉开了互联网保险“创新”的大幕。

紧接着，我们在这一年中，看到了阳光保险推出的国内首款透明化精算报告的健康重疾险产品，看到了众安保险针对电商消保环节的保证金问题推出的参聚险等保证金保险；看到了平安保险的支付宝网银被盗险在淘宝保险频道成为月度销量冠军；看到了在“双 11”当天销售退货运费险 1.86 亿份的又一个世界纪录。以上种种，标志着 2014 年互联网保险正在由“销售渠道”上拼创意向“客户需求”上求创新而积极改变，已经逐渐脱离了以往单纯将保险产品放到网上卖的发展模式，正在走向针对互联网金融在商品信用、支付安全、售后保障等各环节产生的风险而开发产品的创新之路，“产品创新”是 2014 年互联网保险发展的鲜明标签。

3. 市场规范逐渐加强，保障行业健康发展

2014 年，互联网保险在持续的高速发展中也逐渐暴露出一些问题，以往的一些“爆款”产品，如 2012 年、2013 年在“双 11”、“双 12”期间爆发增长的万能险，过分强调互联网营销思维，依靠高预定收益率冲刺保费规模，忽略了保险的保障本质；雾霾险、摇号险偏离了可保利益原则与大数法则，引发了这些新险种到底是保险还是博彩的社会争议。

2014 年 4 月 15 日，中国保监会发布《关于规范人身保险公司经营互联网保险有关问题的通知（征求意见稿）》，其中明确要求“经营期间偿付能力保持充足Ⅱ类”（偿付能力充足率保持在 150%以上）的寿险公司才可以开展互联网保险业务，而且明确了产品销售必须明示保险产品属性，不得承诺保本保收益字样及充分履行风险提示义务。

2014 年 8 月 26 日起，珠江人寿、国华人寿和弘康人寿陆续发布公告，“由于服务系统将进行更新升级作业，暂时无法在官网及天猫旗舰店等电商渠道购买保险产品”。在随后超过一周的时间内，三家寿险公司的“系统升级”均未完成。进入 9 月，更多的保险公司开始纷纷下架网销保险理财产品，包括泰康人寿、阳光保险、长城人寿在内的多家寿险公司的官网及天猫旗舰店中也已无法购买理财型保险产品。

2014 年 6 月 26 日，中国保监会发布保监产险〔2014〕88 号《中国保监会关于规范财产保险公司保险产品开发销售有关问题的紧急通知》，明确了保监会“一贯倡导金融创新，鼓励保险公司不断开发满足人民群众切实需要的保险产品。”的监管要求。但是，同时也严格要求保险公司，产品开发应当符合保险原理。保险事故发生时，被保险人对保险标的必须有法律上承认的利益，严禁开发带有赌博或博彩性质的保险产品；保险公司开发的保险产品应当尊重社会公德，保险产品的命名应当清晰明了，且与保险责任紧密关联，不得以博取消费者眼球为目的，进行恶意炒作。

此项监管要求的出台，意在进一步规范互联网保险的创新发展，引导其回归风险保障的保险本源，毕竟，互联网保险的本质仍是保险，满足不了大多数保险消费者对于保险保障的需求的创新必将是没有生命力的。

4. 新国十条出台，鼓励互联网保险发展

2014 年 8 月，保险业“新国十条”出台，明确提出支持保险公司积极运用网络、云计算、大数据、移动互联网等新技术促进保险业销售渠道和服务模式创新。

新国十条为互联网保险未来的发展指明了方向。以云计算和大数据为代表的新技术已经在融入并深刻影响人们的生活，已成为当前引领金融行业变革的关键因素，倒逼传统保险业转型升级，要求传统保险业必须跳出“就保险谈保险”的惯性思维，要积极转变思维、积极行动。

“小额、海量、高频、碎片化”虽然最能体现互联网保险的特点，但这也仅是构成互联网保险的一个方面，还有更多的领域等待着现代保险业去探索、去挖掘，只有把发展现代保险服务业放在经济社会工作的整体布局中统筹考虑，以改革创新的思路去践行，才能在大数据时代加快互联网保险业的良好快速发展。

（二）2015 年互联网保险发展展望

1. 互联网保险将继续保持高速增长趋势

无论从宏观政策层面来看（“新国十条”出台对互联网保险发展的肯定与鼓励），还是从微观经济层面来看（互联网保险的深度远低于国际水平），甚至从更习惯于网购生活的“80 后”、“90 后”逐渐成为保险消费主力军来看，都让我们有理由坚信，互联网保险仍将具备保持三位数高速增长的潜力，有望突破 1500 亿元的保费规模。

2. “深耕”将成为2015年互联网保险的新标签

走过了销售渠道创新、客户需求创新的互联网保险，正在逐渐回归保险的保障本源，通过大数据的手段挖掘新的社会需求、创造新的产品，根据保险消费者的保障需求，结合互联网保险的特点进行客户需求的深耕，正成为2015年互联网保险发展的大趋势。

在寿险方面，可穿戴设备的应用将使“按需定制”保险产品得以真正实现，阳光保险等公司正在这条路上探索；产险方面，在电子商务领域，围绕商家信誉、产品真假、商品损坏、物流延误等问题设计产品，也是拥抱互联网的最便捷途径。我们已经看到在2015年，太平洋财险携手京东推出了太平洋美妆正品险；华泰财险也与在线外贸交易平台敦煌网签署战略合作协议，为敦煌网量身打造了一系列跨境电商风险保障计划，这也预示着2015年互联网保险的发展将会更具朝气、更接地气，必将走向一个新的发展里程。

3. 资本市场的介入将会进一步加剧市场竞争

2014年我们在观察中发现，资本市场对处在高速增长期的互联网保险业的关注度越来越高，一些与保险业务毫无关联的上市公司，已经开始在互联网保险行业布局。

京天利，通过其在“展业通-短信增值服务”实践中积累的保险行业服务经验与专业技术，收购上海誉好——专职经营航班延误险服务与手机延保服务的平台公司，将以车辆延保为未来业务增长点，正式进军互联网金融行业。

又如邦讯技术——主要是从事通信设备的研发、生产及销售的一家企业，在2014年5月斥资4900万元，占股80%，设立汇金讯通网络科技有限公司，建立“宝720”网站，目标为保险专兼业代理公司、个人代理人等用户提供互联网金融保险服务，目前已在2015年2月正式上线运营。

而更为庞大的潜伏军团则是近年来同样爆发式发展的汽车后市场电商服务平台，他们在O2O路径的拼杀中，不约而同地以整合汽车后市场服务资源为抓手，天然对汽车保险、延保保险、产品质量保险、销售信誉保险等保险电商领域具有亲切感；保险公司也与汽车后市场电商平台存在着资源互补开发、增强共同客户黏性的共同成长需要。

这些活跃在资本市场的公司，在2015年将会越来越多地参与到互联网保险生态圈中，甚至改变目前互联网保险业的竞争格局，使得互联网保险生态圈对大数据、对客户流量的竞争更加白热化。当然，充分的竞争也是行业发展的需要，大浪淘金，能够在可以预见的惨烈拼杀中生存下来的公司，也必将代领互联网保险行业不断前行。

互联网金融的发展为互联网保险带来了新的机遇，互联网思维与保险消费者的需求相融合，使保险业呈现出全新的发展活力，拓展了保险业的发展空间，2015年，将会有更加精彩的互联网保险奇迹等着我们所有从业者共同创造、共同分享！

参考文献

1.《互联网保险行业发展报告》，中国保险行业协会编著，北京，中国财政经济出版社，2014年。

2. 刘敬元：《去年互联网保险规模858亿元同比翻番》，2015年3月19日B2版《证券日报》。

第八章
人才培养

一. 敏捷人才发展：互联网金融行业人才发展新探索

潘昕[1]

（一）互联网金融行业人才瓶颈，让人才发展成为行业发展的重要课题

随着互联网金融行业的快速发展，在规模扩张影响下，使得人才出现行业性的数量短缺。行业跨越式的增长，使得市场上互联网金融的劳动力供给不能填补这种规模扩张留下的数量空白。

互联网金融作为传统金融与互联网思维的交叉结合体，如果按照能力模型的维度考量就要求平台从业者必须兼具统金融的专业知识和互联网思维模式，以此标准衡量符合行业需求的人才数量严重不足。众达朴信近日发布了《2014 年互联网金融行业薪酬调研报告》，显示互联网金融人才的稀缺已经带来薪酬泡沫，企业往往开出高价解决一时之需，企业固有的薪酬水平和结构已经无法满足市场的要求，往往会造成薪酬内部公平性的隐患。同事挖角这样的存量博弈终究只是挖了“东墙补西墙”，无益于解决行业总体人才短缺的现状。行业企业人才培养和发展成为亟待解决的难题。

---

1 潘昕，管理学硕士，高级人力资源师，2014 年 5 月加入先锋金融，在网信金融大学任教学副校长。搜狐职场一言堂特约培训师，ASSESS 系统授权讲师。任 2011—2014 中关村 IT 人才协会委员。

行业人才池的第一批输入无疑来源于互联网和传统金融这两个行业，然而这些人才的融入与转型速度仍然制约了行业整体人才的现状。一方面，人才的稀缺还会造成短期的人岗不匹配，有 1～2 年经验的人就可以当上经理，但其阅历、视野和职场成熟度却无法短期内建立起来，企业很被动地接受着人才的“晚熟”，另一方面，由于互联网金融是一个新兴行业，所以上升空间很大、职业通道几乎畅通无阻，所以有 2～3 年工作经验的人被晋升和提拔的概率会比其他岗位高得多。这无疑对行业企业干部培养和领导力发展提出了更高的要求。

网信金融大学隶属于先锋金融集团旗下，是专注于互联网金融行业人才发展培养的大学。基于我们对互联网金融人才的研究与理解，我们认为目前行业人才发展的重点应该着眼于：

（1）快速复制提升人才的专业适岗能力。

（2）人才梯队建设和管理者领导力发展。

（3）应对复杂变化的创造力思维和工作情商。

基于以上笔者以为，面对激烈的市场竞争环境和高速发展的行业，人才发展模式不能依照既往“瀑布式”的线性思维模式来谋划发展战略，必须转换思维模式，运用“互联网思维”、“非线性迭代思维”、“敏捷思维”、“用户思维”及“金融思维”等思维方式定位自身“角色”，探索和制定适应企业人才发展战略的新思维、新战略和新模式。

（二）直面行业人才挑战，互联网金融行业“敏捷”人才发展

互联网金融行业企业都处于企业生命周期的前半部分，快速扩张跨越发展的企业一般都存在：人员流动性大；文化聚焦难；业务难形成合力等诸多“成长中”的困惑。笔者以为，服务于这类企业的人才发展，必须打破常规，另辟蹊径，敏捷思维，按需快速反应，谋划企业大学与之相适应的服务模式体系；人才发展组织架构；课程开发体系和教学组织体系。

1. 互联网金融人才发展的“敏捷”组织架构

互联网金融人才发展在速度上要求互联网化，品质上要求金融化。因此，业内企业在打造人才发展体系的时候理念上要秉承“用户至上”；在“对接”上找准

定位，与所服务的企业形成荣辱与共关系，当好“战友”，在快速不断地交付用户可运行的软件的过程中，把“用户至上”放在第一位；在行为上要“小步快跑”，通过不断地与客户交互、共享所有权来交付可靠的成果；在实施中遵循“MVP原则”，通过实施根据具体情况而制定的策略、流程和做法来提高效率和可靠性。企业大学对业务的“敏捷”反映，就会做到：业务“战场”在哪里，我们的服务就在哪里，与公司业务并肩作战，同进退，共荣辱。

与之相适应，网信金融大学实行“项目管理制”体系，探索建立了全新的组织架构体系。与传统企业大学组织架构不同，网信金融大学从集团特点出发，采用“矩阵式”组织架构，横向基于大学业务流程和成员专长设计，纵向基于各业务板块的项目需求而定。项目组包括：业务合作组，密切跟进业务部门，探索业务需求；教学设计组，“迭代式”设计与开发；项目实施组，组织协调资源，保障落地与效果。矩阵式培训机构的优势相较之传统的企业培训部门设置而言，主要体现在几个方面。

同时具备学院（事业部）式与产品（项目）式组织结构的优点；针对“业务需求”与“组织能力”进行快速匹配。加强了横向联系，专业设备和人员得到了充分利用，就互联网金融行业培训部门现状实现了企业培训机构人力资源的弹性共享；具有较大的机动性，促进各种专业人员互相帮助，互相激发，相得益彰。

项目组每个成员始终都了解所在项目组的工作并为之负责。团队有很大的适应性，能接受新的思想和新的工作方法，增强培训部门对业务需求反应的灵活性与有效性。

2. 互联网金融人才发展的解决方案流水线

互联网金融行业企业的快速发展与日益扩大的人才缺口，要求企业人才发展工作更快速高效。因此，传统的需求分析到培训实施要数月甚至半年的速度显然无法跟上行业人才培养需求。因此，网信金融大学在基于企业自身实践的基础上提出了人才发展解决方案“流水线”的设计。让人才发展解决方案在个性化、定制化和可复制性上达成动态平衡。流水线的主要“工序”如下。

（1）组织业务研讨：共同研讨实现业务差异化和突破的关键点；明确通过培训能够快速解决的问题，达成培训要点共识。

（2）快速设计开发，卷入式开发：大学（培训部门）专家与业务专家共同制定开发策略与内容；课程要求易学、易做、易复制；一周内产出培训课程。

（3）组织实施资源，共建实施团队：打破资源限制，大学专家与业务专家共同成为授课讲师，快速推动实施。

在实施的过程中同时进行知识固化与粹取。令人才发展、知识管理和复制形成一个有机的迭代过程。在这一过程中，我们会得到很多有益的副产品。

（1）不断扩大的内部讲师团队：最初的联合讲师团成为首批专家，从通过培养后表现卓越的员工中筛选新讲师，快速满足大量新入职员工带来的培训需求。

（2）日益壮大的专家队伍：新讲师首次培训同时也是认证过程，通过专家组认证的讲师成为合格讲师和专家，快速组建一支专业过硬的专业团队。

（3）持续改进的课程内容：随着业务的发展变化和专家团队的扩大，及时更新和精进培训内容，使其与业务发展和变化保持同步，避免滞后。

3. 源于实践助力业务的案例模拟教学

互联网人才专业力提升由于缺乏外部的资源支持，以及内外部行业标杆效法，成为了行业人才发展的突出难题。加之行业人才紧缺，挖角严重，人员流动性非常大。如果投入很大功夫对某些员工进行培训，有可能结果是为他人造嫁衣。因此，如何帮助企业低成本、高效率快速复制经验、复制能力成为行业人才发展机构需要思考的课题。

从2014年后半年开始，网信金融大学尝试用案例和微案例对员工进行专业力和基层领导力的培训。案例教学历史悠久，并由于其明确的目的性、环境高还原（代入感）和突出的实践性为我们选择。同时，在部分领域，我们也通过沙盘等模型辅助案例进行教学。从而更好地通过模拟业务和商业模式提升关键员工专业业务能力和经营意识。

另外，案例的收集基本来源于各业务一线主管和业务骨干。开发案例的过程同时也是企业知识沉淀的过程，网信金融大学尝试在培训学员备学、研讨、实习、考核的过程中进行案例的二次收集、更新，让学员提升能力的同时也成为一个知识与经验的贡献者。在这一过程中，各业务线各岗位的内在能力需求“素质模型”

也逐步明晰。

随着集团各分公司、城市站的发展。网信金融大学也开始尝试社交媒体的微培训。比如在网信理财某战略级项目上，大学也推出了自我研发的三个系列微课程。同时，利用社交媒体的便利性在微课中开放 UGC（用户生成内容），通过互动找到业务一线的专家和实战经验。哪怕是一个反馈，一张截图，通过大学的重新编撰也可能丰富企业的知识管理体系。

4. 网贷营销的“绩效改进”实验田

基于互联网金融企业所处的特定时期，多数企业主在关注人才发展的同时，更需要人才发展和培训工作能够快速证明其对企业的价值，切实助力企业业绩的提升。这对于习惯打持久战的人才发展工作的从业者而言挑战无疑是巨大的。

网信金融大学身处互联网金融行业之中，针对行业特点也做了一些积极的尝试。让培训、人才发展、咨询和业务尽可能地做无缝链接。

在互联网金融公司营销趋势日益倾向线上线下结合的 O2O 模式的背景下，网信金融大学申请组建自己的财富端团队，成为集团营销的一个分支渠道。然而，与其他渠道定位为业绩导向不同，企业大学的渠道更多的是扮演试验田的角色。网信金融大学将跨行业的销售管理、激励等工具方法和理念在自由渠道进行试验，同时，根据渠道需求研发课程及销售支持工具，然后在试点团队拿到第一手的资料和数据。并将成功的方法、工具向全集团推儿广之。由于有业绩和数据说话，集团领导对大学推出的产品接纳度更高，同时在销售团队应用适应性和实战效果也更为明显。试验田收集需求—产品设计—试点实施观测—产品修订—推广到全公司，以上流程已经成为了网信金融大学推出营销培训咨询类产品的标准逻辑，得到公司的认可，同时渠道运营收入和利润又可以回馈企业大学提升大学的教学水平。随着网信金融大学逐步对外开展服务，这些服务也将向更多企业逐步开放。

（三）网信金融企业大学的创新性探索

1. 学习型组织文化梳理，全面提升互联网金融企业软实力

企业文化的建设，有助于提升企业文化软实力，本身就是人才发展体系中的重要一环。企业大学（企业人才发展部门）应当成为有效传播企业文化的“使者”

和“诊断”企业文化“病因”的“良医”。企业文化传播的持续性、体系性和多样性，也能弥补企业文化现阶段所面临的持续和系统两大难题。

多元化集团的文化挑战。对于互联网金融这一新兴行业，大多数企业面临着传统金融与互联网思维碰撞的文化挑战，文化的融合与重构显得尤为重要。企业在快速扩张的过程中，文化尚未沉淀形成；不相关多元业务快速生长，文化理念矛盾重重。企业人才发展部门应主动介入，咨询诊断，当好“顾问”和“医生”：参与文化审计“问诊”；介入内部认证“体检”；开出“处方”，沉淀“企业精神”，促进文化融合，推动战略落地。

准确诊断，实现文化突破。

问诊：组织能力审计。集团范围内广泛调研，发现支撑和阻碍当前发展的关键因素。

处方：文化研讨，群策群力。不同业务板块的新老骨干群策群力，剖析优势和问题背后的原因；从过去看未来，明确集团需要的核心价值观，并达成共识。

手术：行动落地。从内部制度流程到人才培养，多项同步转型，实现文化的逐层渗透。通过集团组织能力诊断，我们发现：组织层面“没文化”，文化不统一，难形成合力，成为制约组织发展的主要制约因素。人才发展部门如何做到“敏捷”介入文化工作？需要回答以下三个问题。

（1）当前最需要解决的文化问题是什么？

（2）大学在问题解决中承担什么角色？

（3）如何快速调动资源解决问题？

2. 出谋划策，发现与孵化企业内部的新机遇

网信金融大学以投资意识为核心的“金融思维”拓展思路，发现“新大陆”，创投、募股，搭建一站式股权众筹平台，着力助推企业，创新思维，投资创业，项目引领，提升价值，持续盈利。

慧眼“海选”，发现“好项目”。项目组与业务部门接洽寻找种子项目；随后对“海选”的项目予以初步筛选，项目组及专家实地了解项目孵化现状做出初评；

对筛选出的“好项目”在集团内部举办比赛活动，集团高管、投行部专家、企业大学专家担任项目评委；决赛入围 10 个内部项目进行路演；前三名获得奖金，并有希望获得公司的天使投资。

项目发展支持：大学专家组为项目发展提供战略文化梳理、业务流程优化、管理能力提升等服务；登录“原始会”网站，借助公司平台将优质项目推向市场。优秀学员不仅可以获得众筹网母公司网信金融的工作机会，还有机会斩获亿元创业资金。

互联网金融行业快速发展，要求行业企业人才发展从业者一直不断突破，不断地探索、优化，专注行业前沿，革故鼎新，也许对这个如朝阳般升起的行业而言，人才的竞争才刚刚开始。

二．异化社会与互联网金融人才培养

许玉道[1]　钱竑[2]

（一）异化

在互联网、物联网飞速发展的时代，我们的世界注定被极度异化。

那么，什么是异化呢？

异化相对于同化概念。同化是指一个人和他周围的群体，社会大众具有相似的理念、思维和行为方式。人是社会动物，在一个群体中生活，往往会被同化。同化是团队合作的基础。老话说：众人一心，其利断金。一个人被同化的结果是能很好地进行配合，促进团队效用的发挥。同化带来的团队作用，有助于稳定和分工，配合并促进了最初的劳动密集型生产。

1　许玉道，北京产融光华咨询有限公司董事总经理；中国注册金融分析师培养计划办公室主任，该培养计划由国务院发展研究中心金融研究所和中国金融教育发展基金会共同主办。许玉道持有北京工商大学学士学位，澳大利亚维多利亚大学硕士学位，长江商学院金融 MBA。

2　钱竑，中国注册金融分析师培养计划办公室副主任。历任北京产融光华咨询有限公司副总经理，全球网副总裁，法国达能饼干西南区域经理。毕业于新西兰梅西大学，管理专业。

随着经济和科技的不断发展，人们开始追求差异化。差异化不但满足了人类追求与众不同的天性，激发了更多的创造力，也使厂商得到了获取超额经济利润的可能。生产力越进步，人们的个性需求也就越多，也就会有更多的厂商试图通过产品差异、品牌和广告效应满足差异化的需求来取得标高金。这极大地促进了资本密集型经济的发展。

伴随互联网、物联网发展带来的异化概念必须和差异化完全不同，否则我们就不能说它是一个划时代的变革。

首先，它和差异化的不同必须体现在深度上。例如，自 1973 年摩托罗拉发明第一部手机，诺基亚及其他厂商生产了各类样式的成千上万种手机。在这个阶段，只能叫差异化。直到苹果和谷歌推出了智能机，每个用户都可以通过装载喜欢的 APP 拥有属于自己的独特属性的手机。可以说，在一个异化的世界里，每台手机都是不同的。当然，异化的进程远未结束。谷歌一直致力于开发属于未来的模块型手机，一个极度异化的状态是什么，现在谁也无法断言。

其次，异化和差异化的不同必须体现在广度上。差异化可能只是略微不同，而异化则是完全的不同。异化或者说多样性，一直是自然演化的趋势。从人类和植物、动物共同的祖先单细胞出现开始，经历了数十亿年的进化，生物的种类数量已经庞大到无法全部统计出来。社会也必须经历一个类似的，多样性发展的过程，才能被称为异化社会。

最后，必须体现在速度上。人类异化的迭代速度要远远超过过去及现在我们所能想象的。

异化社会里，在有限的资源条件下，社会中不同的消费者个体需求应该得到厂商最大限度的客制化满足，每个人不同的禀赋和特长都应该得到发挥。异化最终会使人类对自我和世界的探索达到极致。那么，随着互联网、物联网、机器学习、人工智能和生物科技等技术的发展，社会有可能进入一个在深度、广度和速度上极度异化发展的时代么？

（二）互联网异化社会

由于互联网、物联网极低的大规模数据交换成本，针对个体需求的了解和满足成为可能。互联网和物联网最大限度地记录了每个人作为个体所留下的数据足印，使追踪、发现并精准定位一个人的需求成为可能。随着分布式文件系统、分布式计算框架和分布式云存储等互联网大数据技术的发展，传统商业行为被彻底颠覆。从坐商、行商到电商，消费者的行为作为数据痕迹被越来越精准地进行记录和分析，并为商家所利用来推销商品，甚至设计生产极具个性化的产品。

不但是纯电商，线上结合实体的 O2O 也包含同样的概念。其本质就是线下零售的数字化运营，即收集、追踪、记录并分析客户的关键数据指标，满足个人的现场体验。这里我们引用自媒体@刘琪的商业观察[1]里的一篇文章，并由此观察互联网是如何通过数据化改变传统零售，使其满足更异化的需求的。整体数据化改革分为 5 个部分。

（1）通过部署物联网定位技术，同时开展和其他大数据源的合作，实时监测线下店运营状况，捕捉、分析和关注到店用户量 UV 和来源分析，从而准确判断和预测客流变化。

（2）通过部署物联网定位技术设备，实时获得报表视图，进行类似网页的 PV、跳出率和路径分析，科学地进行动线和布局优化处理。用户在室内停留的位置越多，时间越长，说明消费者的黏度越高，并结合跳出率分析用户是否无法在短时间内找到自己满意的商品信息。

（3）将线下的每一个店铺看成是线上网站的一个子类目，以此对比访问量与购买量、购买金额，就可以为店面设置一个类似转化率的业务预警指标。用节点和最终转化率分析代替坪效。这会使销售更关注每个具体的顾客。通过促销设计、商品排序、展示效果、购物路径优化等提高实际的到店转化率。至此，可以大致推测出销售情况，及时更正营销行为可能存在的问题。

（4）传统线下零售运营中，大部分的卖场使用全场打折的方式，缺少针对性的销售专场设计。零售商缺少必要的场景识别与专题设置来提升用户的购物体验。互联网和物联网能运用大数据挖掘技术进行新老用户分析、老用户复购率分析对

1 引自：2014 年 3 月 11 日，刘琪，《一个电商总监的顿悟：用 B2C 思维做 O2O？》。链接 http://mp.weixin.qq.com/s?__biz=MjM5NzIzMjg4MA==&mid=200056481&idx=1&sn=1f96ffe9bad414c7a08d2fc7a6933ca7&scene=1&key=8ea74966bf01cfb6144cb356986670820d3e808c585e5036f911f1d55029a73d983932c5b7b4c118ef5c9352a9ccad72&ascene=1&uin=MTE1MzMxNDM1&devicetype=webwx&version=70000001&pass_ticket=B0R7cUFFfHk7Z2Vb1lewJlxAAOq2lwNatfHvY5fydyA%3D。

客户的背景、购买行为进行全面的了解、记录和分析。一方面提高用户体验提升到店客流；另一方面可以通过对老用户的回馈提高忠诚度。

（5）线下商超运营，对应的是商品陈列问题，特别是品牌的橱窗陈列，成败好坏非常重要。一般来说，品牌商更清楚该如何陈列，并有自己的陈列设计，而零售渠道商很少参与。物联网出现后，可以通过虚拟店铺和增强现实技术进行 AB Test 与新品曝光率分析，并通过用户行为数据和转化率数据进行实时调优，设计决定新品的个性化销售推广策略，比如目前网络电商所说的爆款商品、主力销售商品、打折商品、长尾商品等。当然，未来的销售策略不止于此，也很有可能是极度异化的。

以上还仅是零售实体系统的初步异化。未来，在一个由智能厨房、智能家居、自动驾驶汽车、车联网、智能物业和零售，智能型生产企业组成的高效运营的大数据分析体系中，客户的行为都被详细记录与分析，其隐含的独特的消费需求被直接、高效、低成本的满足。在传统商业社会里，这种个性化的需求是难以被厂商大范围捕捉并满足的。这种新的，C2B 的生产方式也就是工业 4.0 的概念。

根据维基百科[1]的记载："工业 4.0 研究项目由德国提出，并已上升为国家级战略。包含了工业生产由集中式控制向分布式增强型控制的基本模式转变，目标是建立一个高度灵活的个性化和数字化的产品与服务的生产模式。在这种模式中，创造新价值的过程发生改变，产业链分工将被重组。工业 4.0 旨通过充分利用信息通信技术和网络空间虚拟系统——信息物理系统相结合的手段，将制造业向智能化转型。工业 4.0 项目主要分为三大主题，一是智能工厂，重点研究智能化生产系统及过程，以及网络化分布式生产设施的实现；二是智能生产，主要涉及整个企业的生产物流管理、人机互动及 3D 技术在工业生产过程中的应用等；三是智能物流，主要通过互联网、物联网、务联网整合物流资源，充分发挥现有物流资源供应方的效率。"

简单来说，工业 4.0 的概念就是在资源有效使用的前提下，让消费者体会"想什么就有什么"的极度异化的需求满足，从而极大地刺激需求对经济的拉动。这种生产和生活方式的改变，会彻底颠覆很多企业、行业，甚至是整个社会，并影

1 引自：维基百科，工业 4.0。链接 http://zh.wikipedia.org/wiki/%E5%B7%A5%E6%A5%AD4.0。

响我们很多的传统看法。金融行业作为百业之母和整个经济发展的助推剂，在这种异化变革下，更是不能独善其身。

（三）互联网异化下的金融人才培养

一个独立的人或企业既可能是资金的提供者（存款人、投资人），也可能是资金的使用者（借款人、被投资对象）。同时，其金融消费和供给需求有可能完全不一样，具有完全的特殊性。它们可能是复杂的，多层次的，跨市场，跨国家的。互联网大数据的应用在这里可以发挥得淋漓尽致。独特的需求和供给只有在大数据下，才能被完美地进行匹配，从而更好地为实体经济的发展提供推动。这样一种背景又对金融人才的培养提出了特殊的要求。

互联网金融人才首先需要具有全面的金融知识体系。随着人工智能等技术的进步，传统职位不是变得更多，而是变得更少了。面对各种跨界的竞争，我们的金融从业者要具备全面、完善的知识体系，以流动资产、客户财富为方向，以债券市场、货币市场、资本市场、商品市场、产权市场为主战场，迎接金融业发展的大机遇和大挑战。

为此，国务院发展研究中心金融研究所和中国人民银行所属中国金融教育发展基金合作，借鉴并吸收国际经验，在近十年实践的基础上，共同推出“中国注册金融分析师培养计划（简称 CRFA）”。CRFA 与全球通用的国际注册金融分析师知识体系和标准几乎完全一致。在十年中国本土教学和金融实践的基础上，通过借鉴、吸收国际前沿理论和方法，并与中国的金融法规环境相结合，形成了完整的具有一定前瞻性的专业化、系统化、标准化的本土知识体系。课程体系每三年左右更新一次，以反映华尔街、伦敦、香港等国际金融市场金融分析、投资决策方法、工具、思路和模型的最新变化。

CRFA 包含如下核心知识模块：《中国金融法规》、《职业道德与专业标准》、《定量分析》、《经济学》、《全球金融市场与工具》、《财务分析》、《企业资本运作》、《权益投资分析》、《债券价值评估》、《金融衍生工具分析》、《另类投资分析》、《投资组合管理》和《风险控制》。这几乎涵盖了金融业所有的必备知识。

此外，中国注册金融分析师培养计划除了对学员的专业知识技能、工作经验有严格要求之外，与国内其他人才培训项目的最大不同是：所有通过全国统一考试和工作经验审核的学员，还必须出具工作单位开具的“遵守职业道德”的证明，才能够最终获得主办机构颁发的证书。

正如国务院参事、国务院发展研究中心金融研究所名誉所长夏斌和基金会理事长初本德分别指出的：“中国注册金融分析师不单是帮助青年金融人才最终获得一纸权威的资格证书，更重要的是让学员打开国际视野，系统提升专业能力，积聚金融资源，全面加速在金融领域的职业成长步伐”。“本培养计划是中国各类金融机构，尤其是银行类金融机构从内控流程管理，转向以资产和客户财富管理，从传统息差业务转向以金融市场综合经营和中间业务为大趋势下的人才需求方向。尤其在中国人民币利率、汇率市场化、国际化的大背景下，中国注册金融分析师人才的培养对中国各类金融机构具有战略意义”。

拥有全面系统的金融知识体系只是互联网时代金融从业人员的最基本要求，而这也是远远不够的。互联网金融人才还需要能迅速理解互联网颠覆影响下的企业营运模式。企业是互联网金融的重要组成部分，满足中小企业的融资需求更是互联网金融低成本高效率的体现。如何迅速理解企业的运营模式，特别是评估互联网的影响，如何给企业带来机遇和风险是每个互联网金融人才的必修课。在互联网和物联网的影响下，企业的运营模式和竞争对手都可能发生意想不到的变化。

传统的 ERP 和 CRM 提供的相关结构化信息是不足的，但作为一种最优化整合资源的理论，以及多年来累积的历史数据，传统的 ERP 可以帮助互联网金融人才迅速理解目标企业的经营策略，发现与整个价值链相关的重要信息节点，通过共享重要的及时信息发现风险，管控风险。同时，通过开展信息源合作，为进行相关重要信息关联度的大数据分析打下基础。

互联网金融人才还需要具备大数据挖掘和分析的能力。即便 ERP 能使我们迅速把握目标企业（融资对象）的特征，互联网金融人才仍需要借助大数据分析。通过使用个人用户和投资者相关的海量、非结构化和动态的数据进行算法建模，真正利用大数据资产满足客户的异化需求。大数据处理模式可以概括为四步，分别是采集、导入和预处理、统计和分析，以及数据挖掘。

大数据的采集、海量数据导入，牵涉过多的技术细节，而统计与分析主要利用分布式数据库，或者分布式计算集群对海量数据进行普通的分析和分类汇总。这些都不是我们关注的重点。互联网金融人才需要能充分掌握数据挖掘技术，如分类、相关、聚类、特征、异常分析、关联规则、神经网络算法和网页挖掘等，并根据工作需要，将这些技术运用到实际中去。在充分把握业务场景的前提下，进行业务抽象。通过各种算法进行建模，从而预测并最终实现方案落地。这关系到客户需求的把握和金融产品的创新。金融产品会比现在更丰富，并呈几何级数迅速增长。没有大数据挖掘技术的帮助，是无法想象、无法实现的。

互联网金融人才最重要的是具备异化思维和网络空间战略能力。单纯具备基本的金融知识、企业经营理论和大数据挖掘能力，并不是高级金融人才。只有具备战略思维才能成为真正的未来金融机构的管理者。异化思维的本质就是无限接近奇点（Technological Singularity）。在一个互联网，物联网为基础的异化世界里，人脑结合智能网络空间能最大限度地探索自身的极限，满足个体的欲望，实现个人的梦想，推进文明的发展。

网络空间概念[1]是由方兴东博士提出的。在一个一切皆互联的大数据时代，在一个信息和个人思想获得空前解放的网络空间时代（异化社会的基础），如何汇聚、提升和强化非权力影响力是金融和非金融企业都需要关注的战略焦点。网络空间不同于单纯的互联网概念，具有多个特性：虚拟性、自由性、即时性、全球性和复杂性。如何在一个全新的信息神经系统下，实施实时互动为基础的有机化运营；在一个组织边界透明的全球领域里，发挥非权力影响力；在结合物理空间和超现实的网络空间里，处理驾驭各类复杂关系和事件。这些都是互联网金融人才需要去研究的。简单来说，就是如何在异化社会中，获得影响力，同化他人。当然这种同化可能是暂时的。

金融人才只有配备了这样的思维和战略武器，才能在外部市场竞争和内部企业架构改组中发挥中坚力量。

无论我们是否接受，这都已经成为现实：我们所在的金融机构和我们的客户在这场科技进步引发的大变革中已经或即将被彻底改变。只有具备全面系统的金融知识、能迅速理解互联网颠覆大潮下的企业营运模式，掌握大数据分析能力，并拥有异化思维和网络空间战略能力的复合型人才才能在互联网金融领域独领风骚。唯有拥有这样的人才我们的金融机构才能生存下去。

1　参考资料：方兴东、刘伟：《阿里巴巴正传》，江苏文艺出版社，2015年。

第九章 媒体与营销

一．互联网金融媒体生活化之路

郭莉[1]

2014 年，“促进互联网金融健康发展”被写入政府工作报告，这是首次从国家层面对互联网金融予以肯定。2015 年，政府工作报告再次“发声”，这次，李克强总理用了“互联网金融异军突起”来描述。

互联网金融（IT FIN）是依托于支付、云计算、社交网络及搜索引擎等互联网工具，实现资金融通、支付和信息中介等业务的一种新兴金融。经历了网上银行、第三方支付、个人贷款、企业融资等多阶段后的互联网金融行业正以迅猛的速度在生活领域飞速发展。那么，在传统金融行业向互联网金融转型过程中，媒体该如何扮演好一个“教育”“引导”的角色，让冷冰冰的金融理念生活化，并实现金融价值成为媒体人必须深刻思考的问题。

2013 年以来，中国的互联网金融迅速崛起，其发展速度超过人们预期，各种众筹、移动支付和互联网金融财务管理及销售平台如雨后春笋般快速成长。其中最成功的案例莫过于腾讯在 2014 年春节推出的“微信红包”。曾经的年夜饭、春晚、短信拜年等大家长期形成的新春习惯，被移动互联网的“红包”玩法彻底颠覆。2015 年春节过后，掀起这轮轰轰烈烈大战的两位主角微信和支付宝分别发布

---

1 郭莉，熊猫自媒体媒介总监，TMedia 特约顾问。

数据：春节期间微信红包收发总量为32.7亿次，“春晚摇一摇”互动总量超过110亿次，截至大年初三，支付宝红包总参与人数（排重）已经超过1亿。这一惊人数据，以其“惊人”姿态昭示着互联网金融的全面到来。

而媒体关于“微信红包”的关键词搜索在百度多达12800000个，关于“支付宝红包”的关键词搜索也高达12300000个。专注自媒体搜索的搜索工具搜狗搜索里关于“春节微信红包”的关键词搜索竟也高达64760条结果。这说明将互联网金融概念化，赋予其符合百姓生活的玩法并结合媒体的预热宣传、后续发酵及自媒体的大量曝光让互联网金融的媒体生活化初见端倪。

伴随着人们生活水平的不断提高，投资理财逐渐成为人们的刚需。金融产品也因此不断涌现。在互联网金融产品良莠不齐的情况下，“互联网金融”也成为机遇与挑战并存的代名词，而网络则成为了老百姓了解互联网金融、P2P等相关概念近乎唯一的通道。夹杂着这些概念的网络文章则充当了若干概念的“引路者”，互联网金融的概念通过文章报道、甚至百度推广被人们所熟悉，很大程度上也引领了百姓的消费、投资、理财的习惯。在消费者不能清晰分辨出网络流行的互联网金融概念及相关的理财产品的情况下，网贷之家、网贷天眼等互联网金融属性的媒体理应起到对网络内容的监管、甄别的工作。让百姓的投资、理财等习惯变得更生活化的同时更加安全。

移动互联网时代，互联网金融通过媒体生活化是一项长期的、并且艰难的过程。但对百姓的金融理念及投资、理财等习惯的改变，具有深远的影响。

二．品牌建设和媒体关系

李珣[1]

（一）企业公众形象和品牌

随着互联网金融市场的发展，企业形象和品牌将越发重要，成为市场竞争的

1 李珣，凤凰科技高级编辑，报道互联网金融、芯片行业等领域，TMedia特约顾问。

重要因素之一。企业公众形象，即企业给公众的印象，来源于公众对于企业的直接接触及媒体形象。而品牌，则是包含企业形象、产品和服务形象在内的，人们心中抽象化的、能识别的心智概念。企业形象和品牌的优良与否，将直接关系到产品竞争。

在以往，受限于传播媒介，企业形象和品牌的建立往往依赖于媒体传播。而在自媒体和移动时代，这种“媒体垄断”被打破，企业得以以更直接的渠道联系到最终用户和消费者，从而使形象和品牌建设过程更加复杂和多样化。

总之，无论是媒体渠道还是去中介的直接渠道，其建立品牌和良好形象的最终目的还是一致的。结合当前互联网金融业的发展，笔者将企业形象和品牌形象建立的主要目标做如下的几点梳理。

1. 可信赖

金融业，信任是一大法宝。良好的信赖形象一是来源于专业的业务形象，另一方面，则来源于企业的代表的人格化形象，包括主要负责人、发言人、外界可触及的业务人员形象。

专业形象来源于自身体系的建设，以及适度的对外业务操作，通过加强自身建设完成。企业人格化形象，不仅包含个人外在形象，还包括谈吐、内涵等内在印象去建立。

2. 敢担当

互联网金融业打破了原来金融业稳重沉闷的形象，带来了活泼灵活的形象，但也带来了不稳定、风险高的形象。于是，对于互联网金融企业来说，担当成为一个差异化和赢得用户信心的核心因素。

敢担当形象的建立，一方面是加强企业内部风控体系的建设，用专业的业务来控制不确定性的发生；另一方面，则来源于风险事件发生之后，对于事件的处理。负责任、多从用户利益出发的理念，将有助于这一形象的建立。

3. 勇创新

互联网金融之所以这么火，很大一部分原因是出于其运用新科技和新思维，搅动传统金融行业。对于同业业务的竞争而言，无论是业务创新，还是体验创新，都将给竞争业务带来差异化；而对于新业务而言，创新则直接带来新的用户，以及市场份额。

创新形象的建立，来源于内在的产品创新，也来源于将内部创新做良好的表达。互联网金融的一大特点，是将原来高大上的金融服务，以创新的形式带给更多的普罗大众。将这些产品创新，以简单易懂的方式表达出来，将有助于品牌建设。比如，可以投入更多的多媒体互动的形式。

4. 好体验

移动互联网时代，用户对于体验的重视程度前所未有。良好的体验不仅来源于网站、移动端等产品媒介的UI界面，更来源于用户使用产品过程中的流程设计。

简单而言，就是通过简单有效的流程，设计、符合现代美学走向的UI界面，培育体验好的形象。

（二）品牌建设：公关和媒体关系

1. 了解媒体

媒体，就其通用定义而言，是指介于传播方和受众方之间的信息中介。广义的媒体包括广告、信息内容等多种形式，狭义的媒体指的是媒体机构产出的内容。从传播介质来分，可分为电视媒体、广播媒体、纸质媒体和网络媒体。从当前的媒体存在形态来看，有机构化媒体、自媒体的区分。

随着移动互联网的发展，媒体业也发生了深远的变革。移动化和自媒体化成为非常重要的趋势。随着自媒体，尤其是微信自媒体的发展，传统媒体的垄断优势已经被打破，自媒体在某些传播案例中，甚至已经占据了半壁以上的江山。并且，在传统媒体机构中，也越来越重视对自媒体的建设。

因此，在传统媒体和自媒体关系的过程中，要对传统媒体和新式自媒体都有了解。在传统媒体机构中，一般采用采编分离、条线报道的机制，即记者采写、编辑审核发布，记者和编辑职能不交叉，记者分行业条线进行报道。在网络媒体的门户网站方面，基本沿用了传统媒体的方式，在门户网站中会存在记者、编辑职位交叉的情况。在传统媒体机构中职能分开，即一个人既可以当记者也可以当编辑，但自己承担记者写稿任务时，编辑审核职能由另外一位同事担任。在垂直媒体和自媒体中，则大量存在记者、编辑职位职能合一的情况，即自己写了自己发。

2. 媒体公关体系的建立

（1）公关体系的建立。

企业建立公关体系，首先面临的选择是自有公关和外包公关。对于初创企业来讲，自有公关团队优势较为明显，可以将企业的信息以更快、更真诚的方式传递给媒体和公众。

对于公关体系，一般需要建立日常新闻发布机制，媒介购买和广告投放机制，重大、紧急和危机事件的公关机制。

（2）日常新闻发布机制。

对于企业日常新闻的发布机制，需要建立新闻稿撰写、审核、媒体通发、沟通的一系列工作环节的制度。撰写和审核的环节，需要对新闻进行准确描述，并适当融入故事性的因素，让新闻更好看。在媒体通发和沟通的环节，需要建立媒体联系库，同时通过不断的线上和线下的沟通，对记者和媒体的选题方向、报道方向有了解。

一般而言，传统新闻机构对于企业通稿都会有二次加工的过程，以符合新闻传播的中立性等各类原则。在二次加工和记者原发性选题的报道过程中，企业公关部门应该保持跟记者和媒体的积极沟通，以争取更真实地呈现企业信息。

（3）媒介购买和广告投放。

除了传统新闻机构的新闻性报道之外，媒体广告投放和软文投放也是传递企业和产品信息的重要渠道。对于广告、软文投放，可以自己建立体系，也可以交由代理进行。对于初创企业而言，媒介购买和广告投放体系的建立将耗费较多的经历，建议执行部分交由代理进行，企业方把控内容和投放平台即可。

媒介购买和广告投放是市场预算的一部分，品牌广告、效果倒流广告、软文的比例等选择，企业方可以根据自身企业情况进行适度的选择。

（4）媒体关系维护。

媒体关系的维护是公关工作的重要方面。总体而言，需要遵循“尊重”、“坦诚”、“专业”等关键词。尽管网络媒体的发展，使得媒体从业者的年龄越来越小，但对于媒体人的尊重，对媒体专业性的尊重不能因为资历、年龄而改变。同时，专业、坦诚的沟通也是关系维护的重要层面。无论是新闻通稿的撰写，还是企业信息的披露、回应，更加专业的操作，都有助于建立良好的媒体关系。

另外，通过非业务类的活动和私人活动，加强与报道本领域的记者的沟通。

（5）重大新闻和危机公关。

重大新闻一般是指影响到企业发展的重大事件的披露，比如融资、并购或者重大的业务发布和战略事宜。对于重大新闻，需要有一套比日常新闻更加慎重的应对机制。比如对重大事件的保密安排，需要对企业内部员工进行相关保密的培训和指引。重大新闻发布前，需要与重点媒体提前沟通，以便重点媒体的记者有所准备，便于第一时间的传播。

对于危机事件的公关处理，首先应该秉承“坦诚”、“快速反应”等原则，有步骤地将事件的影响降低到可承受的程度之内。首先，可以通过企业自有自媒体和媒体库的渠道，在第一时间发布事件的回应，此后通过更加多样化的公关方式妥善处理。

（三）品牌建设：自媒体和活动

1. 企业自媒体建设

自媒体时代，赋予了企业自建自媒体的方式，从而使得企业可以直接接触到最终用户。在企业自媒体的建设上，主要是微信公众号和微博的建设。尽管近两年，微博的影响力在下降，但微博的形式也不应该忽略。微博在新闻传播和意见领袖传播方面，依然具有不可或缺的作用。

当前，微信公众号取代微博，成为自媒体建设的主阵地。对于微信公众号的建设，除了日常的新闻发布之外，还应该具备更多自媒体的原创内容，以及设计丰富的线上活动，以加强粉丝的参与感。

2. 粉丝活动和线下活动

当前，线上线下融合的趋势在品牌建设的领域也愈发明显。某些互联网金融企业也开始运作诸如粉丝节这样的线下活动。将线上的影响力，转换到线下，不仅增强用户的参与感，而且有助于企业品牌形象的二次传播。

线下活动的运营需要选取符合企业当前发展方向的活动，比如投资者见面会、粉丝交流会、培训会等形式较为常见，也有成熟的案例可以参考。

三．P2P 行业社会化媒体营销与口碑管理

生菜网

2008 年，马云在“第七届中国企业领袖年会”演讲时说过这样一句话“如果银行不改变，我们改变银行。”2013 年余额宝横空出世，一场影响国人理财习惯的革命正在渐渐拉开帷幕。据央行 2014 年 2 月 15 日发布的 2014 年 1 月金融统计数据报告显示，当月人民币存款罕见地大幅减少了 9402 亿元。由此，“互联网金融”成为炙手可热的关键词，2014 年也成为互联网金融蓬勃发展的一年。

P2P 作为互联网金融业态中最火爆的领域，由于其个人对个人业务模式的特殊性，使得如何让投资用户建立起对平台的信任变得异常关键。面对大众投资者，社会化营销越来越深入人心，微博、微信等主流自媒体平台的内容推荐与互动更容易与受众人群建立关系及取得信任，而行业论坛、博客、SNS 社区等新媒体传播矩阵也渐渐成为大众获取行业信息的重点渠道，越来越被人们所关注。众所周知，小米之所以能在竞争激烈的 IT 领域突围，就是社会化营销的成功案例，依靠强大的粉丝力量崛起。同样的道理，P2P 基于借款端和投资端皆源自于社会大众，更加重视社会化媒体营销，才能尽快抢先建立舆论矩阵。

社会化媒体的崛起是近些年来互联网的一个发展趋势。不管是国外的 Facebook 和 Twitter，还是国内的微博、SNS 社区，都极大地改变了人们的生活，将我们带入了一个社交网络的时代。那么，社会化媒体的营销与传统的营销手段相比具有哪些突出的优势呢？

（一）社会化媒体营销与传统营销相比的优势

第一，社会化媒体可以精准定向目标客户。

社会化媒体掌握了大量的用户信息，通过对用户年龄、性别、工作、爱好等一些基本信息及发布、分享内容的分析，可以有效判断用户的喜好、消费习惯及购买能力等信息。还可以通过对受众群体的喜好分析，设计更受欢迎的产品，另外，也可以通过受众群体的条件筛选深度分析和挖掘潜在用户，开拓更多的获客渠道。

第二，社会化媒体拉近企业和用户的距离。

互动性曾经是网络媒体相较传统媒体的一个明显优势，但是直到社会化媒体的崛起，我们才真正体验到互动带来的巨大魔力。以前，通过传统媒体投放广告，根本无法看到用户的反馈，而官方网站、新闻网站和博客上的用户反馈也是单向或者不即时的，无法形成持续性互动。而企业自己的自媒体平台、论坛、SNS 社区等这些社会化媒体搭建了一个先天平等的对话平台，反馈信息透明、及时，这就形成了良好的持续互动，加强了解，增强品牌信赖感，从而为打造良好的品牌形象奠定了基础。此外，微博等社交媒体是一个天然的客户关系管理系统，通过寻找用户对企业品牌或产品的讨论或者埋怨，可以迅速地做出反馈，解决用户的问题。如果企业官方账号能与顾客或者潜在顾客形成良好的关系，让顾客把企业账号作为一个朋友的账号对待，那企业获得的价值将是难以估量的。

第三，社会化媒体低成本大数据营销与口碑管理。

通过对社会化媒体进行大量的用户数据分析或市场调查，企业便能有效地挖掘出用户的需求，为产品设计开发提供很好的市场依据。例如一个蛋糕供应商如果发现在社交网站上有大量的用户寻找欧式蛋糕的信息，就可以加大这方面的蛋糕设计开发，在社交网络出现以前，这几乎是不可能实现的，而现在，只要拿出些小礼品，在社交媒体上做一个活动，就会收到海量的用户反馈。

另外，社会化媒体用户数据分析也可以低成本地进行舆论监控和口碑管理。在社交网络出现以前，企业想对用户进行舆论监控的难度是很大的。现在，社交媒体在企业危机公关时发挥的作用已经得到了广泛认可，任何一个负面消息都是从小范围开始扩散的，只要企业能随时进行舆论监控，便可以有效地降低企业品牌危机产生和扩散的可能。众所周知，P2P 行业危机频发，而危机的发生更是关乎着企业的命脉及投资者的信任，以下传统公关行业危机公关应对原则可以作为借鉴。

原则一：保证信息的及时性。

危机很容易使人产生害怕或恐惧心理，因此保证信息及时性，让受众第一时间了解事件的情况，对危机公关至关重要。

原则二：保证受众的知情权。

随着社会的不断发展，公众对话语权的诉求越来越强烈。当危机发生时，所有危机受众都有权利参与到与之切身利益相关的决策活动中。危机公关的目的不应该是转移受众的视线，而是应该告诉受众真相，使他们能够参与到危机管理的工作中来，表现出积极合作的态度。

原则三：重视受众的想法。

危机发生时，受众所关注的并不仅仅是危机所造成的破坏或是得到的补偿，他们更关心的是当事方是否在意他们的想法，并给予足够的重视。如果他们发现当事方不能做到这些，就很难给予当事方以信任，化解危机也就变得更加困难。

原则四：保持坦诚。

始终保持坦诚的态度，面对危机不逃避，敢于承担责任，就容易取得受众的信任和谅解。危机公关的首要目的也就在于此，保持坦诚是保证危机公关得以有效实施的基本条件。

原则五：保证信源的一致性。

危机公关中最忌讳的就是所传递的信息存在不同，这样很容易误导公众和破坏危机中所建立起来的信任。如果当事方不能保证信息的一致性，那么危机管理将无从谈起。

原则六：保证与媒体的有效沟通。

媒体在危机公关中扮演了非常重要的角色，它既是信息的传递者，也是危机事件发展的监督者，所以保证与媒体的有效沟通直接影响了危机公关的走向和结果。

原则七：信息要言简意赅。

在危机公关的过程中，受众和媒体没有兴趣听长篇大论，他们需要的是言简意赅的核心内容，实时掌握事件的最新发展，内容还要通俗易懂，有利于传播。

原则八：整体策划。

危机公关虽然是因某个事件而发起的，具有不确定性，但制定危机公关方案时，需要站在整体的角度进行全面缜密的策划，才能保证危机公关的有效性。

第四，社会化媒体带来低成本的庞大粉丝经济。

无组织的组织力量确实是互联网带给我们的最大感触。通过社交网络，企业可以以很低的成本组织起一个庞大的粉丝宣传团队，而粉丝能带给企业多大的价值呢？举一个例子，小米手机现在有着庞大的粉丝团队，数量庞大的米粉成为了小米手机崛起的重要因素，每当小米手机有活动或者出新品，这些粉丝就会奔走相告，做足宣传，而这些，几乎是不需要成本的！如果没有社交网络，雷军想要把米粉们组织起来为小米做宣传，必然要花费极高的成本。此外，社会化媒体的公开信息也可以使我们有效地寻找到意见领袖，通过对意见领袖的宣传攻势，自然可以收获比大面积撒网更好的效果。

社会化媒体在营销方面的优势显而易见，但是同时也还有很多问题存在。比如社会化媒体营销的可控性差，投入产出比难以精确计算，等等。不过，随着社交网络时代的到来，社交媒体营销的体系也必然逐渐完善，所以，每一个营销人都不能选择躲避它，我们要直面这个新的挑战。

（二）社会化媒体营销渠道案例举例

在社会化媒体营销体系的建设中，P2P 平台首先应该建立自己的官方信息渠道，比如官方微博、微信、论坛、QQ 群等企业官方媒体渠道。平台可以从自身优势和特点上出发和用户进行内容营销的深度互动，制造有意思的话题和内容潜移默化地建立品牌形象，从而达到需求引导的目的。现在，很多 P2P 平台最早的一批用户中，有很大一部分来自于知乎社区，平台运营人员在知乎上不厌其烦地解答人们对平台及产品提出的众多质疑，而主动与潜在用户建立联系渠道的行为，这样的方式虽然需要一段时间的积累与维护，但与此同时也给平台带来巨大收益和忠诚度较高的优质用户。除此之外，很多 P2P 借贷平台同样选择了理财社区等垂直社交平台作为首选的宣传渠道，大家只要经常浏览理财、网贷等社区，就应该能经常看到各类网贷平台的身影。为了更好地提供优质的客户服务，越来越多的 P2P 平台建立了自己的官方论坛和 QQ 群，加强用户对平台和产品的讨论交流，官方客服人员则为用户答疑解惑。

据生菜网 CEO 刘应龙透露，目前 P2P 市场已经逐渐趋于饱和，2015 年 P2P 行业将会大洗牌，大量中小型平台将会被市场自然淘汰，但是 P2P 行业的发展势头依然强劲。市场的饱和意味着竞争的越发激烈，由于传统媒体及推广渠道成本的居高不下，所以越来越多的 P2P 平台潜心钻营各类社会化媒体营销渠道，如何找到更具性价比的推广渠道组合，成为了平台推广人员最急切的需要。

实际上，目前媒体媒介资源逐步细分，如何实现整合营销、精准营销，仍然是一门复杂的功课。据业内介绍，该平台 2014 年尝试了多个微营销案例，对于品牌粉丝的积聚发挥了化学反应，想要达到四两拨千斤的效果，内容营销是关键，好的内容才能引起大家的参与和互动。与此同时，针对不同受众人群使用媒体的习惯，把传统媒体和社会化媒体进行资源的最佳组合，才能在营销大战中突出重围。

四．移动端自媒体：品牌精准营销新思路探析

余瑞明[1]

自媒体的前世今生：移动互联网成就自媒体

2013 年，自媒体开始成为互联网巨头的标配，尽管各平台的自媒体定位和目的不一，但都体现了自媒体所代表的“内容生产”和“流量转化”已经得到了认可，不管是偏重签约作家的腾讯大家、百度百家；还是搭平台给自媒体唱戏的搜狐自媒体平台、插柳成荫的微信公众平台；以及由各类垂直媒体演变而来的自媒

1　余瑞明，搜狐新媒体营销策划 TMedia 自媒体顾问。

体平台如虎嗅、36 氪、钛媒体、速途等，自媒体的现状呈现出“花开两朵，各表一枝”的局面。

纷繁的自媒体发展战略，本身并没有告诉我们什么是自媒体，国内学界对此进行的研究也更侧重于新媒体领域。新媒体是相对于旧媒体的概念范畴，自媒体是一个全新的概念，具有自成体系的意义。

美国新闻学会对“自媒体”的定义是：“自媒体是普通大众经由数字科技强化、与全球知识体系相连之后，一种开始理解普通大众如何提供与分享他们本身的事实和新闻的途径。”

从这个定义上讲，自媒体的主体是“普通大众”而不是专业媒体编辑，它的定义意味着，自媒体的参与门槛极低且必须低到普通大众能接受；其次，自媒体的介质是互联网的高度发达、普及和全球化；最后，自媒体的内容产出是“普通大众提供与分享他们本身的事实和新闻”，即信息生产的平民化。

以上定义基本就把百度百家、腾讯大家，以及各类垂直媒体演变的签约作家和记者的自媒体平台排除了，这也是我对自媒体的定义：自媒体是专业的人做专业的内容传播，社会高度分工的时代，每个人都可以参与发声的事业，自媒体可以有事实的质量高低之分，但必须要有参与零门槛的平民价值观支持，警惕的是精英自诩把关人。

目前参与自媒体的主体基本可分为两类。

信息整合发布者，本质是媒体，自媒体大号即是此类。大号又可分为一开始就定位成信息集散地的媒体型账号，借助各媒体平台建立自己的影响力；另一种则是经由有影响力的自媒体演变而来，先由个人运营再到编辑团队运营，成为为用户提供越来越标准化、专业化、筛选化的内容产品。自媒体大号的本质都是重新演变成为一个媒体组织，有明确的运营策划、内容编辑、商务分工，对应着媒体组织的发行、编辑、广告等职能，是披着自媒体外衣的新媒体，其特征是信息整合化、内容栏目化、经营市场化、产品标准化，自媒体的个性越来越弱。

个人生产者，包括内容专业生产者如作家、记者和专业领域生产者。内容专业生产者本身是历史久远的自媒体角色，只是传播介质不断变化而已，专业生产者如作家、记者都是信息不对称社会形态下的信息整合者。自媒体的兴起，使专业领域的生产者开始成为专业信息生产和传播的最重要角色。同样受制于社会分工，在传统媒体时代，专业领域生产者很少主动发声，都是被动地等着专业生产者来挖掘信息。到了信息时代，信息的传播呈现出碎片化、量级指数级增长、公民个人的传播意识和求真意识觉醒、传播技术的日益便捷发达都给专业领域生产者的出现创造了条件。

从目前参与自媒体的主体和定义来看，真正促成自媒体的平台代表毋庸置疑是微信公众平台，微信的社交网络属性使得人人可参与、注意力集中、平台黏性强，可以说自媒体成于微信，但不会止步于微信，如图 9-1 所示。

图 9-1　自媒体成于微信却不止于微信

从自媒体的定义可知，自媒体并不算是一个完全全新的行业，忽略互联网这个介质的话，自媒体其实自古有之，专业内容生产者这个职业已经从文字发明后就存在了，只是受制于传播技术，他们没法自成一个媒体进行传播，必须受制于大众媒体的框架内。

但恰恰是因为互联网这个介质的高度发达和普及成就了自媒体。时至今日，自媒体能成功全依赖互联网技术的进步，另一方面是社会进步带来的教育高度普及，使自媒体的兴起具有了广泛的人才基础。

单从互联网的发展历程看，自媒体也在各个阶段有自己的发展特征，由博客时代的意识培养、到微博时代的人人参与、再到移动互联网时代的日趋成熟，自媒体和互联网的磨合伴随着中国互联网的整个发展史，如图 9-2 所示。

图 9-2 自媒体发展路径

（二）传播的转化困境：我的广告费一半去哪了

在品牌营销行业有一句话很出名：“我知道我的广告费有一半是浪费的，但我不知道到底是哪一半！”是在调侃品牌营销的转化效果总是那么难测和难以保证，客官不要妄想，完全精准的品牌营销传播现在也实现不了，但传播技术的改变正在大大改善这样的困境。

品牌营销的第一步是要知道你的目标客户在哪儿，才能进行有针对性的传播策划。对传统的大众媒体而言，受众的基数往往都很大，一份报纸发行千万、一部电视覆盖上亿观众都是稀松平常的，但难的是这种受众往往是被动接受信息的，传播转化率太低。

品牌精准传播是所有广告主一直以来的追求。媒介技术的进步也在一步步朝这个方向走：口口相传、书籍、报纸、杂志、广播、电视、互联网、移动互联网……无限接近。

目前而言，推动精准营销传播最火的手段是大数据，根据用户在互联网产生的大量无序数据进行跟踪和记录，预测用户的下一次行为。这种方法的难点在于大数据的积累和可利用性，能有成千上万的用户数据的往往是大的互联网巨头，单个品牌的合作成本太高。同时，针对跟踪用户隐私的法律问题一直是公众关注的焦点，进一步阻碍了大数据精准营销的可能性。单纯地从可操作难度和效果看，大数据营销是以大数据为基础、以预测为手段的定向传播，数据的采集是否精准、数据的分析是否准确都是一个黑箱子，目前也只能靠个别大数据供应商的自说自话了。

由此可见，互联网大数据应用一方面受制于互联网巨头，获取和可利用的难度大，另一方面则面临着真实性的问题，虚拟网络已经成为一个公众平台，每个人都会戴着面具上台表演，这种虚拟网络“表演”产生的用户需求是否真实有待商榷。

反观另一个大数据的重镇——中国移动、中国联通等网络服务供应商、银联等传统金融机构三方服务平台产生的数据更加真实和庞大，但受制于法律和公民隐私而未能得到利用和开发。再加上近些年，网民隐私的争议越来越大，谷歌等巨头倡议关闭网民上网记录跟踪等也让大数据精准营销蒙上了一层阴影。大数据营销之路短期内还难以成为品牌传播的利器。

在这样的背景下，其实自媒体提供了另一个解决思路：从用户的主动需求入手抓精准营销传播。从入口比例上讲，大部分用户都只会关心自己关心的事，对公共议题关注少，也就是说“公知”永远都是少数，这就不难理解微信朋友圈为什么到处都是心灵鸡汤、养生保健之类的信息了，其实这是强需求，只是被精英所不屑，虽然目前社会仍然是精英掌握话语权，但消费权利是平等的，所以你也可以理解三四线城镇的网购金额比一线城市高了。

物以类聚人以群分，自媒体最终都是导向建立一个具有共同兴趣、爱好和需求的圈子社群。因此，自媒体通过用户关注的内容获取用户需求的准确率就大大提高了，比如关注财经类自媒体的用户大部分具有金融背景或是关注金融的中高端用户，当对这类人群进行互联网金融产品的投资教育时，就变得容易多了，传播的转化率自然也高企。再比如，时尚类自媒体的粉丝，大多具备较强的消费能力和经济基础，对他们进行消费金融的营销传播是否就容易得多呢？品牌精准传播如图 9-3 所示。

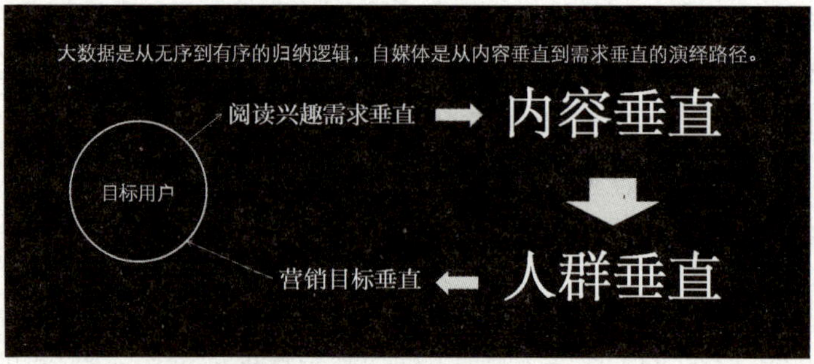

图 9-3　品牌精准传播图解

自媒体带来的营销价值不仅在于精准营销，还在于口碑传播。自媒体品牌大多是个人品牌，具有明显的公众或专业领域意见领袖的特征，通过他们做品牌传播背书能快速降低新品牌的目标用户“征信”难度，让用户很快接受新品牌。

当然，一方面，基于对自身品牌的维护和风险控制，自媒体对传播品牌的要求也高，必须要让自媒体自己先相信品牌的真实性和可信度；另一方面，移动互联网时代，海量的自媒体和碎片化的传播局面，使得品牌客户需要找到想要的自媒体渠道又变得非常困难和烦琐，有三个“不知道”困扰着品牌客户——不知道自媒体的营销模式有哪些、不知道有哪些合适的、不知道去哪里联系自媒体，有的品牌就愿意花 50 元去寻找收集一个自媒体，所以这就是自媒体经纪和中介的价值所在了，具有品牌营销从业经验，又有自媒体从业经验的人才显得更加稀缺。一方面，他们了解品牌客户的需求、能够准确表达传播需求；另一方面，长期与自媒体打交道，具备了良好的合作关系和自媒体营销思维，能够考虑自媒体的合作需求和顾忌，对双方进行合作撮合和监测。

说到自媒体经纪和中介，就不得不说到目前最火爆的自媒体联盟商业模式：由一个行业名人牵头组织垂直领域的自媒体联盟，通过业内从业经历收集整理、整理大量的自媒体资源进行贩售，成为自媒体的经销商。

但问题是大多数自媒体联盟都走上了传统公关公司的老路，对品牌客户进行肆意加价，比如笔者曾接触到某国内科技领域最知名自媒体联盟给客户报一个汽车自媒体的合作单价竟然是十几万元，而刚好笔者也与那个自媒体熟悉，其本人的对外合作价格不过 2 万元，宰客户情况实属严重。目前，各家自媒体联盟的自媒体报价普遍偏高，这是不利于自身发展的，也是有损自媒体行业的可持续商业化发展的。

自媒体是新兴媒体行业，互联网金融是新兴金融行业，目前两者的合作还是比较多的，而且通过自媒体得到较低成本、较高转化的案例也不少，下面举一个案例供参考。

（三）互联网金融的自媒体营销操作案例

互联网金融到今天，获客成本已经越来越高。据业内相关人士透露，大平台的投资客户获客成本大多在 200 元 ~ 500 元，品牌力没那么强的平台则需要上千元的成本，不拼风控等硬指标，单单拼获客成本的投入就可知，互联网金融离洗牌不远了。

目前，自媒体能进行按效果转化合作（CPS）的不多，大多数按效果转化合作的自媒体收费一般是在200元/个,同时参与6个月内的投资分成。以下案例为2014年10月底,合作时间1周,最终获得注册用户3848个,一周内促成投资金额7071544元。互联网金融中自媒体获客营销操作案例如图9-4所示。

用户名	充值金额	提现金额	有效金额
13****57	0.00元	0.00元	0.00元
18****93	0.00元	0.00元	0.00元
18****87	0.00元	0.00元	0.00元
18****39	100.00元	0.00元	101.00元
18****84	0.00元	0.00元	0.00元
18****28	40,000.00元	30,408.37元	40,456.00元
15****70	0.00元	0.00元	0.00元
13****00	0.00元	0.00元	0.00元
15****22	0.00元	0.00元	0.00元
13****86	0.00元	0.00元	0.00元
总计：3848	6,610,254.00元	636,883.98元	7,071,544.00元

图9-4　互联网金融中自媒体获客营销操作案例

现在很多互联网金融客户以为自媒体软文每篇动辄上万元很不划算，但从效果来看这些投入是值得的，相比于传统媒体来说，性价比极高。现在，优质的自媒体每日阅读访问量轻松过百万，已经把很多PC端的网络媒体远远甩开，而且注意力更加聚焦，传播效果更好。

从发展趋势来看，现在自媒体的合作成本还不算高，随着自媒体转化效果、付费模式的日益成熟和效果认可，以后加入的互联网金融品牌会更多，势必导致价格更贵，建议越早投入越好，品牌在借助自媒体曝光的同时还能获得实际转化，何乐而不为。

当然，一家正常的互联网金融企业营销肯定不会只偏重一个渠道，本文只是从自媒体的流量变现为互联网金融企业的营销提供一个新的思路，移动端营销势不可挡，自媒体营销大有可为。

第三部分

政策法规篇

对于互联网金融这一新兴业态，监管层一直保持包容与鼓励的态度，在监管上也遵循“适度监管、分类监管、协同监管、创新监管”的原则。从中我们也可以发现，行政干遇“一刀切”式的监管更多地被市场化手段所代替，从而进一步体现了市场化手段解决市场问题的理念。

互联网金融的热潮引来了地方政府的关注，全国各个地方纷纷出台政策，北京、上海、贵阳、深圳、广州、南京、武汉、青岛、成都、浙江等地均已出台或者拟出台相应的政策。同时，由于监管细则的空缺，例如 P2P 等领域在快速成长的过程中不可避免地出现欺诈、“跑路”等问题！如何让行业健康快速成长？如何保障与维护投资者的权益？如何平衡监管与发展两者之间的关系，不仅仅监管层需要考虑的，更需要我们所有参与者共同探索寻求解决之道。

——全球网

第十章
各地互联网金融政策汇总、解析

网贷之家研究院

互联网金融的热潮引来了地方政府的关注，全国各个地方纷纷出台政策，北京、上海、贵阳、深圳、广州、南京、武汉、青岛、成都、浙江等地均已出台或者拟出台相应的政策，如图 10-1 所示。

地区	时间	出台政策/意见征求稿
北京市	2013年8月	《石景山区支持互联网金融产业发展办法(试行)》
	2013年10月	《海淀区关于促进互联网金融创新发展的意见》
	2013年12月	《关于支持中关村互联网金融产业发展的若干措施》
天津市	2014年2月	《天津开发区推进互联网金融产业发展行动方案(2014-2016)》
深圳市	2014年3月	《深圳市人民政府关于支持互联网金融创新发展的指导意见》
广州市	2014年6月	《广州市支持互联网金融创新发展试行办法》(征求意见稿)
	2014年7月	《关于促进广州民间金融街互联网金融创新发展的若干意见》
贵阳市	2014年6月	《关于支持贵阳市互联网金融产业发展的若干政策措施(试行)》
南京市	2014年7月	《关于加快互联网金融产业发展的实施办法》
武汉市	2014年8月	《武汉市政府关于支持互联网金融产业发展实施意见》(征求意见稿)
上海市	2014年8月	《关于促进上海市互联网金融产业健康发展的若干意见》
	2014年9月	《长宁区关于促进互联网金融产业发展的实施意见》
青岛市	2014年10月	《鼓励发展新型业态和商业模式若干政策措施》
成都市	2014年11月	《成都高新区推进"三次创业"加快金融业发展的若干政策》
浙江省	2014年11月	《杭州市关于推进互联网金融创新发展的指导意见》
	2015年2月	《浙江省促进互联网金融持续健康发展暂行办法》

资料来源：网贷之家

图 10-1　各地互联网金融政策出台时间表

各地出台的政策虽然支持力度不同，但基本保持宽松和包容的态度，在监管上也遵循“适度监管、分类监管、协同监管、创新监管”的原则。各地政策在具体的支持细则上，存在些许差异，下面分别对市辖区和直辖市、地级市政策细则进行对比。

一．直辖市、地级市政策对比

对上海市、南京市、贵阳市、深圳市四个直辖市、地级市分别从对互联网金融企业的支持、对载体（产业园、孵化器、孵化园）支持、风险防控措施三方面进行分析。

（一）对互联网企业的支持

上海市：对互联网金融领域的新兴业态和创新模式，上海市战略性新兴产业发展专项资金、服务业发展引导资金、高新技术成果转化专项资金等财政资金予以重点支持，并支持进行软件企业、高新技术企业、技术先进型服务企业等方面的认定。

贵阳市：根据实收资本，给予 50 万元 ~ 500 万元的奖励；市、区（市、县）两级政府每年按照企业当年入库营业税及企业所得税地方留成部分的 50%，给予连续三年的奖励扶持资金；设置“贵阳市互联网金融创新奖”。

深圳市：企业所得税年度达到 500 万元以上（含）后，参照深府〔2009〕6 号银行类金融机构一级分支机构待遇享受相关政策，即一次性奖励 200 万元；可申报互联网产业发展专项资金及金融创新奖。

南京市：对经领导小组认定的重点项目，每家给予不超过 50 万元的资金补贴；对经领导小组认定的重点示范企业，每家给予不超过 100 万元的资金补贴；实行“一企一策”。

（二）对载体（产业园、孵化器、孵化园）的支持

上海市：对有特色的互联网金融产业基地制定有针对性的政策措施，对优秀

互联网金融产业基地（园区），市、区县两级政府可给予一定支持。

贵阳市：给予最高不超过每年 30 万元的房租补贴和业务经费补贴，连续支持不超过两年。

深圳市：符合条件的互联网金融产业园区，可申报科技型企业孵化器项目资助。

南京市：对经领导小组认定的互联网金融示范区一次性给予 100 万元的资金补贴；对经领导小组认定的互联网金融孵化器一次性给予 50 万元的资金补贴。

（三）风险防控措施

上海市：严厉打击互联网金融领域的各类违法犯罪行为；引导互联网金融企业增强合规经营意识、提升风险防控能力；支持开展行业自律与第三方监测评估；健全互联网金融风险防控与安全保障机制；加强投资者教育和金融消费者权益保护。

贵阳市：建立完善的互联网金融企业信用评价体系；培育成立贵阳互联网金融协会；加强投资者的风险教育；建立互联网金融企业健全信息披露机制和风险应急机制；建立健全多部门联动机制。

深圳市：建立互联网金融行业自律组织。建立互联网金融联席会议制度和工作机制，推进互联网金融纠纷处理、争议协调、法律咨询、消费者维权等制度建设；打击互联网金融违法违规行为；加强互联网金融投资者的风险教育。

南京市：支持征信机构建立网络金融征信系统；组建由互联网金融研究机构、行业组织、龙头企业和（类）金融机构共同参与的互联网金融行业协会。

二．市辖区政策对比

对天津开发区、北京海淀区、北京石景区、上海长宁区四个市辖区政策从投入资金额度、落户奖励、办公用房补贴、财政贡献补贴、小微服务奖励五方面进行对比分析。

（一）投入资金额度

天津开发区：设立额度为 1 亿元的互联网金融产业发展专项资金。

北京海淀区：发起设立互联网金融产业投资引导基金，纳入现有 5 亿元海淀区创业投资引导基金统一管理。

北京石景区：设立每年 1 亿元互联网金融产业发展专项资金奖励。

上海长宁区：设立专项投资基金，基金一期规模为 2.5 亿元；设立长宁区创建“国家信息消费示范城区”专项资金，每年安排 5000 万元。

（二）落户奖励

天津开发区：根据注册资金及对开发区的实际财政贡献，给予不超过 200 万元的运营扶持。

北京石景区：经认定符合条件的互联网金融企业可享受一次性开办补贴 100 万元。

上海长宁区：对认定的总部型互联网金融企业，按照长宁区发展总部经济的有关政策予以支持。

（三）办公用房补贴

天津开发区：对在产业基地购买办公用房，给予 1000 元/平方米（最高 1000 万元）的资金扶持；租赁办公用房，三年内给予最高 30 元/平方米/月的租金扶持。新购建的自用办公房产所缴纳的契税给予 100%的扶持，房产税给予三年 100%的扶持。

北京海淀区：参照金融机构享受《海淀区促进科技金融创新发展支持办法》（海行规发〔2012〕7 号）相关的购房补贴和三年租房价格补贴。对入驻海淀区科技金融重点楼宇的互联网金融企业，给予三年的房租价格补贴，第一年补贴 50%、第二年补贴 50%、第三年补贴 30%。

北京石景区：购买自用办公用房从事互联网金融业务的，经认定后可以享受购房补贴，补贴标准不低于 1000 元/平方米；租赁自用办公用房从事互联网金融业务的，经认定可以享受三年租金补贴，第一年补贴 50%，第二年补贴 30%，第三年补贴 20%。

上海长宁区：以上海虹桥临空经济园区为核心建设互联网金融产业园和基地，给予经认定后的入驻企业 3 年的房租价格补贴，每年按租金的一定比例给予补贴，每家入驻企业的 3 年租金补贴累计不超过一定总额。为入驻企业免费提供 3 年的公共会议及论坛场所。

（四）财政贡献补贴

天津开发区：对于互联网金融企业上缴的营业税和企业所得税开发区留成部分，自开业年度起两年内，给予其 100%的金融创新奖励，之后三年给予 50%的奖励。

北京海淀区：根据对海淀互联网金融产业发展的带动作用、区域贡献情况等给予一定的资金奖励，额度不超过其自注册或迁入年度起三年内区级财政贡献的 50%。

北京石景区：三年内每年按其对区财政贡献额的 50%提供金融创新资金支持。

（五）小微服务奖励

北京海淀区：通过互联网金融模式开展中小微企业融资业务的机构，根据其业务量规模给予其风险补贴和业务增量补贴，补贴上限 400 万元。

北京石景区：金融机构通过互联网模式切实降低中小微企业融资成本，按相应额度给予一定补贴。

上海长宁区：对互联网金融企业切实降低中小微企业融资成本的，按照长宁区科技金融相关政策予以支持。

三．各地政策对比分析

从地区的政策可以看出，各地区扶持力度均较大，在优惠政策上争取更多、实力更强的互联网金融企业落户到本地区。为支持互联网金融企业的发展，各地政策分别从六方面对互联网金融企业进行扶持，一是工商注册上，允许使用“互联网金融、金融信息服务”等字样；二是人才政策，均注重互联网金融人才的培养和引进；三是为支持互联网金融企业的发展，上述各地政策均在落户、财政贡献、办公用房补贴，中小微企业服务等方面对企业提供了相应的补贴；四是鼓励互联网金融企业融资，支持互联网金融企业在境内外多层次资本市场上市，为其提供便利支持，有些地方政策对投资互联网金融项目或企业的投资企业给予奖励。五是多地政策对互联网金融载体（产业园、孵化园、孵化器）均给予补贴；六是多个地区政策从信用体系、投资者教育、行业自律、政府监管等方面进行有效的防控。

在各地政策中，最大的突破在工商注册上，允许在企业注册名称或经营范围使用“互联网金融、金融信息服务”等字样，在此之前 P2P 网贷平台注册经营范围多以“互联网信息服务”、“金融服务”为主，但并不能涵盖网络借贷平台实际的经营范围。允许使用“互联网金融、金融信息服务”字样，在一定程度上促进了互联网金融行业的发展，尤其是对 P2P 网贷平台来说，“互联网金融、金融信息服务”是其身份的标识。我国互联网金融准入标准尚未出台，P2P 网贷企业申请与一般企业申请无差别，设立条件与其他公司也并无不同，“网络借贷平台”的性质和地位在法律上尚无明确的定义。

目前，各地政府均以包容的态度，支持互联网金融行业的发展，在监管底线上也有所突破。《浙江省促进互联网金融持续健康发展暂行办法》中，明确了 P2P 应遵循的主要规则：不得从事贷款或受托投资业务，不得承担信用风险和流动性风险；不得非法吸收公众资金，不得接受、归集和管理投资者资金，不得建立资金池；不得自身为投资者提供担保，不得出具借款本金或收益的承诺保证；建立信息披露制度不得故意隐瞒、虚构与投资者作出投资决策相关的必要信息。此外，P2P 网络借贷平台原则上应将资金交由银行业金融机构进行第三方存管。

在监管政策上，已明确 P2P 网贷行业由银监会普惠金融部监督管理，具体的监督细则尚未出台，行业的市场准入、退出相关标准尚无，资金管理、信息透明等企业运营方面也缺乏行业统一标准。监管政策的缺失，导致我国网络借贷行业自身运营风险的增加，以及市场的无序竞争，威胁到借贷双方的利益，更有可能导致风险向正规金融机构传递。因此，必须加快对 P2P 网络借贷运营的监管立法工作，通过完善契约约束机制以对借贷双方与 P2P 网络借贷平台之间的法律关系予以调整。

第十一章

打造中国互联网金融法律生态系

白洁[1]

2015 年全国"两会"，李克强总理在政府工作报告中提出：制定"互联网+"行动计划，促进互联网金融健康发展。随着代表、委员直陈加强互联网金融监管的提案议案纷纷推出，业内人士表示，2015 年或成为互联网金融"监管元年"，规范化、市场化、法制化将贯穿始终。

一．互联网金融应合规管理，并非"无法可依"

互联网金融的本质是金融，这个新领域并非"无法可依"。国家二级大法官、最高人民法院审判委员会专职委员杜万华大法官认为，互联网金融并未超出传统金融的功能范围，因此，规制传统金融的法治规范同样适用于互联网金融。[2]中国银监会创新监管部主任王岩岫也认为，互联网金融的本质还是金融。作为金融企业，在世界各国都要受到法律法规的严格监管，这是金融的特色。同时，金融创

1 白洁，北京市互联网信息办公室从事网络信息传播和新媒体管理工作，国内首部互联网金融法律汇编——《互联网金融法律集》主编，专栏作者。北京大学法律硕士，有法律职业资格，专注于股权众筹和 P2P 网贷等领域的政策和法律研究。

2 证券时报网，2014 年 6 月 24 日，《最高法法官：互联网金融司法诉讼将很快到来》。链接 http://fund.stcn.com/2014/0624/11511878.shtml。

新应遵循合规管理的原则，必须在我们的法律法规框架下，有法律法规的要遵守，暂时没有的，要遵守国家现有的基本金融法规。[1]

在2014中国互联网安全大会（ISC 2014）信息安全法律分论坛上，最高人民法院研究室副主任、中国应用法学研究所所长孙佑海介绍，近两年网络案件逐步增多，主要包括三类：一是网络民事案件，主要涉互联网金融和电子商务；二是网络侵权案件，主要涉知识产权；三是网络刑事案件。由此可见，互联网金融的法律风险，已从潜在隐患走向了司法实践。

二. 互联网金融监管动态备受关注

2014年，互联网金融首次写入政府工作报告。2015年1月4日，李克强总理见证了国内首家开业的互联网民营银行的第一笔放贷业务，并明确表示：互联网金融要适度发展，政府要为互联网金融企业创造良好的发展环境。

一年多来，围绕互联网金融监管要求，“一行三会”及相关部门也一直努力，做出了各种表态。

2014年1月16日，中国互联网协会互联网金融工作委员会正式成立，审议通过了《中国互联网协会互联网金融工作委员会章程（草案）》，并选举出互联网金融工作委员会的第一届委员会领导机构。

同期，保监会发布了《关于促进人身保险公司互联网保险业务规范发展的通知（征求意见稿）》，对互联网保险业务进行明确规范。

8月22日，证监会新闻发言人张晓军在例行发布会上表示，《私募投资基金监督管理暂行办法》发布，意味着我国私募基金行业有了可操作性的管理规则。

9月27日，在“2014中国互联网金融创新与发展论坛”上，中国银监会创新监管部主任王岩岫首次明确了P2P十大监管原则。

1　网易网，2014年9月30日，大智慧阿思达克通讯社，《银监会创新监管部主任王岩岫提出P2P监管十原则》。链接 http://money.163.com/14/0930/08/A7CJFND300253B0H.html。

12月16日，北京市网贷行业协会第一次会员大会召开。12月29日，北京市民政局向北京市网贷行业协会筹备组颁发了《行政决定许可书》，标志着协会正式获批成立。2015年1月19日，协会举行了揭牌仪式，这是全国首家由政府指导的网贷行业协会。

12月18日，中国证券业协会网站公布了《私募股权众筹融资管理办法（试行）》（征求意见稿），就股权众筹监管的一系列问题进行了初步界定。

2015年1月20日，王岩岫主任对2015年P2P行业的发展提出了“1号精神”，表示将继续鼓励P2P行业的创新活动，支持走可持续、健康发展之路，并对P2P行业的监管提出了八大建议。

同期，银监会宣布进行机构调整，将原有的27个部门分拆、合并成23个部门，包括22个行政职能机构及1个事业单位。成立了普惠金融部，负责推进银行业普惠金融工作、融资性担保机构、小贷、网贷等。其中，P2P划归普惠金融部管理。

此外，随着互联网巨头阿里巴巴在美国纳斯达克上市，互联网金融的潜力进一步彰显，北京、上海、深圳、天津、南京、贵阳、广州、武汉等各地方政府纷纷出台相关政策，高调支持互联网金融的发展。

总体而言，从国务院到“一行三会”，从中央到地方，对互联网金融的态度始终是支持和鼓励的。同时，也强调底线原则，重点确保安全运行。

三．我国互联网金融法律现状

在银行、证券、典当、保险等传统金融领域，有非常完备的法律体系，有些是可以适用于互联网金融领域的。

（一）第三方支付

在中国已发展十多年，虽相对成熟，但仍然是一个方兴未艾的产业。已颁行的《支付结算办法》、《非金融机构支付服务管理办法》、《非金融机构支付服务管理办法实施细则》及《中国银监会　中国人民银行关于加强商业银行与第三方支付机构合作业务管理的通知》等法律法规对第三方支付服务均有适用，且操作性较强。央行对第三方支付实施许可管理，能否取得第三方支付牌照，是企业最关心的问题之一。同时，第三方支付还具有一定的金融风险与安全隐患，例如洗钱、套现、冲击实体货币体系等，需要通过立法进一步规范。

（二）P2P 借贷

P2P 借贷属民间借贷范畴。《中华人民共和国担保法》及相关司法解释、《中国银行业监督管理委员会　中国人民银行关于小额贷款公司试点的指导意见》、《融资性担保公司管理暂行办法》及《中国银监会办公厅关于人人贷有关风险提示的通知》等法律法规中均有涉及信贷方面的内容可以适用。2014 年 P2P 出现了“井喷式”发展，但相关监管办法及实施细则至今仍未出台。对 P2P 平台的准入门槛、信息中介定位、去担保化、资金池管理及资金托管等缺乏法律明确，而一些监管原则操作起来存在困难，需要进一步细化。

（三）众筹

针对不同类型的众筹，《中华人民共和国证券法（2013 修正）》、《中华人民共和国公司法（2013 修正）》、《中华人民共和国公益事业捐赠法》、《关于建立风险投资机制的若干意见》及《私募投资基金管理人登记和基金备案办法（试行）》等法律法规中都有可以适用的内容。

2014 年年底，《私募股权众筹融资管理办法（试行）》（征求意见稿）公布，意味着监管层对股权众筹的认可与鼓励，在互联网金融界、法律界、学术界引起了很大反响，当然也有各种争议。例如，《征求意见稿》将股权众筹融资定性为非公开发行，提出了“私募股权众筹”的概念。对此，中国证监会新闻发言人指出，以是否采取公开发行方式为划分标准，股权众筹分为面向合格投资者的私募（非公开发行方式）股权众筹和面向普通大众投资者的公募（公开发行方式）股权众筹。“私募”与“众筹”的同时出现，可以说是中国式监管的延伸。

中央财经大学法学院教授邢会强在《不入法眼的“私募股权众筹”》（《法治周末》）一文中指出，众筹引入国内时，在股权众筹领域，由于法律限制，没有人敢向超过 200 人以上的人集资，否则就是“非法集资”，要受到法律制裁。再加上微信在华人圈的兴起和流行，国人创造出了另一个模式的“众筹”，或者说“中国式众筹”，其特点在于，一是人数不能超过 200 人，二是在熟人圈中做股权众筹。微信和支付宝使得在熟人圈中做股权众筹很便利，这就是“中国式众筹”得以成立、成功和流行的原因所在，也是中国证监会提出“私募股权众筹融资”概念的依据所在。

我们知道，“众筹”这一概念源自英语“Crowd funding”，即“大众筹资”，关键在于“小额、分散”，聚少成多。互联网特别是移动互联网的出现，使众筹的广度和深度有了无地域、无国界的充分可能。2012 年 4 月 5 日，美国总统奥巴马签署 JOBS 法案（《促进创业企业融资法案》，Jumpstart Our Business Startups Act），开启了股权式众筹合法化的大门。该法案旨在放松对创业公司和中小企业的监管规定，帮助他们更为便捷地融资和上市，支持包括众筹平台在内的为中小企业公开融资的互联网金融模式。据中国电子商务研究中心《关于境内外“众筹融资”的研究报告》所述，美国监管当局要求，众筹平台必须到 SEC（美国证券交易委员会）进行注册登记[1]，众筹融资要求发行人至少在首次销售的 21 天之前，向 SEC 提交信息披露文件及风险揭示，如果筹资额超过 50 万美元的话，需要披露额外的财务信息，包括经审计的财务报表。对众筹融资管理的规定主要是从防范风险、保护投资人的角度对业务风险进行规定：一是项目融资总规模限制，每个项目在 12 个月内的融资规模不能超过 100 万美元。二是投资人融资规模的限制，每个项目可以有很多小的投资人，但每个特定投资人的融资规模有一定限制，如投资人年收入或者净值低于 10 万美元，其总的融资额不能超过 2000 美元，或占总收入的 5%。但该法案只是概述一些初始的监管框架，还有待美国证监会出台最终的监管规则。[2]

相比之下，我国的《征求意见稿》中对公开发行的诸多限制、对合格投资人的高起点要求及平台方的资质等规定与普惠金融的理念相去甚远。

1 参考文献：福布斯中文网 http://www.forbeschina.com/review/201310/0029071.shtml。

2 参考文献：毕友网 http://www.beeui.com/p/1435.html?from=timeline&isappinstalled=0。

（四）征信体系

这是互联网金融健康发展的重要基石。2013 年《征信业管理条例》和《征信机构管理办法》先后公布施行，《个人信用信息基础数据库管理暂行办法》也早已出台，总体来看，我国对征信业还是高度重视并持审慎态度的。2015 年 1 月 5 日，央行发出通知，阿里巴巴、腾讯、平安等 8 家机构或将成为中国首批商业征信机构，拿到个人征信牌照，这预示着互联网金融已然迎来征信新时代。相比之下，征信条例仍显得滞后，需进一步完善。

此外，大数据和云计算、网络技术安全及与传统金融领域的界线等，都急需在政策、法律层面进一步明晰和规范。目前，国内首部互联网金融法律汇编——《互联网金融法律集》（世界知识出版社，2014 年 9 月）已出版发行，该书对现有法律法规中适用于互联网金融的内容进行了全面梳理。

四. 我国互联网金融的立法浅见

互联网发展日新月异，没有任何一种方法可以提供全面的解决方案，互联网金融亦如此。为了更高效地应对互联网金融发展热潮，采取的管理方式必须具备综合性、系统性及动态性。因此，笔者建议，监管部门与司法实践应充分发挥互联网金融的普惠性、创新性与全球性功能，努力建设一个由内而外、从行业自律到法律规范、兼顾国内、国际的多层次监管体系，打造互联网金融生态圈，建设互联网金融强国。

（一）倡导行业自律

互联网行业的自律机制由来已久。通过行业自律和自治等方式，形成互联网各领域的行业标准，在一定范围内实现平台企业自我管理、自我约束，这是已被实践证明的有效方法。在互联网金融领域，这种自律机构需要具有广泛的代表性并能够与所有相关机构有所联系。同时，通过组织普通消费者进行积极的磋商，建立有效的自律准则和体系。目前，各地都在筹备成立相关领域的行业协会，如 P2P 网贷行业协会，行业自律机制将被广泛应用。

（二）提倡社会监督

行业自律需要用户的参与，否则，自律机制就无法准确反映用户的需求，也就不能得到有效的推广，更难建立起市场信心。互联网金融的普惠吸引了越来越多的普通民众加入到投资行列，他们既是投资者，也是监督者，要充分发挥他们的作用，群策群力。与此同时，互联网金融是互联网与金融这两个专业性都很强的领域的深度融合，普通百姓由于专业知识欠缺，无法做到专业监督。因此，要发挥金融、互联网、法律、IT、财经及传媒等各相关领域具有专业知识的专家的作用，邀请他们作为专业监督人，通过洞察金融、资本的复杂运作过程，拆解出清晰的线索，提出专业的见解。与此同时，作为一支监督和制衡的力量，仅靠这些专家学者的“良心”是不够的，社会还必须建立一种机制，来保护专家学者对互联网金融及其高层、监管层的监督，并不会因担心出现各种问题而顾虑重重或遭受打击。

（三）政府适度监管

“一行三会”各司其职，积极、稳妥地推动监管细则的出台，对促进普惠金融的发展、鼓励中小企业创新具有重要意义。同时，政府支持自律规范的实施，可以不干涉自律过程，也可以批准和认可自律条例并在实施方面给予帮助。还可通过教育和公开宣传的方式提高网民、投资者对自律机制的了解程度，充分利用传统媒体和互联网新媒体，开展各种培训教育。比如，如何防范投资风险、如何挑选靠谱平台及如何通过热线、绿色通道等举报不良、违法平台等。

（四）科学稳妥立法

我国是实体法国家，立法往往滞后，而互联网与法律的冲突也是与生俱来的，网络技术的更新迭代，给互联网金融立法提出了更多挑战。2015 年全国“两会”上，最高人民法院和最高人民检察院的“两高”报告中提到，司法建设要主动适应经济发展新常态，要妥善化解互联网金融、知识产权等领域的矛盾纠纷。因此，建议在法律欠缺地带，司法机关发挥能动司法作用，给金融创新留下更多空间，并能保障消费者权益，也许不失为一种进步。同时，启动修改《证券法》、《银行法》等现有法律法规，尽量简化立法环节和流程、提高效率。在不涉及国家秘密和主权等根本原则的前提下，推动跨国的互联网金融安全技术规范向国际公约迈进，进一步提高立法的国际化视野。

目前，美国、英国、法国等国家都是在促进科技创新保证互联网金融充分发展的前提下，普遍重视将互联网金融纳入现有的法律框架下，强化法律规范，强调行业自律。同时，针对本国互联网金融发展的不同情况，采取强度不等的外部监管措施，目前主要有美国和欧洲两种模式。我国互联网金融具有非常明显的中国特色，但对于这个有很多“舶来品”的领域，我们还是有很多可以借鉴的内容和理由。

（五）注重技术安全

主要包括两方面，即纯技术保障和产品技术保障。通过制定互联网金融相关的部门规章和国家标准，比如支付技术、客户识别技术、身份验证技术、交易记录保存和可疑交易报告技术、防黑客攻击和确保信息安全等方面，为网络金融平台运营商等参与者提供具体的规范引导。阿里巴巴集团副总裁高红冰在多次演讲中提到，互联网思想的核心要点是 TCP/IP 协议。这两个协议，自 20 世纪 80 年代出现到今天为止没有发生任何变化，是互联网的国际通用规则。因此，互联网金融领域的立法也要考虑到互联网的技术规则，要考虑技术硬条件，要有前瞻性。

回顾 2015 年全国“两会”，李克强总理提出要“促进互联网金融健康发展”“大力发展普惠金融，让所有市场主体都能分享金融服务的雨露甘霖。”倍感振奋的同时，我们也深知，探索互联网金融的监管路径，构建多层次监管体系，切实维护金融体系稳健运行，将是监管部门、司法界、乃至互联网金融业界共同助力的重大课题。

第十二章

P2P网络贷款争议解决中的疑难问题分析

梅臻[1]

2011年以来，P2P在中国经历了爆发式增长，因为其通过商业模式的变型满足了正规金融以外的投融资需求。据第一网贷提供的资料，截至2014年12月30日上午11时，全国P2P网贷平台共2358家，其中活跃平台（纳入中国P2P网贷指数统计）1680家。2014年全国P2P网贷成交额3283.64亿元，较2013年增长267.90%。倒闭、跑路、提现困难等各种问题平台，2014年12月全国新发生90家，超过了2013年全年总和；2014年全年新发生283家，比2013年全年75家增加208家，增长277.33%。以上数据告诉我们，P2P网贷平台的规范性和安全性成为了社会关注的焦点。同时，因为近期平台信用风险的集中爆发，各类纠纷不断，本文试图总结和分析有关P2P网络贷款诉讼和仲裁过程中常见的法律问题。

1 梅臻，男，清华大学法学院民商法专业法学硕士，深圳法大大网络科技有限公司首席法务官，北京市盈科（深圳）律师事务所律师，高级合伙人。现任深圳市律师协会业务创新与发展委员副主任，深圳市市场监督管理局合同格式条款评审委员会专家，2012年被深圳市司法局评为“深圳市优秀青年律师”，现专注于互联网、金融等法律领域的实务和研究。

一．诉讼或仲裁程序方面的问题

（一）作为一个案件立案还是作为多个案件立案

（1）P2P 网贷的惯常借贷模式是一个项目一个借款人，多个出借人。有的平台的借款合同是每个出借人与借款人签订一个单独的借款合同，每份借款合同的主体和出借金额各不相同。在这种情形下，会出现一笔项目贷款由多个借款合同组成，此时如果借款人无力还款，无论是出借方直接起诉借款人还是由平台方或第三方出资收购各出借人债权，又或者是担保人承担担保责任后依法取得对借款人的追偿权，都会因为一个借款项目包括多个借贷法律关系，因此在法院或者仲裁机构需要按多宗案件立案。这样的结果就造成了立案时的诉讼费非常高，尤其是采取仲裁的方式来解决争议时，分开立案的收费可能高到仲裁申请人难以承受。

从诉讼程序的便利性来考虑，发生上述诉讼，人民法院可以根据民事诉讼法第五十四条的规定来安排诉讼程序。如果是仲裁的话，那么仲裁机构应考虑设置有针对性的仲裁规则，将多个案件合并处理，且每个案件的收费应相应降低。

（2）如果网贷平台的借款合同是多个出借人作为合同一方与借款人签订一个借款合同，即一笔项目贷款仅有一份借款合同，那么按照一宗案件立案应无异议。因此，对于平台方而言，为避免以后诉讼或仲裁造成立案上的不便或诉讼成本过高，采取一个贷款项目一份借款合同的模式将比较有利。作为这类案件，如果不发生债权转让，将出现众多的共同原告，法院可以根据民事诉讼法第五十三条的规定，由当事人推选代表人进行诉讼。

（二）追加第三人的问题

（1）在发生坏账后，平台方可能收购各出借人债权，或者担保方向出借人偿债以后依照担保法取得债权再向借款人追偿。通过上述方式，出借方从多个债权人变成了单一的债权人。在法院诉讼过程中，如果被告（债务人）对原告（债权受让方或取得方）取得债权有异议，质疑原告的诉讼主体资格，被告根据《民事诉讼法》五十六条，以及《最高人民法院关于适用〈中华人民共和国民事诉讼法〉

的解释》七十三条的规定，向法院申请将众多出借人追加为第三人，追加第三人就成为这类诉讼程序上极大的障碍。

这涉及两个问题：① 法院决定追加第三人的标准是什么？② 法院是否可以采取网络送达的方式进行送达？

对于上述两个问题，笔者认为：① 如果被告不提出追加申请且无出借人主张权利，法院不应主动追加第三人，如果确实存在出借人未将其债权转让给原告的情形，出借人可以根据民诉法第五十六条的规定提起诉讼；② 如果被告提出追加第三人的申请，法院应根据网站规则及合同法的规定，审查出借人债权是否转移给原告，如已转移给原告，则应驳回被告申请；③ 如果法院决定追加第三人，需要大量送达法律文件。依照民诉法第八十七条规定，经受送达人同意，人民法院可以采用传真、电子邮件等能够确认其收悉的方式送达诉讼文书，但判决书、裁定书、调解书除外。因此，如果债权债务人同意，那么除判决书、裁定书、调解书以外的法律文书，人民法院可以采用电子邮件的方式送达。

（2）P2P 平台通过在借款合同中设定仲裁条款，可以很好地解决这个程序问题，因为仲裁法及仲裁规则没有追加第三人程序的规定。仲裁中只有申请人与被申请人，不存在追加第三人的程序，也不存在所谓第三人的仲裁程序主体。

（三）在债权转让发生后，仲裁条款的效力问题

在 P2P 网贷平台所涉债务纠纷中，如果发生债权转让，出借人在投标时借款协议中存在的仲裁条款是否可以在债权发生转让后对争议各方产生约束力？这个问题法律没有明确规定，但是从最高人民法院 1998 年的一个判例来看，最高法院认为在债权转让后，原仲裁条款依然有效。

（四）证据存管的问题

由于借贷各方并未在线上签署有效力的合同，网贷平台通常采取的模式是在线下由借款方书面签字或盖章，线上只有一个未经签署的空白合同；而出借方因为过于分散，因此通常都没有书面签署合同，往往是通过出借方的投资行为来确定其具有签署合同的意思表示。但是所有的合同文本和数据都存储在网贷平台，一旦网贷平台被黑客入侵或者平台跑路要销毁证据，出借方除了一个付款给平台

方的证明，没有其他任何追偿的证据；即便出借方能证明出借款项给借款方，其余的违约金、罚息等违约责任的约定因为缺乏证据支持，也难以请求借款方赔偿。引入通过数字签名技术构建的第三方签约平台，可以有效地解决上述证据保存及托管的难题。

二．实体法方面的问题

（一）将不同性质的诉讼请求混为一谈

很多网贷案件在起诉或仲裁时会犯一个普遍性的错误，将网贷平台的居间费、管理费或第三方担保费在借贷纠纷中提出，这难以得到法院支持，理由如下。

（1）网贷平台收取的费用与借贷纠纷属于不同的法律关系，不应在同一个案件中提出。

（2）无论平台方通过垫付本息取得债权，还是担保方取得债权，都是从出借方取得权利，不应超出出借方权利的范围，获得居间费、管理费显然不是出借方的权利，而是平台方的权利，而担保费应属于担保方提供担保服务的对价，几种不同性质的债权虽然在起诉时属于同一主体的权利，但是不属于同一法律关系，应分别起诉。

（二）平台隐匿借款主体信息可能导致合同不成立

很多网贷平台在网上公布给出借人查阅的合同或者项目说明，关于借款主体的信息都被平台方故意隐匿，理由是保护借款人的隐私，这个问题在法律上会造成争议。合同法第十二条规定：“合同的内容由当事人约定，一般包括以下条款：（一）当事人的名称或者姓名和住所。”由此可见，合同当事人是借贷合同的主要且必备条款，是不可缺失的，如果平台方采取隐匿借款人姓名或名称的做法，那么当借款人对该借贷合同是否成立提出异议时，则必将在法律上产生争议。

（三）平台垫付本息模式中存在的法律问题

1. 债权转让

P2P 的出借人和借款人通过中间网络平台达成借款协议。出借人和借款人是借贷法律关系；平台与双方签订居间合同，是居间法律关系。如果出借人和借款人签订借款协议时，平台也作为一方主体参加进来，明确写明如果借款人到期不能清偿债务，平台偿付出借人的本息，债权转让给平台。那么此时，相当于在借款合同中嵌入了一个债权转让合同。借款合同正常履行时，不发生债权转让的后果。当借款人到期不能清偿债务时，债权转让合同才开始进入履行程序。因此，借款合同和债权转让合同虽然同时签订，但是债权转让合同的履行之前借款合同的履行不能为前提，相当于附条件生效的情况。合同法第七十九条规定，除了根据合同性质不得转让、按照当事人约定不得转让、依照法律规定不得转让的情况之外，债权人可以将合同的权利全部或者部分转让给第三人。第八十条规定，债权人转让权利的，应当通知债务人。因此，出借人可以依法与第三人签订债权转让合同，很多平台也都推出了协助借款人债权转让的服务功能，以促进资本流通。此时，第三人作为原借贷协议的新债权人，在借款人不履行合同时可以以自己的名义提起诉讼。平台本身作为债权受让人只是一种比较特殊的情况。虽然平台作为广义的第三人可以成为债权受让人，但从监管的角度看，平台不宜成为债权受让人，不应成为借贷协议的一方主体，应仅作为居间人与双方形成居间法律关系。因为在借款人不能清偿债务时，平台受让出借人的债权，相当于平台对债权人进行隐性担保，不利于风险隔离。若平台受让的债权出现严重的债务违约，造成平台破产，则会形成系统性风险，影响平台整体投资人的权益。

2. 风险备用金

实践中，还有的平台与借贷双方约定，如果债务人按期未履行还款，平台以风险备用金（有的平台称为风险储备金）偿付债权人的本息。风险备用金来源于平台向债务人所收取的服务费。此种偿付受有限偿付和按比例偿付规则等限制，未必能完全足额本息偿付，根据情况而不同。在同期备付金余额账户充足的情况下，可能足额偿付；在同期备付金余额账户不充足的情况下，可能只是有限偿付。这不属于一般担保法意义上的担保，平台承担的并非担保责任，而是附条件受让债权的合同责任。平台上的风险备用金属于平台支配，来源于平台依合同向借款人收取的管理费，平台为实际的所有权人。平台以风险备用金向债权人清偿后，取得了债权人的权利，可以向债务人追偿，此时平台即成为案件的原告。

3. 债权转让合意达成及通知债务人的问题

网贷平台在垫付资金后往往根据网站规则将各出借人的债权进行收购，但此过程出借人与债权受让方往往并未签署债权转让的书面协议，只能根据网贷平台自行制定的规则来推定。另外，网贷平台垫付资金往往不是将收购债权款项汇入出借人的银行账户，而是存放在出借人在网贷平台设置的虚拟账户上，而虚拟账户其实还是在网贷平台的控制范围内。这里的问题是，网贷平台在未汇款入出借人控制的账户的情况下是否已完成资金垫付或债权收购？另外，债权转让通知债务人是否仅在网贷平台进行网站公告即可，还是需要债权人进行书面送达？这些问题在第三方担保模式中同样存在。笔者认为，如果网贷平台进行真正的第三方资金托管，由出借人在第三方支付机构或银行开立资金账户，可以解决网贷平台瓜田李下的困境；而通过公告的方式通知债务人债权转让，必须有经借款人同意的网站规则作为依据，在进行诉讼或仲裁时，还必须对网站公告的网页进行证据保全，这样反而比较麻烦。所以笔者建议，对于债权转让通知的送达方式，还是以书面送达债权转让通知给债务人为宜。

（四）担保模式中的法律问题

（1）因网贷平台对于网贷项目直接提供担保会使平台承担过大的风险，同时与网贷平台信息中介的地位不符，因此无论是监管层、专家还是网贷平台管理者本身，一般都反对平台直接对网贷项目提供担保。实践中最多的还是由第三方主体提供担保，除了由借款人自己提供抵押、质押担保以外，由担保公司或小贷公司提供担保是常用模式。为进一步控制小贷公司的担保风险，平台方甚至会引入再担保机制，担保增强了出借人的借款信心，导致网络借贷在近年出现井喷式增长，但有的担保公司担保力不足，担保资金无法匹配迅速扩张的借贷交易量，已经违背了法律关于担保杠杆十倍的规定。所以当借款人违约时，有些担保公司并不能履行担保责任。

（2）有的担保公司提供担保后，要求债务人对其提供反担保。在反担保中，有的债务人需要进行抵押物登记。在实践中，由于主合同是在网上签订的电子合同，登记部门不进行抵押登记。这种情况下，债务人对担保人的反担保物权不能生效，担保人在对借款合同的出借人清偿后，自己向债务人追偿时权益的实现不能得到保障。电子合同被广泛应用在网络贷款中，因电子数据自身存在可能被无痕篡改、容易灭失、原始性无法保障等缺陷，电子证据给法律适用带来很多困扰。我国《电子签名法》第十四条规定："可靠的电子签名与手写签名或者盖章具有同等的法律效力"；而该法第五条规定，符合条件的数据电文，视为满足法律、法规规定的原件形式要求。因此，从我国法律规定来看，承认采用可靠的电子签名技术签署数据电文具有原件的法律效力有法律依据，不存在法律障碍。从现有技术来看，世界各国公认数字签名技术是现今唯一可靠的电子签名技术，因此，登记部门将采用数字签名技术签订的电子合同作为抵押权登记的依据，不存在法律障碍，但有赖于数字签名技术的普及。

（3）主合同无效，担保合同是否依然有效？《担保法》第五条规定："担保合同是主合同的从合同，主合同无效，担保合同无效。担保合同另有约定的，按照约定。"按照担保法的规定，在原则承认担保合同从属性的同时，似认可当事人约定的意思自治。《物权法》第一百七十二条规定："担保合同是主债权债务合同的从合同。主债权债务合同无效，担保合同无效。但法律另有规定的除外。"从物权法的规定看，物权法否定当事人通过合同约定独立担保，仅认可法律的例外规定。为适应国际商事交易的特殊性和与国际惯例相衔接，目前，我国司法实务掌握的原则是仅确认国际商事交易独立担保的效力，其他情况即使担保合同有约定，也不承认独立担保的效力。主合同无效而导致担保合同无效时，应根据《最高人民法院关于适用<中华人民共和国担保法>若干问题的解释》第八条之规定处理担保人是否应承担责任的问题。

（4）关于去担保化的问题，这个问题在 P2P 行业被屡次提起。原因有五：第一，P2P 机构应当明确定位为民间借贷的信息中介而非信用中介，平台本身提供担保与网贷平台信息中介的性质相悖，加大了平台风险，也为监管机构所禁止；第二，由于 P2P 平台规模快速扩张，而融资性担保公司的融资性担保责任余额不得超过其净资产的 10 倍，因此担保公司必须频频增资才能跟上网贷平台的扩张速度，否则担保公司将面临违法风险；第三，很多担保公司的担保费用很高，一般都在 2%～5%左右，这间接提高了借款人的融资成本；第四，即便担保公司收取了贷款金额 2%～5%的担保费，其承担的风险也远远大于其收益，因此往往是与网贷平台相关联的担保公司才会承接此类业务。一旦平台跑路，担保公司一样无法承担担保责任。继 P2P 网贷平台出现多起跑路事件之后，担保公司也疑似出现了“跑路”事件，这充分说明担保公司并不保险；第五，部分不规范的网贷平台还通过典当行、个人，甚至其他企业提供担保，由于提供担保的个人和企业没有担保资质，其资金实力和资金的流动性无法起到担保作用。正是基于以上原因，P2P 行业内提出网贷平台“去担保化”的呼声高涨。

笔者认为，去担保化固然是国际潮流也是国内趋势，但去担保化是有前提的，那就是网贷平台回归到信息中介的定位中去，而不越界去干信用中介的事情。商业银行区别于网贷平台在于银行具备信用转换、期限转换和流动性转换的功能，网贷平台去担保化就是为了回归为信息中介的定位，而不应错位担当信用中介的角色。这对于网贷平台的规范性要求就是：① 合同签署、管理合法化。签署合同合法，依法保管合同、款项的收付证明等可被法院或仲裁机构采信的证据，让出借人具备向欠款人追索的条件；② 资金管理透明化。实现真正的第三方托管，借贷资金的收付不受平台方任意管控，网贷平台不利用客户的资金搞期限错配，流动性错配，搞资金池。③ 充分披露借款人信息及项目信息。如果要让投资人自负风险，就必须要让投资人有足够的可供判断的信息，否则投资人出借款项不是基于对借款人信用的认可，而是基于对 P2P 平台的信任。美国对 P2P 平台的监管参照的是证券法中发行证券的模式，P2P 平台出售的收益权凭证被视为有价证券，因此必须经美国证券交易委员会（SEC）注册。信息披露是注册及监管过程中必不可少的环节。而我国现在对 P2P 平台经营业务监管缺失，无任何信息披露的强制性规范。综上，如果网贷平台达不到上述三点规范性的要求，去担保化只能是一句空谈。

（五）资金流转的证据问题

《商业银行客户资金托管业务指引》第三条规定了客户资金托管业务，是指商业银行作为托管人接受客户的委托，按照法律法规规定和合同约定，履行安全保管客户资金、办理资金清算、监督资金使用情况、披露资金保管及使用信息等职责，为客户保障资金专款专用、提高效率、防范风险、提升信用的资产托管业务。如果将上述资金托管的定义适用于网贷平台，则我们可以清楚地看到，很多网贷平台并未实现真正的资金托管。网贷平台的投资人和借款人并未在第三方支付机构开立账户，虚假的资金托管导致第三方支付平台不清楚网贷平台及其用户之间的资金归属、流转和收付状况，第三方支付机构只是根据网贷平台的指令进行资金收付，无法真正实现对投资人资金的安全保管和使用监督。

一旦发生诉讼或仲裁，出借方在证据上会面临如下问题。

（1）无法形成出借方划款至借款方清晰的证据链。

网贷平台的普遍做法如下。

① 出借方从自己银行卡充值到出借方在网贷平台而非第三方支付机构开立的虚拟账户；② 出借方投标后，网贷平台将该虚拟账号出借资金计入网贷平台设立的该项目账户；③ 满标后，网贷平台将款项汇入借款方账户。从证据上看，由于虚拟账户的收付信息只有网贷平台有记录，第三方支付机构往往是根据网贷平台的指令进行收付，并不清楚款项收付和虚拟账户的具体情况，因此网贷平台只有自己出具证据证明资金流传。如果网贷平台属于原告或者原告关联方，则其出具证据的证明效力存在明显欠缺。

（2）在平台方垫付资金或者由担保方支付本息给出借方收购或取得债权时，难以证明出借方已经收款。因为平台方向出借人付款时的普遍做法不是将款项汇入出借人的银行账户，而是退还至出借人在平台方开立的虚拟账户，而这个账户并不是在第三方支付机构开立。此时，第三方支付机构不愿意出具各出借人已收款的证明，只有网贷平台自己出具证明，其证据效力存在欠缺。

（六）风险买断的责任性质[1]

有的公司与借款人签订风险买断协议，由借款人支付一定的费用，约定如果借款人到期不能履行与出借人的借款协议，其代借款人向出借人无条件承担偿付责任，并不再向借款人进行追偿。风险买断的概念曾出现在中国证监会［2010］30 号《关于保本基金的指导意见》中，规定基金管理人可以与符合条件的担保人签订合同，由担保人和基金管理人对投资人承担连带责任，也可以与符合条件的保本义务人签订风险买断合同，由基金管理人向保本义务人支付费用，保本义务

1 参见《P2P 网络贷款的九大司法诉讼问题》，2015-01-28，人民法院报第七版，作者：吴景丽。

人在保本基金到期出现亏损时，负责向基金份额持有人偿付相应损失。但偿付后保本义务人放弃向基金管理人的追偿权。此意见把担保人与风险买断的保本义务人区别对待。从风险买断的特征看，其具有担保的属性，但又与担保法意义的担保不同，风险买断人在代为偿付后，放弃对债务人的追偿权。显然，风险买断的责任比担保更严厉。在保本基金的问题上，因为一般不涉及主合同无效的情况，所以并未引起争议。但在 P2P 网络贷款情况下，如果主合同无效，买断协议是否有效，以及如何看待买断协议的性质，争议很大。如果比照担保法的规定来处理，主合同无效，那么风险买断协议即使约定了无条件承担全部偿付责任的条款，也应认定无效。另有一些学者认为，风险买断由于不具有追偿性，不属于担保，不能依照担保法的规定处理，应按一般合同来处理。主合同无效时，并不必然导致其无效。但如果风险买断协议依然约定了对借款人的追偿权，那与上述保本基金的风险买断实质上不是一个内涵，原则上还是属于担保法的范畴，应依担保法的相关规定进行处理。

（七）本金的认定及逾期利息和违约金并存的问题[1]

（1）如果出借人从借款本金中预先扣掉利息，则应以扣除利息后的数额计算本金，此无疑义；但出借人未预先扣除利息，而网贷平台先从借款人处扣除平台居间费，本金应如何认定？传统的民间借贷因不涉及网贷平台作为第三方，故不存在这一问题。而网贷平台的居间费不属于借款利息，本金仍以出借人的借出数额为计算标准更符合合同的实质。出借人与借款人的借贷法律关系和平台与借款人的居间服务合同关系是不同的法律关系，平台扣除居间费用是平台与借款人的法律关系，不应影响出借人的权益。

（2）如果借贷双方既约定了逾期利息又约定了违约金，原告同时主张，应如何处理？逾期利息体现了对借款人不按时还款的惩罚性，而违约金是一方违反合同约定时应承担的责任，两者并不矛盾，可以同时适用，但不应超过中国人民银行同期同类贷款基准利率的四倍。

---

1 参见《P2P 网络贷款的九大司法诉讼问题》，2015-01-28，人民法院报第七版，作者：吴景丽。

（八）冒用他人名义签订借款合同的效力与担保责任

（1）借款人甲的账户、密码泄露，乙利用甲的账户和密码以其名义进行借款。一般这种情况，如果出借人不知情，根据网贷平台的网站规则，会要求名义借款人甲承担合同责任，理由是合同法第四十九条的规定，行为人没有代理权、超越代理权或者代理权终止后以被代理人名义订立合同，相对人有理由相信行为人有代理权的，该代理行为有效。由于甲不妥善保管自己的账户、密码等隐私信息，出借人有理由相信借款人为甲，最终应由借款人承担责任，主合同及担保合同应属有效。

（2）如果出借人得知乙冒用甲的名义借款，根据合同法第五十四条第二款的规定，出借人拥有可撤销权。出借人可以选择是否撤销借款合同；如果出借人申请撤销借款合同，则自始无效。借款人应承担合同被撤销后而无效的全部法律责任。出借人是基于对担保人的担保信任而与借款人签订协议，合同被撤销，担保人应依照担保法司法解释承担相应的法律责任。

（九）网贷平台网站规则中的格式条款及免责条款

（1）网站规则中某些规定违背合同法的原理及规定，可能导致无效。比如很多网站规则中都有这么一条："本网站有权根据需要不时地制定、修改本规则，并在本网站的站务公告区予以公布，无须另行单独通知网站用户；经修订的协议一经公布，立即自动生效，旧有规则同时失效。"在实际处理网贷平台与用户的争议中，网贷平台并不能任性的随意修改网站规则，而应适用用户注册点击同意时的网站规则。

（2）格式条款的制定应注意合同法第三十九条、第四十条、第五十二条、第五十三条的适用。采用格式条款订立合同的，提供格式条款的一方应当遵循公平原则确定当事人之间的权利和义务，并采取合理的方式提请对方注意免除或者限制其责任的条款，按照对方的要求，对该条款予以说明。提供格式条款一方如格式条款内容具备无效的法定情形，或者免除其责任、加重对方责任、排除对方主要权利的，该条款无效。

第四部分

综合篇

经过了 2014 年爆发式的增长，行业竞争日益激烈。行业未来的发展趋势也愈加引人关注。在今年的两会上“互联网+”成为最热门话题，政府在肯定了互联网的创新模式的同时，态度坚决表明要一管到底。一方面，互联网金融监管政策呼之欲出，有专家表示监管政策一出必将打压一大片市场违规企业，行业等级划分更加明显；另一方面，也有人质疑政策会影响行业的积极性，新兴行业需要自由来创新。

互联网金融未来十年的最佳商业模式是什么？公益金融能否借助互联网之风趁势而起？阿里巴巴的蚂蚁金融、京东的白条、腾讯的微信红包、百度的金融平台，这些互联网金融领域的巨无霸无时无刻不在敲打着我们的神经，在未来，它能否为我们带来更大的惊喜？用一位互联网金融从业者的话来说：“我们每天都在期待更加精彩的自己!”

——全球网

第十三章
公益金融

公益金融的洋经验和中国实践

祝明江[1]

贫穷的故事

1972 年，一名刚刚获得美国经济学博士学位的孟加拉年轻留学生归国，在吉大港大学经济系任教。面对国家和国民极端贫穷的现实，他发现自己竟然无法用经济学理论向学生解释原因，于是决定抛弃教条、深入乡村，去研究揭示每天都在穷苦人现实生活中出现的经济学问题。

他来到学校附近一个叫乔布拉的村庄，向正在制作竹凳的农妇了解手工生产情况。获知的情况让他十分震惊，甚至愤怒。农妇告诉他，加工一个竹凳原本可以赚 3~5 塔卡，但因为生产所需的钱是从高利贷者手里借来的，做一个竹凳她自己只能赚极其微薄的 0.5 塔卡。这等于为高利贷者赚取加工收入的 6 ~ 10 倍。第二天，他组织学生调查，发现村里还有 42 个同样向高利贷者借贷的手工制作者，他们共借了 865 塔卡，合计不过 27 美元。当即他便与朋友一起拿出 27 美元，借给那 42 个人，让她们还给放贷人，等产品出售后再还自己钱，并拒绝收取利息。结

---

1 祝明江，互联网金融智慧供应商 TMedia 发起人。拥有任职创新创业孵化器、股权众筹平台等多种跨界创业经验。

果农妇们很守信用，实现了诺言。

这名孟加拉年轻人便是后来建成“孟加拉乡村银行”并获得诺贝尔和平奖的穆罕曼德·尤努斯（Muhammad Yunus）教授。早在1972年，孟加拉的贫穷现实和他的实际行动就已经为后来享誉世界的“乡村银行”种下了积极的基因——每个人都应该有获得金融服务机会的权利。只有每个人拥有金融服务的机会，才能让每个人有机会参与经济的发展，才能实现社会的共同富裕。这亦成为后来无数效仿者努力的目标、本篇所讲“公益金融”倡导的方向。

公益金融的洋经验

公益金融是个宽泛的概念，面对不同国家的历史和社会文化的不同，公益金融表现为各种不同的产品，如社区投资、小额信贷、社会效益债券、可持续商业及社会企业贷款等多种形式，结果导向性的公益投资（即：公益创投）也是公益金融的一种形式。贫穷的故事各有不同，但贫穷的本质大致相同。在《社会责任投资实践指南》一书的作者、哈佛大学社会责任投资行动项目总监Steve Lydenberg看来，这些不同的产品，都有一个最根本的共同目标，那就是要把金融与公共产品融合起来，通过金融来解决社会和环境挑战，与此同时还要让提供这种产品或服务的公司能够拥有健康的财务并持续运营。[1]

（一）穷人银行的探索

在孟加拉语里“格莱珉”意为乡村的，所以“孟加拉乡村银行”也有人称为格莱珉银行。通过无抵押小额信贷，格莱珉银行已使孟加拉639万穷人受益，为人类解决贫困难题提供了一套可行的办法。

1. 无抵押

格莱珉银行的小额贷款不要求任何担保抵押物。格莱珉不打算将任何未能还款的贷款者送上法庭，也不要求贷款者签署任何法律文件。尽管每个贷款者都必须属于一个5人小组，但小组并不需要为其成员的贷款提供任何担保。偿还贷款是每一位贷款者个人的责任，没有任何连带责任，即组员不承担为其他有拖欠行

1　公益金融不仅仅是缝隙市场，链接http://business.sohu.com/20140902/n403972406.shtml，浏览日期：2015.2.27。

为的组员偿付的责任。但“5 人支持小组”的成立在激励穷人的工作热情和还款意愿上起到了显著的作用。每 5 人组成一个贷款小组，每 6 个小组建立一个中心。采用 2—2—1 顺序放贷，小组长最后得到贷款，体现“先人后己、为人服务”精神，贷款者参与中心活动，定期开会。最有意义的是，这是一种社会构思，人们以彼此的社会和经济责任感参与其中，鼓励那些贷款者在各自的营生中互相帮助取得成功。

2. 小额信贷

格莱珉银行开创了小额信贷的先河。在这之前或在其他的银行，穷人是绝对找不到可以贷几十美元甚至是几美元的金融机构的。穷人借钱不是要办企业开公司，而是用于基础生产，无须也不可能贷成千上万的款。小额信贷正是考虑到了这点，同时也起到了对无抵押贷款的风险控制作用。总之，这样的小额贷款所耗费的贷款成本与未来预期收益不成比例，是传统的大银行所摒弃的。除了小额贷款，格莱珉在还款模式上也有大胆创新：整借零还，按周还贷。大大优于传统银行的“整借整还，到期还本付息”。

3. 低利率

格莱珉银行设计了四种简单利率：创收目的的贷款利率为 20%，住房贷款的利率为 8%，学生贷款利率为 5%，艰难成员（乞丐）贷款免息。所有利率都是简单利率，存款利率最低为 8.5%，最高为 12%。其利率区间大大低于高利贷者，略高于传统银行，有效防止了富裕者套贷。

格莱珉银行不仅仅是把钱借给这些穷人，而且这家银行还由这些借贷的穷人拥有。1995 年，格莱珉银行决定不再接受任何资金捐助，最后收到的一笔原有捐款的分期付款是在 1998 年。其成功的自运营模式，堪称样板。当地穷人只需买一个价值 3 美元的股份便成为银行的股东。在成立的第一年内，允许新分行向银行总部借款，以启动其贷款业务。第一年过后，分行的贷款业务必须由其自身的储蓄流动支撑。新的分行被要求在其运营的第一年内达到收支平衡。为了银行的成立，该国特别通过了一项法律：贫穷的借贷者们，其中绝大部分为妇女，拥有这家银行，银行只为这些穷人服务。如今，格莱珉的贷款者们拥有银行 94%的股权，另外 6%为政府所拥有。

通过三十多年的努力，尤努斯已经在孟加拉 46620 个村庄中建立了 1277 个格莱珉分行。只要有需求，穷人们可以很方便地获得服务，真正实现了创建者尤努斯当年的诺言“每个人都应该有获得金融服务机会的权利”。

（二）社会金融的多种可能

西方发达国家与“公益金融”对应的概念是社会金融（social finance）。由于发达国家产业发展、社会保障体系较为成熟，社会金融的经验和尝试也相对丰富，逐渐积累起一套相对完善的概念，比如基于“三重底线”的价值标准[1]。

在欧美，2008 年被视作公益金融大发展的元年。这一年金融危机爆发，金融业的传统模式受到广泛质疑，银行家、资本大鳄被认为是趴在贫穷大众身上的吸血鬼。感受到信誉危机的金融机构，不满于现状的草根民间组织纷纷祭出社会金融的大旗，创新能力不断得到激发。遂于 2009 年，《经济学人》杂志判断社会金融将成为“实现社会进步的一种重要方式”[2]。

1. Clann Credo

Clann Credo 是爱尔兰最著名的公益借贷平台，也是该国“社会金融”概念的倡导者。据其公开的信息，Clann Credo 远在 1996 年就在当地社区开展了社会金融的尝试，到 2011 年底已经完成了对 96 个项目 1000 万欧元的借贷工作，这些项目涵盖社区、公益和慈善机构及社区商业、小微企业创业的领域。其标榜的使命是“设计和不断创新社会金融产品和服务，使人人都受益于普惠金融和社会财富”。Clann Credo 官网上有对社会金融明确的界定：“社会金融是一种区别于传统金融模式的投资及财富管理方式，社会金融要求投资产生经济回报的同时又为社会带来福祉，例如，改善儿童福利、提升环境质量、创造就业等均属于福祉的一部分。”[3]

1　The triple bottom line （缩写为“TBL”或“3BL”），是由英国学者约翰·埃尔金顿（John Elkington）提出的，意思为在扩展或获取资源和经济价值时兼顾环境和社会的和谐统一。即经济、社会、自然环境三方面的平衡统一。The triple bottom line 是一个衡量组织或社会成功的新价值标准——从经济、生态和社会意义三方面对组织或社会的行为进行综合考虑。

2　http://www.economist.com/node/14493098[Financial innovation and the poor, A place in society]，浏览日期 2015 年 2 月 27 日。

3　http://www.clanncredo.ie/default.aspx?m=22&mi=172&ms=0 [What is Social Finance?]，浏览日期 2015 年 2 月 27 日。

2. Kiva

Kiva 是一个国际间的非营利的 P2P 网贷借贷网站，主要面向发展中国家收入非常低的小微企业提供贷款，网站为出借人提供借款人所在地域、商业类型、风险水平等情况供其做出选择。网站在公布借款信息时会同步贴出各企业家的个人情况、贷款理由和用途及贷款的潜在风险等。Kiva 采取的是“批量出借人+小额借贷”模式，一般每位出借人只要支付 25 美元。一旦一笔贷款的总金额募集完成，Kiva 使用 PayPal（一种国际贸易支付工具）将贷款转账给 Kiva 的当地合伙人。当地合伙人一般是发展中国家当地的小额金融服务机构（MFI），他们负责找寻、跟踪和管理企业，同时负责支付和收集小额贷款，最后将到期的贷款收集齐后返还给 Kiva，Kiva 再通过 PayPal 返还给出借人。

在 Kiva 上，衡量贷款价值不再是资本收益，而是社会效益。Zopa 通过当地合伙人，将长期关注的当地社区问题变成衡量社会效益的几项指标，如减少贫穷、关注弱势群体、社会创新、社区反馈、家庭关心等，并对每个指标进行量化分析。

3. Zopa

Zopa 于 2005 年在英国成立，是世界第一家 P2P 网贷公司。其正式用户为年满 18 岁并且拥有至少 3 年信用记录的英国公民。Zopa 平台内的贷款人可以提供 500～25000 英镑的贷款。贷款人参考借款人的信用水平，结合借款人愿意支付的最高利率，以贷款利率竞标，并设定贷款金额，利率低者胜出。贷款人贷给某个特定借款人的资金最低可以达到 10 英镑，最高不限（主要因为出于分散风险的考虑，一笔 500 英镑的贷款将至少覆盖 50 个借款人，每个借款份额可以达到 10 英镑）；借款人可以借入 1000～15000 英镑的借款，借款资金均是按月偿还，但借款人提前还款不会收取任何的违约金或罚息。Zopa 在整个交易中代替银行成为了中间人，责任包括借贷交易相关法律文件的提供、借款人的信用认证、利率制定、借贷双方匹配和雇佣代理机构为出借人追讨欠账等。Zopa 希望能用各种保护措施降低出借人的风险，比如允许出借人将一笔钱分拆开来同时贷给几位借款人、强制要求借款人按月分期偿还贷款、借贷合意达成后必须签署法律合同。

格莱珉是通过社区的再组织实现小微贷款服务穷人的目标；Kiva 是非营利的公益借款平台；Zopa 则主要通过采取措施降低出借人的违约风险。从孟加拉的格莱珉到爱尔兰的 Clann Credo，从服务于本土的英国 Zopa 到服务全球的 Kiva，由于借贷平台的不断创新和探索，金融财富在穷人和富人之间、发展中国家和发达国家之间实现了再平衡、再调剂。虽然这一平衡的基础仍然薄弱，但足以使公益金融创新者看到希望。同时，我们理应注意到，自 Zopa 创立标志着“P2P”网贷概念诞生以来，一种无差别服务于全体公民的金融借贷意识逐渐形成，借贷平台不再是单纯的公益慈善工具，而成为了社会财富调剂的有机组成。P2P 类型的网络借贷平台完成了从单纯服务于穷人到服务于全体公民的转变，公益性与商业性越发紧密的结合。这时候我们再谈“普惠金融”，以往被视为功利的商业行为也成了可以理解的元素，毕竟没有商业成功，很难持续造血公益事业。

普惠金融的中国实践

随着 P2P 概念引入中国，伴随着其不断转变为具有中国特色的“互联网金融”发展形式，网贷平台既要重视商业回报又要重视社会效益的“公益金融”属性被普遍接受。所谓普惠金融，就是能够有效、全方位地为社会所有阶层和群体提供服务的金融体系，主要任务就是让列于正规金融体系之外的农户、贫困人群及小微企业，能及时有效地获取价格合理、便捷安全的金融服务。[1]这个概念来源于英文“inclusive financial system”，是联合国在宣传 2005 小额信贷年时广泛运用的词汇。国内最早引进这个概念的是中国小额信贷联盟（原名中国小额信贷发展促进网络），为了开展 2005 年国际小额信贷年的推广活动，他们决定利用这个概念进行宣传。“普惠金融体系”作为 inclusive financial system 的中文翻译，表达服务对象的广泛性，要让所有人平等享受金融服务。

值得惊喜的是，我国政府积极参与到这一进程中，倡导“普惠金融”概念，这也成为了新兴的互联网金融行业从业者、公司、管理机构规范自身发展的内在尺度。在 2013 年 11 月 12 日中国共产党第十八届中央委员会第三次全体会议通过的《中共中央关于全面深化改革若干重大问题的决定》正式提出“发展普惠金融。鼓励金融创新，丰富金融市场层次和产品”（第三部分第 12 条）；2015 年 1 月 20 日，银监会进行了架构调整，新设银行业普惠金融工作部，牵头推进银行业普惠

1　来源：《求是》，期号：2014/03，作者：李国华。网络链接：http://www.qstheory.cn/zxdk/2014/201403/201401/t20140127_316754.htm。

金融工作，将 P2P 与小贷、融资性担保机构一同纳入普惠金融部进行监管。这也暗示着银监会将 P2P 定位为解决中小企业融资难及农村金融等问题的小微金融方案。本次银监会架构调整除了明确 P2P 管理归属，普惠金融的名字也预示着网络借贷不仅是简单的借贷融资，未来将承担更多社会性发展使命。

在中国，互联网金融最具活力的两大形式为债券众筹和股权众筹，筹资人通过互联网方式发布筹款项目并募集资金。相对于传统的融资方式，众筹更为开放，能否获得资金也不再是由项目的商业价值作为唯一标准。只要是网友喜欢的项目，都可以通过众筹方式获得项目启动的第一笔资金，为更多小本经营或创作的人提供了无限的可能。网友在不同形态的众筹模式里扮演不同的角色，在股权众筹中他们是投资人，在债券众筹中，他们就是债权人。当然，如果这一众筹模式涉及公益属性，他们就是捐助者。

（一）宜信的实践

从本质上看，债权众筹其实就是类 P2P 借贷模式，投资者对项目进行投资，获得其一定比例的债权，未来可以获取利息收益并收回本金。宜信公司是中国债券借贷模式的先驱，同时也是中国公益金融的典范。其所参与建设的“宜农贷”平台，“普惠 1 号”批发基金，“大爱清尘”信托项目等都被视作民间金融参与公益的成功案例。

1. 宜农贷平台

“宜农贷”是宜信公司于 2009 年推出的爱心助农公益理财平台。爱心出借人以“爱心出借”的方式资助偏远地区需要资金支持的农村妇女，爱心出借人只需要以 100 元为出借单位，通过平台贷款给贫困农村妇女，预期获得 2%的年化收益率，在宜农贷这一收益被称作“感恩收益”，显然这与实际收益率是脱钩的，这保证了农村妇女履行借贷协议后，能将更充裕的资金投入到再生产。据统计，到 2014 年末，平台共有 16245 人注册为爱心借贷人，出借额累计突破 1 亿元，已为 3897 位农户提供小额贷款。

通过宜农贷平台借款的农户，都经过宜农贷 MFI1合作伙伴的严格筛选。借款农户的历史还款记录、信用状况、社区声誉、借款用途等因素都被考虑在内，并通过小组联保、个人担保等形式再次把控风险，并予以技术指导和培训。此外，出借人可以通过将资金分散借给多个农户来降低风险。MFI 合作伙伴是宜农贷平台与贫困农村妇女们建立互信的桥梁。爱心出借人通过宜农贷平台向贫困农村妇女们提供的帮助，由 MFI 负责落实。他们对于当地的风土人情有着深入的了解和认识，同时拥有多年的信用贷款管理经验，并对宜农贷助农平台存在深刻的理解和认同，有志于帮助中国广大贫苦农民脱贫致富。MFI 的存在使得贷款审核和收放款工作进行得更加具有效率和针对性。通过双方的合作，可以实现风险最低化和资金利用率最大化，是可持续性扶贫的一种重要举措。

2. 普惠 1 号

2012 年，宜信公司推出“普惠 1 号”公益性小额信贷批发基金。“普惠 1 号”是国内首家向公益性小额贷款组织以批发贷款的方式提供资金援助的可持续的自主批发基金，以“公益投资、安全投资”的标准，为公益性小额信贷组织提供资金支持，并最大限度规避投资风险，使投资者获得相应的回报。批发基金首批投资金额总计 500 万元，首批投资的机构包括：内蒙古赤峰市邵乌达妇女可持续发展协会、甘肃省定西市安定区民富鑫荣小额信贷服务中心、陕西省蒲城县妇女可持续发展协会、陕西省西乡县妇女可持续发展协会、河南省南召县扶贫经济合作社。

3. 大爱清尘

2015 年 1 月，宜信财富联手中航信托推出两年期的“小善大爱中航（宜信）结构化集合资金信托计划（查询信托产品）第一期大爱清尘项目”，投资者委托信托管理人将部分信托财产的收益捐给国内知名公益项目“大爱清尘”，提供尘肺病农民工医疗、呼吸设备与子女教育费用。这是国内首款由财富管理公司推出的收益捐赠类信托产品，标志着我国面向大众富裕阶层的财富管理服务正式涉足公益慈善，也标志着公益组织可以通过透明有效的公益项目获得新的筹资渠道。

---

1 宜信是中国小额信贷联盟（简称：小贷联盟）的理事单位，宜农贷目前合作的 17 家农村小额信贷机构（简称 MFI，microfinance institutions）均也是小贷联盟的会员单位。

此款信托产品脱胎于成熟的投资理财产品中航宜信天惠系列小贷信托，投资人获得 7.5%的年化收益，另外 2.3%的收益捐赠给“大爱清尘”基金。同时，宜信公司与中航信托也分别捐出管理费给尘肺病患者或家庭。此举不仅确保了投资者所期待的社会绩效，也为更多公益组织通过信托产品的设计解决筹资问题打开了新通道。

从 2009 年的“宜农贷”、2012 年的“普惠 1 号”再到 2015 年的“大爱清尘”信托产品，宜信完成了从“格莱珉银行的中国学徒”到中国的普惠金融创新者身份的转变。以宜信为代表，反映的是整个中国互联网金融行业公益创新意识和产品设计能力的转变。

（二）其他 P2P 公司的实践

如果说 P2P 追求的是“人人受益”，那么其中国变种 P2B 则追求的是“社会受益”（P2B 是指 person-to-business，个人对企业的一种贷款模式）。而他们找到的使社会受益的突破口，便是使占企业总数 99%的小微企业存活下来。据了解，中国目前约有 6000 多万小微企业，在活跃市场、创造就业、增加税收和保持社会稳定等方面发挥了重要作用。然而，在传统金融格局下，小微企业由于综合实力薄弱，很难摆脱融资困境，以至发展受限。2008 年金融危机后，由于资金缺口，无数小微企业倒闭、企业主跑路所造成的市场不安已然成为前车之鉴。将从个人手中筹集来的资金用于帮助小微企业解决资金难题，将小微企业主纳入普惠金融体系，支持小微企业稳定发展、持续壮大、健康成长，已然成为中国政府支持互联网金融行业发展的一大动因，所以说互联网金融公司或多或少都担负着社会造血功能。

积木盒子是面向个人投资人的理财融资平台，最早是一家云南的民间小贷公司。据其平台数据显示，企业经营贷款占其平台贷款总数的 50%以上，超过 97%的融资主体为个人借贷者，融资资金迁移的最大方向是云南，贵州、广西等地也在融资金额的前列。也就是说，积木盒子上的个人投资者的资金大多流向了西部欠发达省份的个体户、小微企业，进而解决了当地资金紧缺的问题。

P2B 模式发展迅猛，不少平台放弃了小额贷款的方向，转向大额标的、寻求高收益率，同时担负高风险的模式。这一模式面临多重危机，饱受争议和诟病，似乎也与“普惠金融”造血小微企业的目标格格不入，此篇暂且扣下不谈。在同为大额标的的网络借贷平台中，众信金融的模式和理念或许值得借鉴。

众信金融全称北京众信金融信息服务有限公司，是经北京海淀区金融办批准，由北京市海淀区国有资产投资经营有限公司与北京海科融通支付服务股份有限公司共同投资，于 2014 年 3 月在北京注册成立的一家 P2P 国家队。自成立之日起，就以“支持实业、助力环保”为己任，率先提出环保社会责任 P2R（Person To social Responsibility）模式，力争打通社会闲散资金与环保新能源实体产业的通道，使资金真正能够流向国家鼓励的绿色产业，造福社会。投资众信平台上的债权项目，不仅可以获得安全稳健的高收益同时也支持了环保事业。

据了解，平台上线仅半年，就实现了累计交易额 10 亿元的目标。在众信金融平台上被冠以“清洁能源”名头的标的，往往指传统大型能源企业进行产业升级、淘汰落后产能、改造高污染环节的项目。用于购进新型原材料、调整产品结构等，意味着需要一笔巨额资金投入。然而，传统的资金来源渠道，因为对贷款–收益的纯数字化计算，并不青睐将资金借给产业改造的实业企业。在 2014 年以前，银行更愿意将钱投入热门产业，比如地产。在众信金融平台上，因为单个标的资金需求量大，他们采用的方式是，将大标的拆为小标的，以“期”为单位，通过吸引更多注册用户成为投资人，完成大额资金的筹集，共担风险。比如，一款名为“清洁能源双鸭山一号”的标的，就被拆分为 16 期子标的，每期约为 200 万元筹资额。在项目借款说明里写道：借款方龙江华丰煤化工有限公司是中港合资企业，截至 2013 年末，公司资产净值达到四亿三千三百四十七万元。该公司目前拥有国内最先进炼焦炉，根据国家产业政策及环保要求，已进行了产业链的延伸及产品的升级，目前可制得符合国标 GB338-2004 的优等品级精甲醇。本次借款资金将用于扩大产品产能，调整产品结构并努力节能减排，使产品升级提高附加值，把公司真正做成高成长性企业，实现节能、高效，达到良性发展、健康运行，为下一步生产清洁能源打下良好的基础。

P2P、P2C、P2B、P2R，概念的更新换代可能是出于制造商业噱头的需求，但不可否认概念变化的背后也反映了部分网贷平台想在公益金融领域有所作为的积极探索。P2P 网贷的中国实践，从帮助个人、帮助小微企业，到直接投资利国利民的产业，显然完成了网贷平台对个人的慈善到对整个社会生态的改善的行为蜕变。

（三）股权众筹的实践

股权众筹（Equity-based crowd-funding），主要是指企业通过网络平台向大众筹资，并以股权作为回报的一种互联网金融创新业态。也就是企业出让一定比例的股份，面向普通投资者，并按照股份比例让投资者享有一定未来收益的模式。股权众筹与债权众筹风险主要的不同是其没有实物保证，其股份价值尤其是非上市公司的股份价值很难估计。为行文方便，我们依据众筹项目性质的不同将现有股权众筹平台分为“VC类股权众筹”和“实体资产类股权众筹”。

1. VC类股权众筹——人人可创业

目前，国内所说的股权众筹平台多指此类创业投资类平台，已初步形成了以天使汇、创投圈、原始会为第一梯队，创业易、V2ipo创客、路演吧、众投邦、天使街、微投网、大家投等为第二梯队，爱合投、天使客、云筹网、爱创业等为第三梯队的格局。第一梯队的三家平台就成熟度和服务能力来讲，已经遥遥领先于其他平台。据IT桔子《2014年互联网股权众筹盘点报告》[1]统计，第一梯队的三家平台共计发布48394个项目，占到总体的98%，获得融资的项目为274个，占到总体获投项目的83.7%，融资金额13.2亿元，占到总体的 85.4%。

此类股权众筹平台的兴起不仅为网民提供了新的投资渠道，使以往只能是少数人小圈子参与的天使投资项目变成了“全民”行为。然而，其更大的意义还在于鼓励创新创业，促进就业、培育新兴产业、培养企业家精神。甚至可以作此理解，股权众筹巨大的投资风险就是一种公益行为，面对初创项目难以量化的估值、不确定的盈利预期，每一笔投资可能都会颗粒无收。在政府的主导下，各类资金仍旧不断涌入创业领域，除了看重创业公司未来可能的丰厚收益，自然也承担着营造社会创新氛围的巨大责任。其积极的社会效益是独一无二且长期发酵的。比如成立于2006年8月的上海市大学生科技创业基金会，下设两类不以盈利为目的的创业资助“天使基金”：雏鹰计划（最高20万债权，无息无抵押贷款）、雄鹰计划（最高50万股权，无分红，原价退出）。截至2015年2月底，“天使基金”共受理项目4148项，资助项目1075项。天使投资鼓励青年人创业、鼓励实现梦想，

1 该报告为IT桔子联合天使汇共同发布，统计了各家平台2014年1月至9月的数据，网络下载地址：http://raise.tech2ipo.com/。本文所有数据均来源于此报告。

实际上推动着中国的创新，推动下一代人、年轻人对事业的追求，从而推动了整个国家的产业经济继续革新。所以说，以天使投资为代表的一类股权众筹平台理应得到鼓励。

2. 实体资产类股权众筹——人人可经商

除了天使汇、创投圈等创投类股权众筹平台外，还有一类服务于实体项目的股权众筹平台不容忽视。如帮助个体经营者在各商圈开设店铺的人人投，帮助有情趣的人开设客栈的多彩投等。无论是商店、咖啡馆还是客栈，前期资金投入需求较大，对于普通个人来说往往无力承担，无形中打击了许多人的店主梦想。此类股权众筹平台的建立，从实际出发，集众人之力、众人之资，帮助个体实现商店梦、咖啡馆梦、客栈梦，让经商变得简单。

多彩投为中国扶贫基金会设计的一个股权众筹方案，或许能为实体类股权众筹平台践行公益金融的方式提供新的思路。雪山村位于雅安宝兴县县城的半山腰上，是雅安地震灾后重建村。该村的灾后重建工作，由中国扶贫基金会全程参与，2014 年下半年，雪山村项目的负责人找到多彩投，告知想要将村民房屋的一部分作为民宿运营并对外筹集资金。

多彩投相关专家设计了这样一套方案：项目总投资 300 万元，社会众筹资金 200 万元（每份 5000 元共计 400 份），基金会投资 100 万元（其中以合作总社投资 50 万元，培训费用 30 万元，前期费用 20 万元），资金用于 20 户村民三层及阁楼装修成民宿。成立旅游合作社，并加以统一管理这些民宿。给予每户村民第一年房屋租金 0 元，次年 5000 元，三年后，每年租金 10000 元。十年后经营期结束，房屋及所有物件无偿归当地村民所有。

投资人同时也是捐赠人，预期会获得项目经营净利润的 40% 作为货币分红；每年每份 1 晚住宿权益，可累积三年一起使用；每年每份不低于 100 元的当地爱心土特产品；8 折入住所有“美丽乡村”客栈；中国扶贫基金会颁发的“美丽乡村爱心大使”证书。但不承诺一定返回本金和确保实现预期的经济回报；若项目执行失败或赢利能力较差，将通过增加度假权益和实物回报公益投资人。目前，雪山村股权众筹计划已经获得通过，正待启动。

无论何种众筹模式，都为民间资金参与更广阔范围的股权投资找到了机会，是金融造血功能的体现。值得注意的是，证监会 2014 年 12 月公布了《私募股权众筹融资管理办法（试行）（征求意见稿）》。该征求意见稿就股权众筹监管的一系列问题进行了初步的界定，包括股权众筹非公开发行的性质、股权众筹平台的定位、投资者的界定和保护、融资者的义务等。虽然意见稿中诸如要求投资人“净资产不低于 500 万元”等条款被视为苛刻，但是也应该看作是相关政府机构对野蛮生长、处于法律边缘的民间股权众筹试验的正面回应。相信在法规制定者、平台经营者、行业实践者等的双向乃至多向互动中，股权众筹平台所起到的鼓励创新、金融普惠、服务社会的积极效用将得到最大的发挥。

总结

为让每个人获得金融服务机会，就要在金融体系进行创新，包括制度创新、机构创新和产品创新。从中国的 P2P 平台、股权众筹平台的表现来看，产品创新有了；银监会、证监会的作为说明机构的创新也已启动，下一步或许就是整个社会公益理念的革新，这还需要包括政府、企业、公民在内的全社会的努力，克服困难和挑战，有敢于制度创新的勇气。

第十四章
2015 年互联网金融趋势与展望

2015 年 P2P 投资用户争夺战的突破与创新

生菜网

经过数年的探索与发展，P2P 行业在近两年实现了爆发式增长，行业竞争日趋激烈。平台要获取更多的用户、吸引更多的投资离不开推广。如今，大数据分析大行其道，基于用户端推广的营销工具层出不穷，平台的推广方式也日趋多样化，其中有效的推广较少，更多的是不断地尝试与试错。

截至 2015 年 1 月，P2P 平台近 2000 家，而 P2P 投资人总数只有 70 万左右。从用户总数量上看，市场基数仍然很小，市场渗透率较低。在这种僧多粥少的局面下，P2P 行业及各大平台的推广措施至关重要。

2015 年 P2P 投资用户的争夺战将更加激励。

从 2015 年 1 月的最新数据来看，国内 P2P 平台已经达到 1627 家，月成交量达到 357.82 亿元，是 2014 年同期的 3.04 倍。虽然增速势头不减，但是增长速度已经趋于稳定。

实际上，投资者也变得越来越理性，随着 P2P 行业的透明度与规范化逐渐增强，投资者已经意识到高收益背后所蕴含的高风险，对于 P2P 平台上借款人的选择也变得越来越谨慎，选择“靠谱”的平台、优质项目已经逐渐成为投资人群体中的共识。在这样的用户需求导向下，P2P 平台要想获得更多的优质用户，除了平台整体推广方式的调整外，还需要在投资产品上做更多的功课，以满足用户的需求。

2015 年是 P2P 市场竞争化最为激烈的一年，也将会是 P2P 领域的分水岭，行业监管方向将日渐明朗，整个行业也正朝着规范化的方向前进，部分以超高回报博取关注的平台将逐渐丧失竞争力，P2P 行业整体收益也有望回归合理水平。届时，如何吸引用户、留住用户着实需要平台费一番功夫。因此可以断定，2015 年 P2P 投资用户的争夺战将更加激烈。

（一）2014 年 P2P 平台营销常见的推广手段

2014 年 P2P 市场竞争激烈，热度不减。P2P 平台为了获得属于自己的市场份额，采用了各种推广方式。其中常见的概括起来主要有以下几种。

1. 搜索引擎推广："烧钱"的烦恼及"想烧还烧不了"的苦恼

利用包括百度、360、搜狗等搜索引擎，基于用户的搜索习惯展示内容，或借助其自身的营销工具进行推广。常见的推广手段包括登录分类目录、搜索引擎优化（SEO）、关键词广告、关键词竞价排名、品牌专区、网页内容定位广告，等等。要做好这类工作，需要专门的团队运营，利用免费的资源和付费的工具，此外还需要做好用户质量的评估与成本付出。

通过这种方式带来的用户质量相对较高，但是费用也相对昂贵。据不完全统计，已有一定品牌影响力的平台 SEM 平均获客成本已经达到了 200 元 ~ 400 元，一般平台平均获客成本在 300 元 ~ 600 元。而从分词类推广来看，通用词的获取成本更高，1000 元~1500 元以上都属正常水平。因此，这样的成本与人工付出并不是所有平台都可以承受的。

不过，随着国内搜索引擎行业巨头百度的一纸规定，P2P 行业内的推广业务受到限制，导致了很多无法满足其严苛条件的平台，没有办法在百度完成开户。对于大多数的新兴平台，这样的处境，可能在 2015 年还要延续。

2. 网站广告位展示：质量参差不齐，还要接受“羊毛客”的冲击

各大网站都拥有自己的资源，比如访问量、注册用户信息、有价值的内容和功能、广告空间等，利用网站的资源与合作伙伴合作，资源共享。例如，很多网站达成联盟协议，交换链接，交换广告位，就可以很好地进行网站的推广。

这类的合作一般以 CPA（按注册用户数量收费）或 CPS（按投资用户数量收费）合作为主。一般而言，根据用户质量的差别，移动端 CPA 价格在 10 元～30 元，PC 端 CPA 价格在 50 元～80 元，还有部分价格要高于 100 元，CPS 的平均价格在 100 元～300 元不等。

不过采取这种方式，对于 P2P 平台而言，有一个话题不得不说，就是“羊毛客”。目前，几乎所有的 P2P 平台都有注册送本金的活动进行，加上对获客渠道的合作费用，其付出的成本就已经达到了一个较高的水平，如果渠道带来的用户数量可观但质量一般，那么平台就要研究是否接受这样的用户了。

3. 软文推广：培养潜在用户与品牌宣传的主要阵地

将软文发布在潜在用户可能访问的网站上，利用用户在这些网站获取信息的机会实现网站推广的目的。类似，还可以将信息发布在黄页、分类广告、论坛、博客、供求信息平台、行业网站等处。除了增加曝光率达到宣传效果，对真正有意向的投资人来说也增加了其对平台的信任与了解。

对 P2P 平台来说，软文传播效果最重要的就是送达目标人群。因此，各大 P2P 投资论坛、财经论坛成为了平台推广部门的主场战。除了品牌宣传外，促销消息发布、活动公告也成了发布的主要内容。

从效果上看，因为人群定位精准，确实可以保证精准的用户浏览。但是数量有限，而且品牌营造需要较长的时间，除了应付竞争对手的负面攻击外，还要维护好自身的品牌形象，达到教育用户的目的没有一定的投入很难做好。品牌营销是一个相对长期的过程，效果显现也需要时间和内容铺垫。

4. 自媒体推广：新媒体营销趋势下的推广尝试

随着用户获取信息习惯的改变，自媒体营销的效果逐渐显现。粉丝经济、微信营销也成为了 P2P 平台推广的必要选择。除了建设自身的自媒体工具外，借助

舆论领袖的粉丝效应也有一定成效。另外，随着移动互联网的发展，自媒体资源的附加价值还会增加。

基于对自媒体人的信任，这部分用户短期之内可以带来一定的资金量。不过，由于用户的信任主体并非平台本身，因此要想黏住这部分资金来源，平台需要维护好自身与自媒体之间的关系。所以随着后续用户资金量的增加，自身粉丝数量的增长，合作费用必有上升趋势。

5. 邮件与短信推广：用户维护与促销通知的必要辅助手段

当然，这里的邮件推广并不是乱无目标的滥发邮件，而是利用网站的注册用户资料开展 E-mail 营销的方式，常见的形式如新闻邮件、会员通信、电子刊物等。此种方式更多的是对注册用户的增值服务，以保证用户的黏性。

因为 P2P 投资涉及用户个人的资金交易，短信提醒及邮件确认都是必要的辅助措施。

6. 站内活动：促销活动抢夺目标用户

2014 年，继各家电商密集参战“双十一”、“双十二”等活动之后，很多 P2P 平台也开始借助一些特殊时点推出各种优惠活动以吸引用户投资，大多采取抽奖、投资送奖品、提高收益等方式。

据悉，P2P 平台的上述推广活动确实也取得了一定的成效。按照第一网贷发布的数据显示，12 月 12 日当天，全国 P2P 网贷平台总参与人数为 18.35 万人，较前一个工作日增加 5.42 万人，上升 41.95%，该日总参与人数是基期日均参与人数的 10.55 倍。当日，全国 P2P 网贷平台借贷总成交额为 21.5 亿元，较前一个工作日的 15.2 亿元增加了 6.3 亿元，上升 41.55%。

除恰逢节气推出的活动外，很多 P2P 平台也会在日常做一些优惠活动，以吸引新的投资者和维护老客户，其中新上线的平台的各种优惠活动相对更多。

7. 大型展会：抓住展会宣传吸引潜在用户

除了上述措施，不少 P2P 平台在一些论坛、展会上也显得非常积极和踊跃。互联网金融峰会、金博会，以及各个地方互联网金融联盟组织的论坛，吸引了很多 P2P 平台参会；此外，平面广告、网络推广等方式，各家平台的使用率也很高。

金融展览会也是 P2P 平台愿意选择的推广方式，而具体参展费用一家平台一般在 20 万~30 万元。P2P 平台参加展会的目的更多是自身的品牌宣传，希望借助展会的影响力打造品牌优势，加深行业影响力，广告意图明显，其目的是瞄准市场内的潜在用户。

除了上述线上推广方式外，线下推广也是常见的推广方式，这里不再赘述。

（二）获客渠道分析，新思路带来新机遇

有 P2P 平台人士表示，粗略计算，一些 P2P 平台在推广上面的投入，少的一年也在几十万元到几百万元，多的甚至可能达到上千万元。2015 年预估 360 和百度两个渠道，总投放超过 1000 万元的平台不在少数。

很显然，不断增加的推广费用也推高了 P2P 平台的获客成本。目前，中小型平台获得一位新增注册用户的费用一般在 80 元 ~ 150 元，但转化率并不高。

一位 P2P 平台人士表示，对新兴（中小）平台而言，获取一个注册用户的成本大概是 80 元 ~ 150 元，转化率约为 10%，按此计算，一位有效客户的获客成本在 800 元 ~ 1500 元。

高昂的获客成本不利于 P2P 平台的健康发展，只是这种模式其实是无奈之举，也是不可持续的。因为当前 P2P 平台的利润十分微薄，亏损的平台不在少数，花太多资金推广成本高昂，但不做推广又无其他更好的获客渠道。

（三）案例：线上生菜网，线下淘宝联盟渠道的尝试与探索

【案例 1】网贷垂直领域的开拓：全国首家 P2P 返利平台的出现

生菜网通过对各大 P2P 平台的研究发现，从各平台的用户来源区分，目前 P2P 平台主要面临以下困境。

1. 传统金融机构转型的平台

依靠传统线下获取用户为主→团队投入较大但推广规模有限，需要转向尝试互联网手段。

2. 纯线上用户来源的平台

依靠互联网推广获取用户为主→获客成本高，用户资金量有限，需要寻找更有效的资金渠道。

3. 电商模式运营思维下的平台

基于电商思维的流量导入模式获得用户→流量转化率较低，需要提高投资转化率，找到新的获客渠道。

4. 发展时间超过两年的平台

线上线下相互结合的获取用户方式→继续控制成本，需要寻找更有效的获客方式。

通过以上分析不难发现，所有的平台都在面临一个共同的问题：新用户获取困难，缺少有效的投资客户渠道，并且在今后，竞争激烈的 P2P 市场环境下这个困难会更加突出。就是看准了 P2P 平台的需求，结合唯品会、返利网在电商领域的思路，生菜网诞生了。其实它的业务模式很简单：生菜网与各大 P2P 平台合作，收取一定的广告费用，然后给通过生菜网投资的用户额外的返利。这样，用户总收益可以达到年化 20%，而用户直接通过平台购买只能获得 12%的年化收益（目前优质平台的收益基本维持在 12%左右）。这样通过高收益的吸引，生菜网就可以作为网贷用户的入口为合作平台导入优质的投资用户。

【案例 2】网购人群锁定：淘宝卖家联盟的用户导入

P2P 的投资用户特性与一般的网民有很大的不同，作为理财方式的一种，互联网理财也是近些年刚刚兴起的一种方式。用户认知较少，要想吸引高质量的投资用户，用户教育的过程必不可少。

从用户描述的角度看，符合 P2P 用户特征的人群应该是熟悉网银操作、有理财习惯、有投资能力的一群人。而很多平台在进行实际客户筛选的过程中，往往只注重后两者的条件，而忽视了用户的操作习惯。结果很多用户就因为 P2P 投资烦琐的操作而放弃了第一次投资的尝试。

为了降低用户的教育成本，淘宝卖家联盟利用自身的优势解决了用户操作习惯障碍的问题。其实淘宝卖家联盟带来的用户就是拥有网购习惯的年轻群体，这部分潜在用户拥有互联网化的消费意识，网银操作习惯及理财需求，因此对这部分人的精准推广非常有效。

另外，前文也提到，P2P 行业的发展离不开整个网贷生态的完善。生菜网的出现很大程度上填补了 P2P 行业垂直领域生态的空白。

（四）推广带来新用户，而用户体验决定平台成败

如果说推广是 P2P 平台需要学习的“外功”，那“内功”的修炼就是如何改进用户体验。

俗话说：人与人见面，给别人留下的第一印象很重要，那么用户选择 P2P 网贷平台，平台给客户留下的第一印象也很重要。平台给用户的第一印象包括：平台设计的 Logo 图标，平台的页面设计及色彩设计，页面的加载速度，等等。在互联网的用户世界里，这些东西确实很重要。只是长期在金融行业浸淫的从业者往往对这些东西不屑，认为庄重、高端、传统就可以给投资人最好的用户感受。但是用户真的买账吗？

用户体验全流程揭秘如下。

上文所说的第一印象是用户开始接触网站的第一步，如果用户对 P2P 网贷平台的第一印象很好，就会对平台进行深层次的了解，一般从以下几个方面进行。

1. 网站内容体验

网站栏目主次、网站内容分类、内容更新频率、平台内容的丰富多彩性、平台内容的可浏览性。

2. 平台给予的信任体验

公司介绍、团队介绍、公司注册资金、营业执照、平台备案、公司客服电话、地址、邮箱、P2P 网贷平台的利率、风控措施介绍，等等。

3. 用户加入平台后的体验

用户确定加入平台后也会对平台有简单的评估，这方面的体验也分为两个方面。

（1）注册新体验：用户注册/登录、填写/提交个人信息、错误/安全提醒，等等。

（2）后台功能体验：个人信息管理、资金管理和其他用户及平台管理员的联系交流，等等。

目前，参与P2P的用户已不再是小白用户，而是更加理性的用户。因此，P2P平台不仅需要在产品上追求创新，更需要注重用户感受，包括在使用上是否足够便捷，信息是否公开透明，等等。未来，利用大数据定制用户需求，满足用户在体验上的感受，会是P2P和众筹行业的发展趋势。

对于P2P，用户希望的是自动化投资，并加强债权转让的流动性。现在，一些优秀的平台，已经出现了资金端多于资产端，用户很难在发标时间准时“抢标”，如果不开设自动化投标，用户账户会出现资金闲置。并且，随着P2P平台资产类型的增多，票据、典当、信用贷、抵押贷等各个类型的年化投资利率也不相同。从风险的角度看，每一个P2P项目的风险程度不尽相同，用户需要利用自动化的投资组合，在各个P2P平台上，将收益风险比匹配得更好。

P2P的核心是金融产品，讲究收益率、安全性、流动性，如果从用户的角度讲，将这三个维度进行一些产品创新，那么P2P平台这个行业，将会迎来更好的生存发展空间。

第十五章
不能小觑的那些互联网巨无霸

曲盈珊[1]

一．阿里模式存四大隐患，或将制约其金融野心

在天猫、支付宝、余额宝之外，2014 年 10 月 16 日，阿里巴巴旗下的蚂蚁金融服务集团的正式成立，将与其合作伙伴一道开拓互联网时代的金融新生态。在阿里众筹、P2P，以及数据战略风生水起之际，新一轮商业价值一触即发。

阿里金融帝国勾勒虽美，但背后却存有重大隐患，阿里巴巴若在这些问题上掉以轻心，恐怕辛苦搭建起来的龙头地位将被后起之秀反超。

（一）全产业链布局，互联网金融的最早试水者

B2B 出身的阿里巴巴在经过淘宝、支付宝，以及天猫三个产品，对海量用户交易数据、风控管理可谓是驾轻就熟。从其阿里小贷坏账率仅为 1%的绩效水平来看，阿里巴巴利用数十年里积累下的用户信息实现了大数据的完美转型，在电商技术上取得了不菲的成绩。

与其他企业相比，阿里巴巴在互联网金融领域中的思路和战略最为清晰和超

---

1 曲盈珊，北京科技大学经济学硕士，搜狐互联网金融频道负责人，专注互联网金融行业发展、企业商业模式研究。

前，而纵观阿里金融的业务布局，几乎涵盖全产业链：支付宝、余额宝、蚂蚁金服、基金、阿里理财、阿里保险、阿里小贷、阿里担保等，还包括阿里云所提供的金融云服务。同时，阿里巴巴也是拥有牌照最多的互联网公司：第三方支付牌照、基金牌照、担保牌照和小贷牌照，但最助力阿里巴巴成长的还属支付宝。

阿里巴巴借助支付宝可谓是“一招先吃遍天”，第三方支付覆盖场景广阔，不仅有网购、电信充值，还包括水电煤缴费、信用卡还款、日常小额多频转账汇款等，极大地便利了人们的日常生活。2014 年 11 月，支付宝正式推出“海外直购”业务，消费者无须信用卡，使用支付宝就可直接购买海外网站的商品。目前，支付宝“海外直购”业务已获得美国四大百货公司及 Aeropostale 等服装品牌的支持，在国际化征程中迈出了坚实的一步。受益于移动端的增长，仅 2014 年上半年，支付宝的市场份额就增长了近 80%。据艾瑞咨询的统计数据显示，2014 年第二季度，支付宝钱包在移动支付市场的地位不降反升，市场份额从一季度的 76.2%上升至 79.9%。而位列第二位的财付通的市场份额则从一季度的 12.9%下降到了 8.9%。

在“2014 中国互联网金融高层论坛暨第七届中国电子金融年会”上，阿里巴巴小微金融服务集团金融事业部总经理袁雷鸣肯定了大数据对客户的流动性需求预测的价值。通过十几年来支付宝为阿里巴巴带来的稳定的用户基础，到 2014 年年末，余额宝存量的规模为 5789 亿元，有接近 1.5 亿的客户，户均投资金额只有 4000 元，充分体现了碎片化的资金的特性。其中在用户构成上，年轻化成了余额宝最主要的特点。数据显示，买余额宝的用户的平均年龄上升至 29 岁，18 ~ 35 岁占比 82.8%，年轻用户未来再发力将为阿里带来新一轮的增长点。

在阿里金融生态一片叫好及外贸蓬勃的大环境下，2014 年 9 月 20 日，阿里巴巴在美国纽约证券交易所正式挂牌上市，首日报收于 93.89 美元，较发行价上涨 38.07%，以收盘价计算，其市值破 2300 亿美元，超越 Facebook 成为仅次于谷歌的全球第二大互联网公司。根据阿里巴巴之前公布的招股书，此次 IPO 融资规模高达 218 亿美元，加上承销商拥有的超额配售权，阿里巴巴本次 IPO 成为纽交所 223 年历史上最大的一笔 IPO，同时也超过了 Facebook 的 160 亿美元，以及美国此前最大规模 IPO——VISA 的 179 亿美元融资额，成为目前为止美国最大规模的 IPO 个案。

2014 年 10 月 16 日，阿里小微金融服务集团以蚂蚁金融服务集团的名义正式成立，旗下的业务包括支付宝、余额宝、招财宝、蚂蚁小贷等。蚂蚁金服致力于开发云计算、大数据等底层平台，以支撑其支付、理财等业务板块的发展。阿里巴巴创造了一条近乎完美的金融产业链——通过阿里小贷提供贷款业务，通过支付宝提供支付结算业务，通过资产证券化实现融资。此外，还涉及担保、保险、基金等。如今，蚂蚁金服正分别在 P2P、国际化及资本市场有条不紊地“布局”：创建浙江三潭金融信息服务股份公司，携手苹果公司，正面回应“支付宝上市”消息。未来，其能力和潜力同样值得期待。在中国金融市场中，蚂蚁撼动大树、开拓互联新生态的局面正在形成。

总体来看，阿里巴巴如今的各项投资案都显示其整合、利用和完善产业链的雄心：社交媒体数据为其理财产品推广奠定了广泛的用户基础；高德的地图数据提高了落地率；与中国气象局公共气象服务中心达成战略合作，未来医院“智能化看病”的构想……未来的阿里巴巴将在带来更大的商业价值的同时，更好地服务国民经济和社会民生。

（二）电商龙头地位遭遇冲击，品牌效应不断下滑

在电商之间的拉锯战中，淘宝、天猫凭借老大的地位多年火力全开战绩斐然，但这些年来，关于品牌超卖、物流延迟、中小卖家遭遇差评师、商家作假刷量等指责始终不绝于耳，这些问题对于如日中天的淘宝来说愈加棘手。

2011 年，“上校舰长辞去十大网商称号”把“十大网商”与阿里巴巴的矛盾公之于众，昭示阿里巴巴 B2B 业务面临的诚信危机愈发严重。阿里巴巴与网商之间的关系变得微妙。资料显示，一些卖家交过费后得不到预先承诺的服务，这使得许多商家开始不安于淘宝一家平台，纷纷寻找下家使得卖家信誉难以保证。同时，平台上同质化产品竞争过大，卖家为了吸引用户开启降价模式，这种恶性的低价售卖不免令人质疑产品的质量。另外，也有新进卖家称享受不到及时的业务培训，这种令卖家成本增加的风险可能触发劫持媒体效应，成了卖家和用户不断诟病淘宝的因素之一。这种潜在的商业危机正亟待阿里巴巴做出理性的思考。

就在阿里巴巴电商品牌效应不断下滑之际，腾讯与京东的联姻无异又给了阿里巴巴一记闷棍。2014 年 3 月 10 日，腾讯收购 3.5 亿股京东普通股，占京东上市前对外流通普通股的 15%。与此同时，京东也将 100%收购腾讯 B2C 平台 QQ 网

购和 C2C 平台拍拍网。本在电商上毫无起色的腾讯，这次借了京东直接抄了阿里巴巴的老家。京东与腾讯弱电联合后，也对阿里电商地位构成了一定的威胁，阿里巴巴以往一家独大的电商格局或将被重写，逐渐走向两强争霸的局面。

（三）阿里小贷存在的致命局限：资金来源

作为首批为小微企业敞开融资怀抱的互联网企业之一，阿里小贷的确成功解决了部分中小企业和个人创业者的资金困境，但阿里小贷模式存在一个致命局限：由于不能吸收公众存款的法律规定，阿里的放款都是阿里小贷公司先用自有资金放款，其有限的自有资金将成为制约阿里小贷发展的瓶颈。

很长一段时间以来，阿里小贷始终面临着严重的资金瓶颈。按监管规定，除了资本金外，小贷公司可以从银行拿到的融资上限为资本净额的 50%，亦即杠杆率只有 0.5 倍。阿里小贷所在的浙江和重庆都出台了鼓励政策，允许从银行融资额度提高至 100%，即便如此，阿里小贷两家公司注册资本金总和为 16 亿元，最多可贷金额为 32 亿元，远远不能满足线上电商的庞大融资需求。数据显示，截至 2014 年上半年，阿里小贷累计发放贷款突破 2000 亿元，服务的小微企业达 80 万家。另据媒体报道，蚂蚁金融微贷事业部运营总监赵卫星曾表示，阿里小贷的贷款余额为 150 亿元左右。

为突破资金瓶颈，阿里小贷曾多次通过融资成本较高的信托渠道融资，但由于信托计划的私募性质，融资规模受到限制，筹得资金仍属杯水车薪。随着阿里小贷的进一步发展壮大，资金瓶颈问题更为突出，阿里金融的战略布局也将遭到波及。

为了弥补这一缺陷，阿里巴巴将目光放到了资产证券化上。所谓资产证券化，就是将债权打包转让，通过发行可交易证券进行融资。2013 年 7 月，深交所发布公告称，东方证券的“阿里巴巴 1 号至 10 号专项资产管理计划”获中国证监会批复，可以在深交所综合协议交易平台上挂牌转让。这就意味着，阿里巴巴在未来的三年内可以将阿里小贷的优质贷款资源出售给东方证券，来补充自身的贷款额度，资金瓶颈问题看似迎刃而解。

然而，阿里金融这一奇招只能作为缓兵之计，并不能从根源上解决资金的供需匹配问题。

首先，按照东方证券的介绍，3 年内将不定期发行 10 期产品，每期发行额度为 2 亿元至 5 亿元，计算下来总共补血资金不超过 50 亿元，尽管融资规模相较以前实现翻番，但与频繁的线上贷款需求相比，仍然不能实现匹配。

其次，法律上的漏洞或为阿里巴巴这一金融创新投下阴影。据北京大学金融与产业发展研究中心秘书长黄嵩介绍，阿里小贷此次选择证券公司的专项理财计划作为 SPV 实现资产证券化，或在最核心的破产隔离上存在法律问题。专业人士表示，由于缺乏法律上的强制力，资产证券化发起人一旦破产，投资人可能会与债权人出现纠纷。

（四）金融产品创新走下坡路

2013 年 6 月，余额宝的问世被视为互联网金融全面兴起的重大标志，短时间笼络大量人心。截至 2014 年年末，余额宝已坐拥 1.49 亿用户，总规模达到 5789 亿元。仅 2014 年上半年余额宝就为用户创造收益 125.48 亿元。但余额宝最大的成绩并不在于为用户带来多少收益，而是让人们的投资理念发生了彻底的转变，货币基金理财开始走入人们视野，被传统银行拒之门外的“屌丝用户”也因余额宝的诞生享受到了高于活期存款收益十余倍的理财服务。

这场由余额宝引发的互联网金融逆袭浪潮在后期更加一发不可收拾，各种宝类产品相继推出，互联网企业、传统金融机构，甚至电信运营商纷纷加入其中，产品创新程度不断提高，货币基金通过 ATM 机提取甚至成为可能，相比之下，余额宝显得不再特殊。意识到这一问题后，想在金融理财产品上继续发力的阿里巴巴果断推出了更多的产品。

（五）“娱乐宝”打众筹擦边球，风险属性被遮掩

2014 年 3 月 26 日，阿里巴巴数字娱乐事业群宣布新产品“娱乐宝”，预期年化收益高达 7%，远超余额宝。娱乐宝将依附于淘宝移动端，通过向消费者发售产品进行融资，网民出资 100 元即可投资热门影视作品。数据显示，娱乐宝首期 4 个投资项目全部售罄，共计 78.5 万份，总金额 7300 万元，共有 22.38 万网友参与投资。

从宣传手段上来看，“花 100 元就可以投资电影”像极了众筹模式，但事实上，

娱乐宝并不属于众筹范畴，而是一款不折不扣的理财产品。

首期在娱乐宝平台上线的是一款名为“国华华瑞 1 号终身寿险 A 款”的投资连结型保险产品，产品供应商为曾与阿里巴巴有过多次合作的国华人寿，预期年化收益 7%，不保本不保底；1 年内领取或退保收取 3%的手续费，1 年后自动全部领取。与传统险种相比，投连险属于新兴产品，从专业角度讲，投连险其实就是一种投资产品，保障功能在里面所占的成分很小。

此外，投保人购买投连险后，实际收益取决于公司的投资水平和项目的风险程度。数据显示，在 2007 年到 2013 年的 400 多部国产电影中，国产片总体亏损，累计投资回报率为–42%，这就意味着投资者购买娱乐宝需承受的投资风险非常高，但在阿里巴巴的宣传口号中，有关风险的警示并不突出。

（六）“阿里一号保本”陷信任危机

2014 年 4 月，由阿里巴巴投资成立的“招财宝”正式上线并挂靠于淘宝理财，截至 2014 年 4 月已向投资者提供了数十种借款类、保险类、基金类理财产品，其中第一批推出的 4 只票据贷款产品上线当日便迅速售罄。

与 4 只票据贷款产品同时推出的还有“新华阿里一号保本混合基金”。这款本应“打头炮”的产品却因延期募集给招财宝带来了信任危机。其计划募集时间原本是 2014 年 4 月 10 日至 2014 年 4 月 21 日。然而，新华基金于 4 月 18 日发公告称，将阿里一号募集截止日期延长至 5 月 9 日，这就意味着已认购的用户在未来一个月内将享受不到任何收益。此举惹怒了投资者，“大家是相信支付宝、相信招财宝、相信马云才会购买阿里一号，请不要践踏我们的信任！”迫于压力，新华基金最终将募集截止日期调整至 4 月 24 日，但如此出尔反尔已让不少用户倍感失望。该产品在线下延长募集两日后，规模仅有 5.6 亿元，远未达到 10 亿元的募集上限。

尽管余额宝为阿里巴巴奠定了互联网金融中的龙头地位，但随后的金融产品创新和用户体验却开始走下坡路，过度宣传也一度令其深陷信任危机。如何在金融产品上继续发力，阿里巴巴还需要更多的思索。

（七）支付宝频现安全隐忧，成移动战略最大绊脚石

支付宝在第三方支付世界中的确一家独大、无可匹敌，但其频频曝出的安全隐患同样令众人无比揪心。

在2013年双十一期间，支付宝账户金额被盗刷事件被推上了舆论的风口浪尖，先后有多名受害者，损失金额少则几百元，多则上万元，有的用户是因为轻信骗子或钓鱼网站，导致账户被盗刷，而有的则是由于支付宝存在漏洞引发。除此之外，近年来关于支付宝安全的负面新闻并不少见。

据易观国际2014年发布的《中国第三方网络支付安全调研报告》显示，安全问题仍然是用户不使用网络支付的主要原因，占比高达 54%。用户在网络支付过程中由于木马、钓鱼网站以及账户、密码被盗的原因带来资金损失所占的比例最高，分别为24%和33.9%，成为第三方支付的头号大敌。

2014 年，央行紧急暂停虚拟信用卡和二维码支付事件，也证实了监管层对第三方支付的安全现状存有疑虑。阿里巴巴必须不断加强在支付安全技术方面的建设，否则这一隐忧将成为其发展移动战略的最大绊脚石。

二．京东金融

在无金融不电商的时代，京东的一举一动无时无刻不引来市场极大关注。如今，喜获腾讯战略入股的京东已经将自身的金融版图越画越大。

（一）起家B2C成就于金融，京东版图急速扩张

1998年6月，刘强东在中关村创业，成立京东公司。2004年1月，京东正式涉入电子商务领域，先后组建了上海及广州全资子公司，使全国大部分地区都覆盖在京东商城的物流配送网络之下，成为目前中国最大的自营式电商企业。

在2013年以前，京东都在老老实实地做自己的B2C电子商务业务，京东商城始终坚持以纯电子商务模式运营，缩减中间环节，为消费者在第一时间提供优质的产品及满意的服务。这一理念令京东收获颇丰，无论在访问量、点击率、销售

量及业内知名度和影响力上，京东都在国内3C网购平台中具有较大影响力。2010年，京东跃升成为中国首家规模超过百亿的网络零售企业。2013年，京东商城活跃用户数达到4740万人，完成订单量达到3.233亿。

后来，京东不再满足于做简单的B2C零售买卖。对整个京东帝国而言，刘强东迫切希望将600亿元年销售额带来的沉淀资金运转起来，通过零售带来流量，进而壮大仓储配送服务和各类金融业务。2012年11月27日，京东对外正式发布其首个金融服务类产品——供应链金融服务系统，利用京东自身的信用和规模为商家做担保，帮助商家方便顺利地从银行贷款。这一举措昭示京东正式杀入互联网金融。2013年，京东金融集团应运而生，紧接着密集推出各种互联网金融服务，京东帝国版图已经越画越大。

2014年1月30日晚间，京东向美国证券交易委员会承报拟上市登记表，这意味着京东正式启动IPO进程。2014年3月10日，腾讯收购3.5亿多股京东普通股，占京东上市前在外流通普通股的15%，成为其一个重要股东。与此同时，京东和腾讯还签署了电商总体战略合作协议，腾讯将旗下拍拍C2C、QQ网购等附属关联公司注册资本、资产、业务转移给京东。2014年4月2日下午，京东集团正式进行分拆，其中包括两个子集团、一个子公司和一个事业部，涉及金融、拍拍及海外业务。京东创始人刘强东担任京东集团CEO。

起家于B2C，成就于金融，这就是刘强东领导下的京东集团的真实写照。

（二）京东金融模式四部曲

1. 供应链金融打响头枪：京保贝开创新纪元

与阿里巴巴不同的是，京东在平台业务、第三方支付等方面布局较晚，但其B2C的天性使其强于供应链的控制与管理。因此，京东在进军互联网金融时，没有将面向个人用户的理财业务作为切入点，而是从供应链金融切入。

2012年11月27日，京东正式上线供应链金融服务系统，并与中国银行北京市分行签署战略协议，后者承诺将给京东一个数亿元的授信额度为供应商提供贷款支撑。京东以足够规模的商业企业的信用为基础保证，以应收账款做抵押，由银行向商业企业上游供应商提供可持续短期贷款业务。京东金融战略图如图15-1

所示。

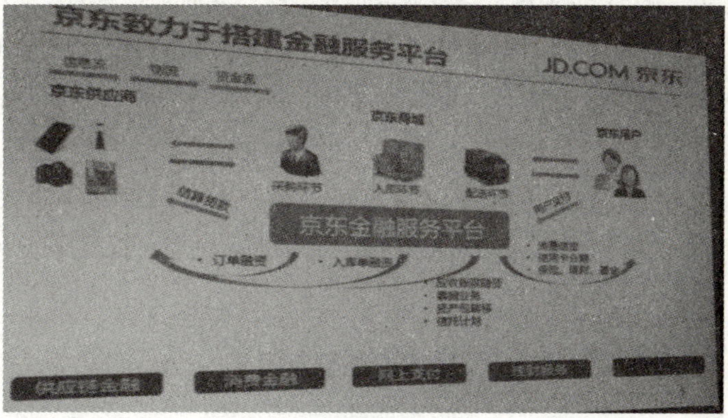

图 15-1　京东金融战略图

京东做供应链金融的核心思想是，通过为其上下游的原料商、制造商、分销商、零售商提供金融服务，满足小微企业的金融需求，这一点与阿里小贷不谋而合。一般企业在与核心企业合作时，一方面要保证供货，另一方面要承受应收账款周期过长的风险，资金往往成为最大的压力。特别是京东的回款周期出了名的长，这些企业往往因为规模小，资金薄弱，难以得到银行的贷款，资金链断裂成为笼罩在这些企业头上的阴影。可以说，在供应链金融管理方面，京东一边做局，一边为上下游企业提供融资方案，从而令自身的金融体系有活血源源不断地输入进来。

但无论如何，京东在践行普惠金融精神方面做足了功课，这一点并不比阿里小贷表现得逊色。另外，经过多年的 B2C 经营，京东已经掌握了充沛的大数据资源，这就令京东选择做金融水到渠成。

相对于先行者阿里巴巴而言，京东的供应链金融打法不尽相同。阿里小贷并未引入银行授信，完全使用自有资金，而京东则背靠传统金融业银行的大树，完全依靠银行授信，通过合作由银行操作贷款事宜。京东的供应链金融团队类似于银行的客户经理，负责对供应商进行评级，最终设定一个授信额度。其授信的依据是供应商在京东系统上的历史销售数据及供货结算记录，但最终由京东做担保。目前，资产排名前 15 的银行都和京东有合作，京东在银行拥有 100 亿元授信额度，双方可谓亲密无间。

2013 年 12 月 6 日，历经一年快速发展的京东供应链金融再出重磅产品，一款名为“京保贝”的 3 分钟融资到账业务正式上线。此前，京东的供应链金融可以做到上午申请，下午批贷，但通过“京保贝”这个高度互动化的交易平台，京东平台上的采购、销售、财务数据可以被拿出来进行快速分析，从而完成自动化的审批、风控和放款，整个过程只需要 3 分钟。数据显示，京保贝上线一个月贷款规模就超过 10 亿元。数据显示，2014 年京东金融供应链金融共提供贷款 130 亿元，同比 2013 年增长近 600%。仅 2014 年 12 月，京保贝、京小贷放贷总计已超 20 亿元。

2. 消费信贷后来居上：京东白条打造信贷闭环

2014 年 2 月 14 日，京东白条在微信红包之后掀起又一个互联网金融的高峰。这项剑指个人消费的信贷服务，让用户可以通过“打白条”的方式在京东购物时，申请最高 1.5 万元的个人贷款用于支付，并在随后 3 个月至 12 个月内进行分期还款。

这项类似银行信用卡的业务在早期宣传时就已赚足市场眼球。此前，阿里金融如箭在弦的“信用支付”几经内测却迟迟没有推出，就是因为在对个人消费数据收集和抗风险能力上略显吃力，并且与银行方面的洽谈始终未果。这一次，京东决定绕开银行自己来玩消费信贷。京东方面表示，白条可在一分钟内在线实时完成申请和授信过程，而服务费用约为银行类似业务的一半。京东通过大数据，对用户消费记录、配送信息、退货记录、购物评价等多个数据进行风险评级，最终评估出用户的信用。京东白条与信用卡对比如表 15-1 所示。

表 15-1　京东白条与信用卡对比

对比项目	京东白条	信用卡
最长免息期	30天	56天
分期付款期数	3-12个月	3-48个月
分期付款利率（以12期为准）	每期0.5%	每期0.6%
违约金	每日0.03%	最低还款额未还部分的5%
使用范围	京东金融	线上线下所有支持信用卡消费的场所

在风控上，京东对白条设置了两道防火墙：一是对用户的消费行为进行基本的分析，需满足一定的额度；二是要求申请用户必须在京东账户绑定过信用卡，并曾用信用卡进行过在线支付。这也就意味着用户的信用首先是得到了银行的承认。经过两层过滤，京东的坏账风险被降到了最低。

就在余额宝类理财产品满天飞、各种收益率和花样让人应接不暇时，京东成功避开了互联网金融理财的兵家必争之地，抢先推出个人信用支付产品。从公司战略角度来看，京东白条是 2C 端信贷业务，结合 2B 端的京保贝，京东已经在信贷业务上形成了一个完整的金融链条。

我们可以设想，一旦京东白条发力，用户消费量将被极大提升，反过来促进京东商城的销量。除了用户黏性，白条还可以带来可观的资金利息，以一部手机为例，当时售出的手机价格可能是 2000 元，使用京东白条后，30 天后付款即变成 2010 元，期间存在 0.5%的差额，按年划分就是 6%，对于京东而言，白条的问世无疑为其增加了 6%的年息收入。数据显示，在京东白条上线后，京东商城月订单量增长 33%，月消费额增长 58%。

为什么阿里巴巴在公司信贷方面做得风生水起，坏账率稳定控制在 1%以下，个人消费信贷却始终没有起色，甚至让金融后起之秀京东抢占了先机？

事实证明，以信贷为核心的消费金融，并不是随便哪家互联网巨头就能玩得起的，尽管淘宝拥有中国第一的流量和用户量，但并不意味着阿里巴巴在个人消费信贷上就可以得心应手。与京东相比，阿里巴巴更像是一个开放的大数据平台，而京东则是一个小规模却完整的闭环。虽然同样具有互联网基因，但京东更偏向互联网零售平台，价值链整合上更为彻底，是一个独立、可控的系统，无论是供应链、物流配送，还是购买，都是一个闭环的链条。在对消费者信用的评估上，京东拥有完善的数据积累和考量，对用户的消费记录、配送信息、退货信息、购物评价等数据进行风险评级，一切都是自主的体系，更能控制信用风险。相比京东，阿里巴巴对卖家端的信用把控更为完善，但淘宝属性最终决定了阿里巴巴对个人消费信用记录并不擅长。

3. 互联网理财全面开花：小金库收益壮大宝宝军团

这块曾经被京东绕道而行的领域最终还是被拾起了。

2014 年 3 月 27 日，京东金融平台及首批“小金库”互联网理财产品正式上线，由此加入“宝宝军团”大混战。首批京东“小金库”包括两款货币基金产品，分别为嘉实基金的“活钱包”和鹏华基金的“增值宝”，用户需要使用京东账户通过网银钱包来购买。

在互联网理财服务上线后，网银钱包将变身“金融超市”，用户可以购买包括货币基金在内的各类理财产品。至此，京东金融帝国版图已经勾画出初期模型。

从推出的时间节点来看，小金库的发行并未赶在互联网宝宝集中密集推出期，因此可以推断，京东发行货币基金理财产品，并不是为了和余额宝、理财通抢生意，而是完成自己在互联网金融方面的布局，因为金融业务板块无疑会为目前正寻求赴美上市的京东提升公司估值。此外，更为完善的互联网金融布局将为供应商和用户提供全面的金融服务，从而增加上下游客户的黏性。

4. 试水众筹，打造闭环

2014 年 7 月 1 日，京东“凑份子”高调上线了 12 款众筹产品，这也是京东金融继供应链金融、消费金融、支付业务和平台业务四大金融板块之后的又一创举。在首期上线的项目中，共包括有 7 个智能硬件项目，5 个流行文化项目。

与此同时，也有用户质疑其为变相团购。京东金融众筹业务负责人金鳞对此解释：“众筹与团购看似相近，但众筹具有预售性和排他性，这是团购业务并不具备的。尽管二者都是达到一定规模后项目才能成立、组团，但在内容和本质上有很大差异，团购并没有梦想等意识形态贯穿其中，而众筹背后则有人与人的关系及价值纽带。把众筹和团购看作一样，是没有看清众筹的本质。”

京东杀入众筹领域可谓蓄谋已久，而京东最大的优势就在于京东大平台的资源整合支持。在经过十多年的发展后，京东积累了一批高黏性的优质客户群，尤其是在 3C、IT、音像、图书等领域的销售优势，能将这些客户群有效注入众筹业务中的智能硬件和流行文化两大板块。

作为国内最大的自营式电商企业，京东目前还具备良好的供应链能力、资源整合能力，能为筹资人提供从资金、生产、销售到营销、法律、审计等各种资源，扶持项目快速成长。不难发现，京东此次涉足众筹是为了打造一个智能硬件生态系统，京东智能云、超级 APP，以及全方位大数据都将参与到京东的品牌增值系统建设中。据金鳞介绍，未来京保贝、京东白条也会逐步参与进来。

此后，京东众筹涉足领域趋向多元化，除了智能硬件和文化领域，也携手房地产开发商和航空公司开发众筹项目，截至 2014 年年底，京东金融众筹筹资成功率超过 90%，总筹额占整个行业的 60%。其中，6 个项目筹资金额破千万元，40 个项目筹资金额破百万元。

（三）互联网金融为京东带来巨大收益

据时代周报调查，B2C 业务对其加强京东盈利能力的帮助有限。2011—2013 年京东对应的主营业务毛利率分别只有 5.5%、8.4%和 9.9%，作为对比，当当网同期毛利率则分别有 13.83%、13.95%和 17.41%。

相反，京东金融业务却做得风生水起，尤其切入最早的供应链金融粗具规模效应。数据显示，京东 2013 年前三季度主营业务收入 492.16 亿元，同期运营成本 495.32 亿元，主营业务亏损 3.16 亿元，但其供应链金融产生了 2.22 亿元利息收入，加上政府补贴的 1.65 亿元，刚好实现了 0.6 亿元左右的盈利。

京东 2013 年财报显示，供应链金融累计产生 3.44 亿元利息收入，但成本仅 0.08 亿元，毛利率高达 97.67%。京东提供的另一组数据也能佐证供应链金融乃至整个金融板块对京东未来盈利模式可能产生巨大贡献。刘强东曾期望，京东金融未来十年内要撑起京东 70%的利润。

（四）京东金融短板分析

1. 第三方支付市场占有率低

支付是开展金融业务的核心，但京东金融在第三方支付方面仍存短板。2011 年封杀支付宝，2012 年收购第三方支付公司网银在线，2013 年停用财付通，2014 年 3 月“网银钱包”APP 上线，京东一直试图打造属于自己的支付宝。但其长期的货到付款模式大大减弱了用户的资金黏性，网银钱包市场占有率较低，而阿里巴巴和腾讯已经凭借领先的线上支付解决方案占领了制高点，京东金融想要更改格局非常困难。

此外，支付宝之所以能获得巨大成功，是因为支付宝已经独立于淘宝体系之外，有直接获得客户的能力，但京东支付系统在直接获客上未必能够成功，换句话说，京东目前并不具备超过自己主业外的获客能力。

2. 京东白条不受监管，违约成本太低

京东白条的理念是让客户"先消费、后付款"，这与支付宝的虚拟信用卡完全不同。虚拟信用卡的授信是由相关银行垫资，因此它属于金融产品，而京东白条的垫资由京东自己承担。这种本质区别使得京东白条并未受到政策监管，因为这仅是一项商品交易，一个愿买，一个愿赊。

然而，监管漏洞不容忽视。京东仅仅是个电商，没有银行完善的征信机制，对于申请人的信用状况也无法做到充分了解。一旦用户违约，很难追回资金。因此，相比于有政策监管的阿里巴巴，京东白条的违约成本太低，这就导致其在选择客户时不得不慎之又慎，于是便有了大批用户申请不上京东白条。"赊销"模式——信用水平难以鉴别——门槛高，三者构成死循环，这也是京东白条的主要风险所在。

3. 移动终端市场占有率影响金融产品受关注程度

在互联网时代，移动化是未来金融发展大趋势，无论支付还是理财都将向移动端转移。目前，阿里巴巴和腾讯已经通过围绕打车 APP 和 O2O 的移动支付大战帮助它们在移动支付上快速圈地，百度亦通过团购大战、地图等方式圈移动用户。虽然京东在移动支付领域开始发力，但却相对慢了一些。就市场占有率来说，大部分人手机里都装有支付宝钱包和微信，网银钱包装机量略逊一筹，这将影响京东金融产品的受关注程度。

三．百度火拼 BAT 移动支付，仍有两道坎要过

在 BAT 三足鼎立的格局之中，百度最突出的优势在于用户流量和搜索能力，大数据处理能力同样不比阿里巴巴逊色。从客户群来看，百度覆盖了中国 5.91 亿网民中的 95%，握有 14 个亿级流量入口及丰富的线上线下立体化支付场景，相比传统金融机构与用户之间距离更近。

利用搜索和技术的优势，百度正在通过一系列大动作逐渐补齐自身的短板，但是，这条路毕竟不那么好走。与阿里巴巴和腾讯相比，百度在支付等相关领域始终慢了半拍，这就为其进军互联网金融领域徒增不少难度。

（一）百发叩响互联网金融大门：创新不足，模式惹质疑

深受余额宝成功案例的启发，全球最大的中文搜索引擎公司百度也紧随其后对外宣称涉足互联网金融业务，并且同样将突破点选择在了货币基金理财产品上。2013 年 10 月 28 日，百度正式上线“百度金融中心——理财平台”，并与华夏基金联合推出年化收益高达 8%的理财计划“百发”，高调进军互联网金融领域。

与余额宝类似的是，百度百发也是一款不折不扣的货币基金理财产品，对接华夏现金增利货币基金，最低申购门槛定 1 元，售后支持快速赎回，方便即时提现。但与余额宝不同的是，百发采取了限量发行的方式，由中国投资担保有限公司全程担保，上市首日便遭到 12 万网友哄抢，总销售额突破 10 亿元。尽管取得了显著的战绩，但这场“饥饿营销”还是一度令网络多次崩溃，引发网友诸多不满，被批诚意不足。

为了与阿里巴巴的余额宝比起来更具有竞争力，百度百发还采用了补贴的方式将年化收益率做高，具体做法是：投资者每投 1 元到百发，百度即跟投 1 元，并将自身的收益让渡给投资者，这样即可享受到货币基金的双重收益。百度将传统互联网企业烧钱抢市场的做法运用到了金融产品上，但其并不具备任何可持续性，从本质上来看，百度百发与余额宝相比并未出现更多创新，更类似于营销噱头，其烧钱手段甚至遭到“不正当竞争”的质疑。

除此之外，百度高调推出百发时所用的宣传语“保本保收益”引来证监会的高度关注。“证监会发布”官方微博上指出，按照内地《基金法》规定，公开披露基金信息不得预测投资业绩、违规承诺收益或承担损失等行为，互联网基金销售也应遵循此规定。针对证监会的质疑，百度方面迅速做出回应，表示百度金融中心始终与各监管机构和政府部门保持积极主动的沟通，并严格遵守监管部门的规定。随后，百度便撤掉了百发宣传语中“保本保收益”、“年化收益达 8%”等字眼。这一风波虽然持续不久，但仍暴露了互联网企业在涉足金融领域时维稳不足、合规性欠佳等一系列问题。

作为国内互联网企业的龙头老大，百度在首战互联网金融时的表现似乎并不那么完美，但仍然不能阻挡其大规模进军该领域的决心。在李彦宏看来，互联网金融将成为百度的重要战略领域，随着金融搜索产品“百度金融”的正式上线，百度或将探索出一条全新的商业模式。

（二）“金融+搜索”成百度最具杀伤力武器

2013 年 11 月 5 日，测试了数月之久的金融搜索产品“百度金融”正式上线，即在线金融产品导购和销售平台。2014 年 4 月 10 日，百度正式启动“金融财富平台”，定位于金融垂直搜索，而“金融+搜索”也正是百度在互联网金融领域内最具杀伤力的模式。据悉，财富平台目前的主要产品有贷款、理财、保险、信用卡频道。

从百度财富平台首页可以看到，通过链入搜索、百度知道、百度经验三大模块，百度财富完全借助了百度的流量入口和搜索能力，将大数据优势发挥得淋漓尽致。在互联网金融领域的角逐中，阿里巴巴的思路和战略布局可谓最早也最为清晰，凭借供应链物流、信息流、资金流等整合优势最早搅动一池春水。而百度在这方面并没有明显的优势，但从另一层面来看，百度庞大的用户基数、流量分发能力和大数据处理能力则为其金融战略布局加分不少。

数据显示，百度每天搜索金融相关检索词的数量达到 3.3 亿元，银行产品和证券、基金产品的搜索占比高达 77%，投资者和借款人迫切需要安全可靠、简单便捷的金融服务，这就为金融搜索产品的发展壮大提供了天然肥沃的土壤。通过发现用户需求、优化渠道、根据用户需求定义新的互联网金融产品，百度财富平台缩短了用户的购买途径，帮助用户在较短的时间内实现产品与需求的匹配。

目前来看，百度财富平台已与 91 金融超市、融 360、好贷网等多家金融垂直搜索公司建立合作：由百度提供入口，专业金融垂直搜索公司提供产品及后续所有运营，双方进行分成。百度通过“金融+搜索”模式切入互联网金融领域，其商业盈利模式将随之发生很大改变，其大可不必再紧抱竞价排名的模式不放，效果付费、广告付费和风险定价都是很好的切入点，百度的利润中心将呈多元化趋势，搜索网页的利润中心将逐步淡化。

在李彦宏看来，百度有很多垂直领域具有很高的战略价值，这些领域也是很多大客户所属的行业，金融行业就是其中之一。2014 年 4 月，百度财富平台与宜信旗下宜人贷网络借款平台达成合作，双方整合各自“搜索流量数据+信用数据”的强势资源，全面对接核心数据，联合推出“借款免息月”活动。在百度金融看来，宜信基于信用数据优势及精准的风险控制能力非常有利于双方对用户需求进行深入分析和挖掘，从而实现金融产品的个性化定制。该活动上线后，首日访问用户即突破 40 万次。这一案例足以证明，百度“金融+搜索”模式才是最结合自身优势的爆发点。

（三）“百度钱包”打造闭环，能否后来居上仍待考量

2014 年 4 月 15 日，百度召开发布会，宣称正式推出移动互联网业务的核心应用——移动支付产品“百度钱包”，并宣布与之相应的业务和战略。这一举动被业内解读为百度布局已久的移动互联网战略最终成型，巨大的流量优势将有可能为百度带来丰厚的收入。10 天后，“百度钱包”率先嵌入手机百度中，未来还将出现在百度地图、百度团购等百度系自有 APP 中。根据百度的信息披露来看，“百度钱包”主要提供在线充值、在线支付、交易管理、生活服务、提现、账户提醒等功能，与支付宝、微信支付等大同小异。

百度发力支付的野心有理有据：首先，百度在地图领域优势非常明显，份额不仅超过高德，相对黏性也比较强。百度钱包就是利用这一优势，与百度地图及百度搜索相结合，打造“即搜即购”的一站式支付服务，进而反向打通百度地图的 O2O 环节。

其次，百度拥有 14 款用户过亿的移动互联网应用，累计用户超过 20 亿，一旦百度钱包与上述应用对接，加上百度大数据和深度挖掘的潜力，形成闭环后产生的威力将会非常巨大。

2014 年以来，腾讯与阿里巴巴战事不断升级，而百度则显得低调许多，招致很多人怀疑百度是不是要在 BAT 互联网金融大战中率先出局。与阿里巴巴的支付宝、腾讯的微信支付相比，百度在资金流环节始终缺少支付和基于支付的金融增值服务，这就令百度在 BAT 三足竞争中瘸了条腿，难以发力，百度钱包正是在这样的形势下推出的。由于缺少支付工具，百度始终无法真正打通生活服务和 O2O 闭环，百度钱包一经推出，“搜索+分发+地图+支付”的战略闭环基本构建完成。

2014 年第 3 季度中国移动互联网支付交易份额如图 15-2 所示。

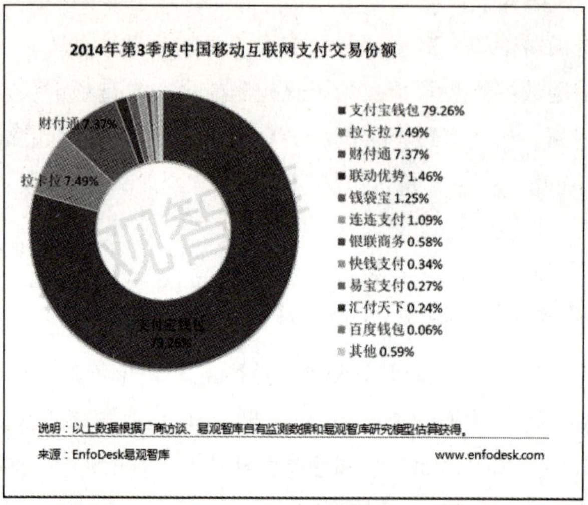

图 15-2　2014 年第 3 季度中国移动互联网支付交易份额

据 EnfoDesk 易观智库发布的《中国第三方支付市场季度监测报告 2014 年第 3 季度》数据显示，2014 年第 3 季度，中国第三方支付市场移动支付（不包含短信支付）交易额规模达到 20533 亿元，环比增长率为 25.6%，相较第二季度 0.2%的微弱增幅，第三季度增幅明显。第 3 季度中国第三方支付市场移动支付市场格局稳定，支付宝、拉卡拉和财付通蝉联前三甲，交易份额超过 94%，堪称移动支付三巨头。其中，支付宝钱包优势明显，交易份额所占比例高达 79.26%，这是其他支付平台难以企及的。“百度钱包”虽刚上市不久，但以其高流量、多场景强势撕开支付入口，交易份额占比达 0.06%。

为了推广百度钱包、争夺线下商户，百度可谓费尽心思，“拍照付”相较于支付宝“当面付”和微信“扫码付”更显创意，即打开手机百度的轻应用拍照，系统将自动为你匹配出目标商品的商家和价格信息，并通过百度钱包直接下单完成支付交易。此外，“PC 端 0 费率+移动端全网最低费率”的优惠政策为百度占据商户市场提供民心基础。

但百度是否能凭借百度钱包一举赶超阿里巴巴和腾讯在互联网金融上的步伐，仍有待考量。从信息流角度来看，微信在社交流量上占据绝对优势，绝非百度短期即可超越的，而支付宝钱包的支付产品最为成熟。在业内人士看来，目前的支付市场几乎成为支付宝和微信支付的双寡头垄断，百度介入这一领域毕竟过晚，想打破市场现有格局绝非易事。尽管百度的线上整合能力非常优秀，但同样的能力是否可以带到线下，还有待市场检验。

尽管目前互联网市场百家争鸣，但百度依然是人们获取信息的最重要平台，搜索流量仍然是最重要的可变现流量。以百度钱包为例，只要能转换 1 亿～2 亿的用户流量，就可以直接冲击现有的支付体系，这将对支付宝钱包和微信支付产生极大冲击。

（四）百度冲刺互联网金融需克服两大短板

在互联网金融布局战略中可以看到，百度在某些领域的动作始终比对手慢了半拍，这就让百度在抢占市场的过程中错失先机。百度钱包的推广，说明百度正极力填补自身存在的一系列短板，但是当广大用户能依靠微信和支付宝完成绝大部分在线支付时，他们肯定不会轻易去选择新的支付平台，这就涉及用户使用习惯和支付信赖问题。如何更改用户的支付选择习惯，将是百度进军移动支付领域要面对的第一个难题。

尽管百度看起来离用户“最近”，但却没有成功培养起用户在自家平台上消费的习惯，这就为其布局金融战略增添了不少障碍。除此之外，百度还拥有一个致命伤：有用户无账户。相对于阿里巴巴基于支付宝、腾讯基于财付通及微信横向打通的账号体系，百度的账号体系就显得尤为杂乱。尽管爱奇艺、贴吧、百度金融拥有各自的独立账户体系，但彼此之间缺乏横向联系。这对妄图称霸一方的互联网金融企业而言是何其大的一个硬伤。百度此番推出移动支付工具百度钱包，能否借此机会打通不同应用场景之间的账户体系，还有待市场检验。

对 BAT 三巨头而言，原本是在不同的领域经营，井水不犯河水，但移动互联网的高速发展令这一状况发生改变，现在互联网巨头都在试图进入对方的领域。对百度来说，最重要的并不是人家有什么我也要有什么，而要结合自身突出优势谋求跨界，注重前端移动生态体系的整合和后端技术的搭建。相较之下，百度最大的优势就在于搜索、流量及大数据处理能力，其完全可以凭借这些优势搭建适合自身发展的金融平台，最终打通闭环。

四．腾讯借力微信全面入侵互联网金融，喜忧并存

当今，互联网金融成为经济新引擎的趋势日益明显，2014 年第三季度，中国第三方支付市场季度监测数据显示，支付宝、拉卡拉、财付通分别以 79.26%、7.49%和 7.37%位居移动支付市场前三位。在 BAT 三足鼎立的格局之下，百度低调做搜索，而腾讯则不断向阿里巴巴看齐，在模仿中生存的同时，也在利用自身优势发展特色模式。

（一）腾讯入侵互联网金融的战略地图

在互联网金融方面，阿里巴巴可谓凭借余额宝开了蓝海的先河。高于银行的收益率令互联网公司看到新兴金融模式下巨大的前景，腾讯就是其一。在阿里巴巴推出余额宝的几个月之后，腾讯便与汇添富、华夏、广发和易方达合作推出理财通余额理财产品，试图分享互联网金融的蛋糕。理财通利用后台积累的大数据作支撑将庞大的用户转换为商户，与此同时，微信支付的推出，使得腾讯可以利用二维码扫描将移动支付深入餐饮、购物、旅游等各种场景中去。

阿里巴巴走的是 P2P、B2B 式的商业模式，而腾讯则是利用微信为其获得巨大用户黏性，充分进行 O2O 垂直方式探索。腾讯看到二维码在移动互联网的重要前景，成立专门的技术团队，加速推动 O2O 战略模式探索。同时推出“微乐付”作为腾讯 O2O 战略的重要载体，成为继快捷支付、微信及手机 QQ 平台的移动支付之后的又一马车，嘀嘀打车便是很好的一例。

作为互联网金融前三强，腾讯与阿里巴巴之间的军备竞赛一直在不断升级。就在阿里小贷资产证券化崭露头角之时，腾讯也于深圳前海成立多家公司，在电子商务和金融领域投资 16 亿元打造互联网金融、微信支付、小额信贷、股权投资、外汇业务等多位一体的新格局。

在腾讯认识到阿里巴巴在银行支付和金融运营方面的优势的同时，也在积极寻找差异化优势，利用移动端接口的优势与阿里巴巴展开竞争。与券商合作便是一例，腾讯首先于 2013 年 11 月与国金证券达成合作，实现网络券商、在线理财

等业务。而后又与中山券商合作推出产品“零佣通”和基于互联网平台的“小贷通”两项金融服务，仅收取股票交易所规费，免除全部券商佣金，向更加灵活、低门槛的互联网金融行业又迈进了一步。

如果说阿里巴巴看重的是物流与支付，那么腾讯就更关注用户体验，为了巩固自己的实力和下一次的冲锋加紧布局，腾讯于 2013 年 12 月首次 B 轮投资好买财富，将资产定位于人才梯队、网络建设、数据清算等用户平台，为的是守住良好的用户体验，为未来更为广阔的金融服务打下基础。

此后，腾讯不断尝试更为多元的互联网金融模式。2014 年 3 月，腾讯推出首张微信信用卡，不仅可以在手机上便捷地使用微信支付，还可以在线下的特约商户进行扫码支付。

特别是随着京东的上市，腾讯与京东联手不仅是对阿里巴巴的重大打击，也使国内电商行业形势骤变。随后，腾讯与大众点评的战略合作也进一步深化，未来腾讯将在微生活现有产品的基础上优化产品形态，也将向微生活会员提供大众点评的预订、外卖、点餐等 O2O 闭环服务。

在过去的一年里，腾讯在互联网金融领域高歌猛进，其逼近的速度之快让阿里巴巴倍感压力，同时腾讯财付通总经理赖智明表示理财通的定位是安全。在理财通上线一周年之际，资金规模已突破 1000 亿元，腾讯表示不介意做一条“慢鱼”，随着腾讯在互联网金融领域布局力度的加大，未来仍是一切皆有可能。

（二）“社交入口+现金流”腾讯两大核心优势

相比战略型全产业链布局的阿里巴巴和搜索龙头百度而言，腾讯最大的优势在于社交关系链。QQ、空间、微博等社会化产品产生的海量社交数据，通过一定的挖掘可以进行一系列的用户分析和预测。从上述分析可以看到，腾讯正在全面接入互联网金融领域各大入口，但其路径无非可归纳为两类：一类是利用手中充沛的现金流扮演股权投资者的角色，控股各项自己并不擅长的业务；另一类就是在自身强大的社交关系链条上大做文章，利用微信的巨大流量试水互联网金融领域的各项业务。

（三）借力“珍珠港偷袭”杀入移动支付领域

2013 年 8 月，腾讯旗下财付通宣布微信 5.0 版本中的支付功能正式上线，意味着腾讯正式进入移动支付领域。微信支付初步可实现的支付场景包括二维码支付、公众号支付、移动应用支付等，然而尽管社交入口是腾讯的一大优势，但与阿里巴巴积攒多年的丰富的商户资源相比，微信支付仍稍欠火候。此外，因为淘宝、天猫已经培养出了高黏性的用户习惯，财付通努力多年也未能动摇支付宝龙头老大的地位，所以微信支付的前景并不算十分明朗。

腾讯接下来的动作却为其占领市场做了很大的贡献。2014 年 1 月 27 日，微信推出一款新应用“微信红包”，6 亿多用户可以直接进入微信红包的页面发红包。数据显示，2013 年除夕至大年初一，仅两天时间参与抢微信红包的用户就超过 500 万，总计抢红包 7500 万次以上。用户领取到的红包总计超过 2000 万个，平均每分钟领取的红包达到 9412 个。

凭借操作简单、游戏性和腾讯社交关系的优势，微信红包在短时间内造成了大范围的传播，加之此前腾讯投资数亿补贴嘀嘀打车司机与乘客，以及“微信版余额宝”理财通的推出，微信支付对支付宝造成的威胁已经越来越大，双方用户数差距在不断缩小。马云曾在来往上这样评价微信红包事件：“确实厉害！此次春节‘珍珠港偷袭’确实计划和执行得完美……幸好春节很快会过去，后面的日子还很长，但确实让我们教训深刻。”

在第三方支付刚开始的时代，支付宝一直将财付通视作竞争对手，但那时支付宝遥遥领先，财付通并未构成太大的威胁。而后随着微信的崛起，每天新增 10 万用户的速度和便捷的小微支付功能让市场不得不对其另眼相看，尽管支付宝拥有近 3 亿的实名用户，但打开频次却远不及微信支付。利用微信支付，腾讯与基金、保险公司的合作就多出了很多可能。巨大的社交流量导入是微信支付相对于支付宝的最大竞争优势，腾讯在移动互联网金融领域话语权不断加重。

（四）微信电商直抄阿里巴巴大本营

早前的腾讯更喜欢大包大揽地单打独斗，凡是对手有的自己也要做，但最后并不能把每件事情都做出成色。因而财付通始终无法与支付宝抗衡，拍拍购物也不能同淘宝相提并论。就在阿里巴巴已经放松了对腾讯觊觎电商领域的警惕之时，腾讯却改变了玩法，借力控股京东杀了个回马枪。

2014 年 3 月 10 日，腾讯收购 3.5 亿股京东普通股，占京东上市前在外流通普通股的 15%，成为其一个重要股东。与此同时，京东腾讯还签署了电商总体战略合作协议，腾讯将旗下拍拍 C2C、QQ 网购等附属关联公司注册资本、资产、业务转移给京东。与此同时，腾讯也加大了对其他第三方电商、团购平台的投入，比如易迅网、大众点评网、美团网、高朋网、当当网等。

在接下来的一段时间内，腾讯快速完成了电商业务的重启。2014 年 5 月 29 日，微信公众平台正式推出“微信小店”，支持服务号搭建自己的电商平台。这就意味着在微信公众平台上真正实现了技术“零门槛”的电商接入模式，对商家而言，开店变得更加简单和便利。

“微信小店”的出现是腾讯进军互联网金融的又一个战略棋子，也是微信在电子商务领域的一种新模式的探索，加之前期有了支付的护航，微信小店的粉墨登场将让腾讯与阿里巴巴在移动电商领域展开新一轮的厮杀，此举也必然为商家及整个电子商务生态带来新的可能。此外，“微信小店”可以更好地规范微信公众平台的生态环境，建立统一标准的接入服务。

无独有偶，京东的微信一级入口也于 2014 年 5 月 27 日开始进行灰度测试，“购物”板块正式上线。据京东测算，截至 2014 年 6 月 4 日，“购物”一级入口的单日成交额相比原来“我的银行卡”下的二级入口翻了 8 倍。京东移动客户端累计用户激活数与 2013 年同期相比增长了 4 倍，在苹果 APP Store 中的中国区排名也位居生活类第一。腾讯的巨大社交流量加上京东的品牌效应，二者很可能在移动金融领域合力包抄阿里巴巴。

目前，微信公众账号已经超过 300 万，从账号数量来看，微信公众平台有能力支撑一个淘宝生态。“微信支付+微信电商”的推出，将有利于腾讯打造 O2O 闭环。相比 PC 时代，现在用户处于无时无刻不在线的状态，也提供了更多的推广和交易机会，未来电商的主战场也将顺势转移到 O2O 上。

（五）腾讯金融四大劣势：微信不是万能的

看起来，腾讯十分清楚自己的优势所在，利用社交流量利器“微信”展开对互联网金融领域的全面进攻，不论是在理财、支付还是在电商方面，但捆绑 6 亿用户的微信并非无所不能，其中的内忧外患同样不容小觑。

首先，构建多层次的支付场景是对微信的一大考验。阿里巴巴依靠淘宝、天猫 B2C、B2B 业务构建起来的丰富支付场景仍是微信所不能及，转账、生活缴费等快捷通道已产生很强的用户黏性，而微信支付目前依然仅支持简单的生活类服务，微信想要打破这一近乎垄断的局面并非易事。尽管微信红包、打车软件的红极一时产生了大量的支付行为，但这些支付习惯并非每日都有，腾讯想在移动支付领域挑战支付宝钱包，就必须构建不亚于支付宝钱包的多层次支付场景，实现自身用户数的最大程度转化。

第二，用户数量的庞大并不代表用户习惯可以被转换。目前微信全球用户总数已经有 6 亿人，日活跃用户 3 亿，这个数字看起来甚至比支付宝的数据还可喜。但是，这其中有多少流量可以真正转换成银行账面上的数字呢？众所周知，微信同 QQ 一样均属社交软件，广大用户每天打开微信的目的是聊天、交友及获取朋友圈信息，而使用支付宝的目的是购物、缴费及转账等，各自目的十分明确。微信的社交属性是否能改写，还有待市场检验，毕竟当初流量更大的 QQ 也无法助力腾讯将拍拍购物做大。

第三，无论是电商还是 O2O，最重要的都是商户资源，而腾讯在这方面还有很多功课要补。阿里在过去几年中通过为商户提供包括用户、交易支持，甚至构建自己的运营流程等服务，掌握了大量的用户资源，而优质的商户资源直接关系到电商的生死存亡。微信电商虽然为腾讯构建了美好的移动电商蓝图，但由于入门太晚，仍欠火候。在下一步，能不能为用户提供性价比高的商品和服务，关系着腾讯移动电商和 O2O 战略的成败。

最后，安全问题始终是悬于移动支付头顶的达摩克利斯之剑。对于微信网店而言，虚拟的网络环境、隐秘的单线联系，以及没有实体店的束缚等特点，一旦出现骗局，消费者的权益很难得到维护。

（六）纵观腾讯整体布局：全面开花，有点乱

自 2013 年以来，腾讯在互联网金融领域遍地开花，给业界留下了全面进军金融的印象。但实际上，腾讯在基金、证券、保险、贷款等业务上均浅尝辄止，整体布局颇乱。

尽管腾讯拥有充沛的现金流，但把摊子做的太大不一定有利于金融业务的发展。以财付通小贷业务为例，腾讯既缺少小微客户资源和渠道，也缺乏企业市场运营能力，使其在面向中小企业贷款方面并无特别优势。在基金、证券、保险等业务领域，腾讯不断加强与各公司之间的联姻，但目前也未见显著效果。

2014 年后，腾讯试图凭借微信集中发力，但前景如何仍有待市场验证。2015 年微信抢红包功能面临着巨大的挑战，支付宝联合新浪微博、陌陌分别推出抢红包功能，百度则在线下支付增加支付兑换红包功能。对腾讯而言，未来的红包流量必定受到稀释，腾讯若想在互联网金融领域再立山头，势必要保存火力，时刻准备迎接挑战，并结合自身最大优势实现集中突破。

五. 红包大战：移动金融摧毁了春晚

搜狐证券

在某种意义上，微信红包和支付宝红包不仅灭了鞭炮和烟花，还顺道将羊年春晚当成了背景与场景。

据公开数据显示，除夕当天，微信红包收发总量达 10.1 亿个，QQ 红包收发总量为 6.37 亿个，支付宝红包收发总量为 2.4 亿个，微博方面则有 1541 万微博网友分享了由央视春晚及 39 位明星与商家送出的 1.01 亿个红包。从数据上看，微信红包收发总量大约是支付宝红包收发总量的 4 倍，难怪有人不小心把羊年春晚看成了腾讯公司的自家年会。

红包大战背后，是移动金融的大规模爆发，与 2013 年的“宝宝大战”不同，2014 年的互联网金融正在以一种全新的形态渗入到人们的日常生活中，成为最受国民瞩目的新金融形态。

红包大战过后，有一个段子在 QQ 群、朋友圈里疯狂流行：“抢红包已经完全摧毁了我的价值观，现在超过 1 元的红包我就觉得是一笔巨款，超过 5 元我就觉得要窒息了……回头想想自己银行还有几百元存款，豁然开朗，觉得自己太有钱了！”

遥想微信红包在 2014 年春节出现时，纯粹是用户们自己玩儿。但 2015 年的红包盛宴，却融进很多的品牌商，糅合娱乐、营销和传播，可谓达到了顶峰。

当然，支付宝也不甘落后，从小年夜到正月初一，支付宝与品牌商户一起向用户发放了约 6 亿元红包，其中，现金超过 1.56 亿元，购物消费红包约 4.3 亿元。

与 2013 年的余额宝相比，2014 年的互联网金融将移动金融变成了兵家必争之地，借助于移动 APP，金融企业将会为客户提供更加便捷的金融服务，用户体验和创新的金融产品将会成为移动金融取胜的关键点。更为重要的是，金融企业可以借助移动金融 APP 采集大量数据，了解客户行为和点击习惯，为大数据金融提供强大的数据支持。

2006—2015 年中国移动互联网市场规模如图 15-3 所示。

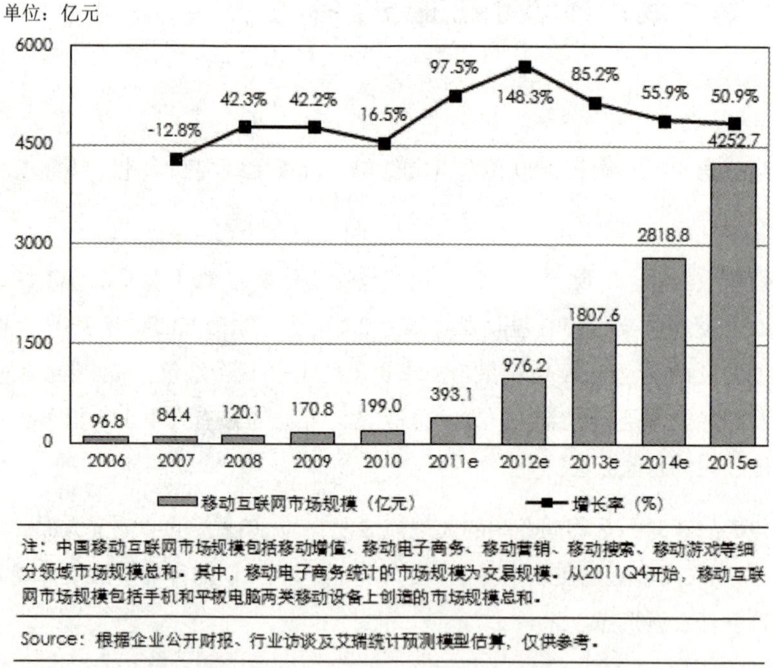

图 15-3　2006—2015 年中国移动互联网市场规模

图片来源：艾瑞咨询

2013Q3—2014Q3 中国第三方支付市场移动支付交易规模如图 15-4 所示。

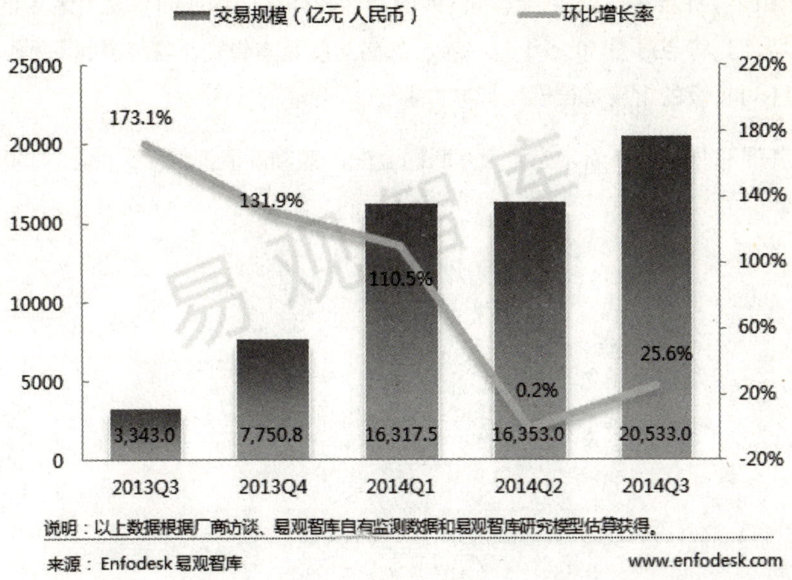

图 15-4　2013Q3—2014Q3 中国第三方支付市场移动支付交易规模

图片来源：易观国际

据易观国际透露，2014 年在中国，移动支付交易额已经达到 7.77 万亿元，相当于前一年的 6 倍。可以看出，人们上网的行为正向移动互联网倾斜，移动金融顺势成为所有金融企业争夺的入口。相比 PC 端，移动互联网具有随时随地，定人定位的特点，能借助智能手机和 Wi-Fi 在任何时间、任何地点帮助人们接入互联网。因为有智能手机的出现，所有人不再 AA 制付现钞；也因为有智能手机，所有人不再看春晚，都在用手机抢红包。

业内分析人士普遍认为，这是一场移动互联网未来争夺战。金融服务是这些公司整个商业模式价值创造的关键，而移动支付是核心。2015 年，日常购物的线上–线下支付将出现爆发式增长。

从移动金融来看互联网金融的发展，我们会发现在过去的一年里，互联网金融产生了新的裂变，并与中国经济“新常态”遥相呼应，对中国金融的深度改革，即打破垄断、形成适度的竞争结构，发挥了重要的牵引作用，成为推动中国金融体系结构性变革的战略力量。

在中国经济新常态时期，经济发展的条件和环境已经或即将发生诸多重大转变，经济增长将与过去30多年10%左右的高速度基本告别，与传统的不平衡、不协调、不可持续的粗放增长模式基本告别。

也正是这样的经济新常态，为互联网金融的蓬勃发展提供了天然肥沃的土壤。

致　谢

本书出版过程中，感谢全球网的谭文君、陆嘉奇、谢玉庭、张萌萌、邓玉梅，互联网实验室的徐玉蓉，博客中国的高忆宁、侯勇等人的大力支持。感谢法律顾问田峰律师。

书中部分内容参考了文献资料，对这些文献资料的作者一并表示感谢。

书中如有论述不周、逻辑不够严密之处恳请斧正！

感谢读者对本书、对我们的支持！

打造 21 世纪的走向未来丛书

——互联网实验室文库总序

我们正处于互联网革命爆发期的震中，正处于人类网络文明新浪潮最湍急的中央。人类全新的网络时代正因为互联网的全球普及而迅速成为现实。网络时代不再体现在概念、理论或者少数群体中，而是体现在每一个普通人生活方式的急剧改变之中。互联网超越了技术、产业和商业，极大地拓展和推动了人类在自由、平等、开放、共享、创新等自我追求与解放方面的新高度。构成了一部波澜壮阔的人类社会创新史和新文明革命史！

过去 20 年，互联网是中国崛起的催化剂；未来 20 年，互联网更将成为中国崛起的主战场。互联网催化之下全民爆发的互联网精神和全民爆发的创业精神，两股力量相辅相成，相互促进，自下而上呼应了改革开放的大潮，助力并成就了中国崛起。互联网成为中国社会与民众最大的赋能者！可以说，互联网是为中国准备的，因为有了互联网，21 世纪才属于中国。

互联网给中国最大的价值与意义在于内在价值观和文明观，就是崇尚自由、平等、开放、创新、共享等内核的互联网精神。也就是自下而上赋予每一个普通人以更多的力量：获取信息的力量，参政议政的力量，发表和传播的力量，交流和沟通的力量，社会交往的力量，商业机会的力量，创造与创业的力量，爱好与兴趣的力量，甚至娱乐的力量。通过互联网，每一个人，尤其是弱势群体，以最低成本、最大效果地拥有了更强大的力量。这就是互联网精神的革命性所在，这种互联网精神通过博客、微博、微信等的普及，得以在中国全面引爆开来！

如今，中国已经成为互联网第一大国，也即将成为互联网创新中心。从应用和产业层面，互联网已经步入“后美国时代”。但目前互联网新思想依然是以美国为中心。美国是互联网的发源地，是互联网创新的全球中心，美国互联网“思想市场”的活跃程度迄今依然令人叹服，各种最新著作的引进越来越同步，成为助力中国互联网和社会发展的重要养料。今天，中国对于网络文明灵魂——互联网精神的贡献依然微不足道！文化的创新和变革已经成为中国互联网革命最大的障碍和敌人，一场中国网络时代的新启蒙运动已经迫在眉睫。“互联网实验室文库”的应运而生，目标就是打造“21 世纪的走向未来丛书”，打造中国互联网领域文化创新和原创性思想的第一品牌。

互联网对于美国的价值与互联网对于中国的价值，有共同更有不同。互联网对于美国，更多是技术创新的突破和社会进步的催化；而对于中国，互联网对于整个中国社会的平等化进程的推动和特权力量的消解，是前所未有的，社会变革意义空前！所以，研究互联网如何推动中国社会发展，成为“互联网实验室文库”的出发点。文库坚持“以互联网精神为本”和“全球互联，中国思想”为宗旨，以全球视野，着眼下一个十年中国互联网的发展，期望为中国网络时代到来谏言、预言和代言！互联网作为一种新的文明、新的文化、新的价值观，为中国崛起提供了无与伦比的动力。未来，中国也必将为全球的互联网文化贡献自己的一份力量！

“互联网实验室文库”得到了中国互联网协会、首都互联网协会、数字论坛和浙江传媒学院互联网与社会研究中心等机构的鼎力支持，因为我们相信，打造“21 世纪的走向未来丛书”是一项长期的事业。我们相信，经过大家的努力，中国为全球互联网创新做出贡献的时刻已经到来，中国为全球互联网精神和互联网文化做出贡献的时刻也即将开始，中国互联网思想的全球崛起不是遥不可及。我们相信，随着互联网精神大众化浪潮在中国的不断深入，让 13 亿人通过互联网实现中华民族全民复兴不再是梦想！

互联网实验室创始人、丛书总编　方兴东